HÉRITAGES
FRANCOPHONES

HÉRITAGES FRANCOPHONES

ENQUÊTES INTERCULTURELLES

JEAN-CLAUDE REDONNET
Université de Paris-Sorbonne

RONALD ST. ONGE
College of William and Mary

SUSAN ST. ONGE
Christopher Newport University

JULIANNA NIELSEN
Sloane Intercultural

Yale University Press
New Haven and London

Publisher: Mary Jane Peluso
Editorial Assistant: Elise Panza
Project Editor: Timothy Shea
Production Editor: Jenya Weinreb
Production Controller: Maureen Noonan
Interior Design: Mahan Graphics

Printed in the United States of America.

ISBN: 978-0-300-12545-0
Library of Congress Control
Number: 2008943595

A catalogue record for this book is
available from the British Library.

Printed on acid-free paper that contains
10% postconsumer waste.

10 9 8 7 6 5 4 3 2 1

Table des matières

ENQUÊTE TROIS 103
Haïtiens, nos voisins, nos frères en liberté

Patrimoine : Les essentiels 106
    1. Les Haïtiens aux États-Unis et dans le monde 106
    2. Révolutions 108
    3. Le créole 112
    4. La peinture 114

Liens francophones : Au cœur des Caraïbes 118
    1. La Créolité 119
    2. Haïti et le monde vus des Antilles 122
    3. À la recherche de l'identité noire haïtienne 123
    4. La femme antillaise : Courage et abnégation 125
    5. À la rencontre des communautés haïtiennes dans le monde.... 126
    6. Aider au développement d'Haïti 128

Activités d'expansion 130
Actualité et avenir : Pistes de recherche 132

ENQUÊTE QUATRE 135
Les Vietnamiens, une Francophonie asiatique éprouvée par les guerres

Patrimoine : Les essentiels 138
    1. Les Vietnamiens aux États-Unis et dans le monde 138
    2. Les racines coloniales : La Guerre d'Indochine 144
    3. La Guerre du Vietnam, l'accueil des populations
       asiatiques émigrées.. 148

Liens francophones : Unicité et diversité asiatiques 151
    1. Le Cambodge... 152
    2. Le Laos 153
    3. La réalité de la Francophonie asiatique 154
    4. Les Hmong de Guyane 157
    5. La cuisine vietnamienne 159
    6. Assimilation et langues 160

Activités d'expansion 161
Actualité et avenir : Pistes de recherche 163

Préface

Rationale

Héritages francophones: Enquêtes interculturelles is an in-depth introduction to the living cultures of the Francophone world for students in upper-level university Francophone cultural studies courses, as well as for the general public. University French departments are increasingly changing their focus from French as a manifestation of continental French language, literature and cultural history to French as an international language spoken by Francophones around the world. This emphasis on the diversity of interrelated Francophone issues shows students that French is indeed relevant to their own world. In addition, the value of multicultural education is now widely understood to be one of the critical factors in enhancing our understanding of contemporary U.S. society, as well as in resolving its many conflicts. *Héritages francophones* focuses on one of the vast and often underrated cultural underpinnings of American society: the immigrants, both historical and recent, from French-speaking countries and the cultural, political and societal values they have brought to us.

Each chapter, or *enquête*, of *Héritages francophones* focuses on particular Francophone communities as they manifest themselves in the U.S., and then moves outward to explore their origins. *Enquête 3* looks, for example, at the Haitian community in the U.S. and then moves back to Haiti, exploring the Haitian revolt against France and its establishment as the first independent Black nation. It discusses the creole language and Haiti's strong artistic movements as well as contemporary political realities and the near-constant turmoil that has shaken the nation since its inception. The *enquête* then broadens to the Antilles, exploring such themes as *Créolité* and the emergence of a strong female figure in the cultures and literature of the French Antilles.

Héritages francophones addresses cultural diversity in the U.S. and also underscores the cultural diversity among the Francophone cultures themselves, a consequence of a varied and wandering immigration pattern that dates back to the early French explorers of the seventeenth century. Each community of Francophones in the U.S. has its own discrete set of issues and conflicts. The descendants of the Acadians in northern Maine, for example, struggle with the disintegration of their language in the current generation while they stubbornly and proudly maintain their allegiance to their culture and history, as well as to their

U.S. citizenship. Recent immigrants from Haiti have crucial and immediate political and economic reasons for immigration and maintain strong emotional ties to their country of origin. The descendants of the Huguenots, who came to the U.S. in the seventeenth and eighteenth centuries to avoid religious persecution in France, have largely lost their linguistic ties to France but maintain pride in their French heritage and their tradition of freedom. Recent North African and Machrek immigrants struggle to survive in a post-9/11 culture that holds a mistrust of extremist Islam, all the while balancing their own blended cultures of French and Arabic. All of these communities, as well as Francophone groups from sub-Saharan Africa and Asia, are featured in *Héritages francophones*.

Overall thematic organization

Héritages francophones consists of seven chapters, entitled *enquêtes*, plus a preliminary chapter called *Nos racines francophones*, and a culminating section called *La promotion et l'avenir de la Francophonie aux États-Unis: L'œuvre des héritiers*.

Nos racines francophones
This preliminary chapter provides background historical information about *Francophonie* and a depiction of the immigration patterns that have led to the establishment of Francophone communites in the U.S.

ENQUÊTE UN
Cadiens et Acadiens : Cousins du sud et du nord
This *enquête* focuses on the descendants of the Acadians, who were expelled by the British from historical Acadia after 1755. The vibrant community of descendants living in northern Maine are studied, along with their Cajun cousins in the South who came to the Louisiana area mostly via France after the dispersal.

ENQUÊTE DEUX
Les Franco-Américains : Des champs aux usines
Enquête 2 looks at the nineteenth-century migration of Canadians into the U.S. to work in the mills of the northeastern U.S. It focuses on family values and the conflictual relationship of the new immigrants to their language.

ENQUÊTE TROIS
Haïtiens, nos voisins, nos frères en liberté
This *enquête* analyzes the historic Haitian revolt against France that led to its establishment as the first independent Black nation in the world at the end of the eighteenth century. It then moves out to the Antilles at large, exploring themes such as *Créolité* and international aid to Haiti.

ENQUÊTE QUATRE
Les Vietnamiens, une Francophonie asiatique éprouvée par les guerres
This *enquête* focuses on the Vietnam War and the subsequent flow into the U.S. of the displaced refugees from the three countries of the peninsula: Vietnam, Laos and Cambodia. The *enquête* then discusses the contemporary realities of Asian Francophonie as a backdrop to the dramatic events of the past and looks at the paths to recovery often made by the Vietnamese-American diaspora.

ENQUÊTE CINQ
Les Francophones du Machrek et du Maghreb : Le dialogue des cultures
This *enquête* features Arab Muslim and non-Muslim populations from the Maghreb (Morocco, Algeria, and Tunisia) and the Machrek (Egypt, Palestine, Lebanon and Syria), for whom the French language has long been part of their cultures. These Francophone communities from North Africa and the Middle East, largely integrated into U.S. society, are analyzed as American communities which invite us to better understand the challenges of successful integration. Special attention is given in *Enquête 5* to the centrality, in issues involving Francophone culture, of Algeria, of Berbers, and of the case of Israel.

ENQUÊTE SIX
Les Francophones africains : La présence noire
An ever-increasing number of Americans of African origin or descent shape a presence which invites us to connect or reconnect with the continent as well as respond to its need for social and economic help. The oral tradition in African culture, its impact on literatures from the region, and the vitality of African art provide the backdrop for much of the *enquête*. It then moves back to history, with an exploration of Senegal and then an investigation of Négritude.

ENQUÊTE SEPT
Les Français : La permanence d'une présence
This last *enquête* inquires into the French-speakers who emigrated to the U.S. from France and parts of Francophone Europe for religious or economic reasons. The chapter first examines the Huguenots, who participated significantly in the development of a pre-industrial America, depriving France of some of its most creative minds and modern entrepreneurs, and then analyzes the subsequent waves of immigration after the two world wars and the resulting economic and cultural networks.

La promotion et l'avenir de la Francophonie aux États-Unis : L'œuvre des héritiers
A culminating chapter takes a look at the presence of Francophone culture in the U.S. today. This multifaceted presence is manifested through the conflicted love of Americans for the French language and people, French as a cultural ideal, and the many vectors of Francophone culture in the U.S.

Organization of the text & chapter features

Chapter opening spread
This summary of the themes to be discussed in the chapter and the over-all importance of the Francophone area under study includes an advance organizer activity called *Mise en route* which functions as an icebreaker, drawing on students' prior knowledge and encouraging them to recognize what they already know about the area under study.

Patrimoine : Les essentiels
This section constitutes a full treatment of the area and themes under study, comprising a combination of authentic and author-generated texts. The first section introduces the areas of origin and then focuses on the corresponding Francophone community in North America. Each of these first sections is represented by a *Témoin*, a French speaker from the area in question. An interview (available for download as an audio file from the Yale University Press Web site: www.yalebooks.com/heritages) brings the French language, in all its diversity, alive for students. An *À l'écoute* activity can also be found on the site, along with supplementary reading lists and links to related information.

The subsequent divisions of this section move back to the areas of origin and treat the primary issues that characterize the groups or communities in question—the key cultural elements through which they recognize each other and for which they are recognized. Each section is followed by *À la recherche des idées* and *Réflexion* activities.

Liens francophones

Similar in structure to the *Patrimoine* section, with a combination of short author-generated and authentic texts, this section moves students from the specific cultural area out to the Francophone world at large, studying the origins and connections relevant to the area and themes under study. These connections could be geographical (in the case of Haïti, moving out to the Antilles), temporal (in the case of l'Acadie, exploring the historical myths of l'Acadie), or other (exploring bilingualism in the case of Canada, for example). Like the *Patrimoine* section, each segment of the *Liens francophones* is followed by *À la recherche des idées* and *Réflexion* activities.

Activités d'expansion

Each *enquête* culminates in a series of activities that tie together the themes of the chapter. These activities range from the discrete point *Repères culturels* that assess the students' assimilation of important factual information to questions that prompt discussion of key unit concepts and suggested writing activities that allow students to explore elements of the unit in more depth. The final *Enquêtes interculturelles* constitute broad questions that require students to make connections between the information of the unit and their own culture.

Actualité et avenir : Pistes de recherche

This section invites students to embark on their own research into the Francophone area under study by providing them with additional information, suggested readings and paths to follow, and noting Web sites. The section ends with broad research questions that could be used for written work.

Scheduling

Because of its organization, the length and nature of each unit, and the sequencing of activities, *Héritages francophones* is adaptable to a wide variety of academic schedules. The most appropriate format for the text is a one-semester course meeting three times a week. Within such a format, approximately two weeks could be devoted to each *enquête*. Individual sections of each *enquête* constitute appropriate material for a single class meeting, leaving two to four class meetings for the instructor's choice of the end-of-unit activities. Ample time exists within such a schedule for capstone discussions, writing assignments, and testing. Though the text itself provides extensive material for classroom work, instructors who wish to do so might also provide supplementary material, especially to enhance the visual or conversational aspects of the course. Possibilities for supplementary material include visual aids and recordings of relevant audio material. In addition, the material of *Héritages francophones* might well be supplemented with excerpts from appropriate works of literature or contemporary films, such as those referenced in several of the *enquêtes*.

Acknowledgments

The authors would like to first thank our *témoins* for sharing with us their lives and thoughts about their own *Francophonie*: Kevin Ouellette, Jill Saucier, Nicholas Belanger, Noemie Moore, Emmanuelle Laroque, Adèle St. Pierre, Mireille Sylvain-David, Hung Cao, Driss Cherkaoui, Blaire Marcel Chitegeze, and Anne-Marie Lampert.

We express our great appreciation to Mary Jane Peluso, Publisher for World Languages at Yale University Press, for allowing us the freedom of creativity throughout the development process. Thank you to Elise Panza and Jenya Weinreb, also of Yale University Press, for their solid, calm counsel during the last stretch.

We would like to acknowledge the guest speakers at the Middlebury French School who contributed greatly to this book by their inspiring presence between 1996 and 2003: Barry Jean Ancelet, Claire Quintal, Naïm Kattan, Ying Chen, Jean Bernabé, Raphael Confiant, Rachid Boudjédra, and Jacques Pécheur. We also thank the students of Middlebury's FR 731 course for their many insights into teaching *Francophonie*.

Thank you to Laurent Personne of the Académie Française for recognizing our work and for his great support over the years.

We thank David Perry and Michael Mahan of Mahan Graphics for the stunning book design; Lucie Teegarden for her thoughtful, diligent copy edit; Bill Nelson for his wonderful maps; and Annick Pennant and Kate O'Halloran for their careful proofreading.

And thank you to the smallest Francophones in our lives for keeping the French language alive and wildly entertaining: Paul, Sophie, Guillaume and Émile.

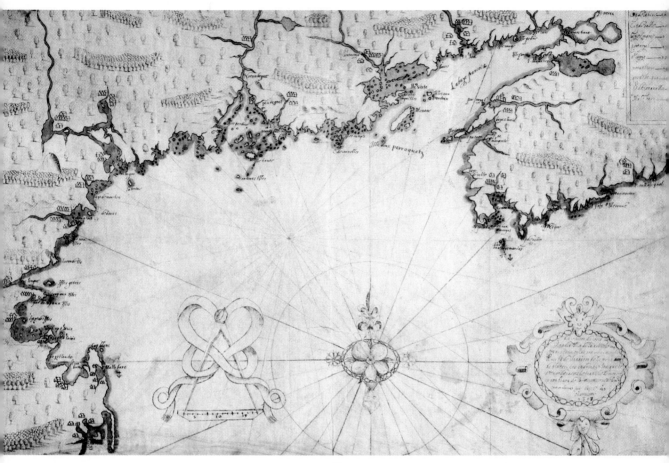

Nos racines francophones

« *La vie, en somme, n'est que la conservation d'un avenir.* » *(1)*

Paul Valéry

L a remarque philosophique du poète et académicien français, Paul Valéry, pourrait fort bien s'appliquer à ce que nous appelons « nos racines francophones » américaines. La Francophonie est vivante aux États-Unis. Depuis les origines, les Francophones y revendiquent une place historique. Leurs héritiers, dont le nombre s'est renforcé de « parlant français » venus des cinq continents, construisent sur l'héritage et préservent un avenir linguistique et culturel marqué par sa francité et son ouverture au dialogue des cultures.

Carte du Golfe du Maine, 1607
Samuel de Champlain

1 *Les Francophones aux États-Unis*

S ouvent, on dit les Francophones aux États-Unis « invisibles », parce qu'ils ne forment que très rarement des communautés rassemblées et visibles, ou des communautés fondées sur l'ethnicité et identifiées par la provenance nationale. Ce sont plutôt des individualités ou des groupes restreints qui ne constituent pas une « masse » et ne pèsent pas du poids spécifique qui leur permettrait de se faire reconnaître comme membres d'un groupe francophone bien identifié, alors que leur nombre total aux États-Unis est de l'ordre de deux millions de personnes.

Les États-Unis étant par excellence un pays de la diversité, la situation si particulière de Francophones « invisibles » peut y poser problème. Car, en milieu multiculturel, tout groupe, accepté par la culture majoritaire dont il fait partie, doit affirmer ses droits et ses aspirations, faire preuve de vitalité en échange de sa reconnaissance. Les Francophones des États-Unis y réussissent-ils ? Quels sont les enjeux particuliers auxquels ils doivent faire face, pour vaincre leur invisibilité ? Ils peuvent s'appuyer sur un héritage culturel et linguistique fort, qui est le fondement de leur identité. Leurs responsabilités sont grandes. C'est sur ces héritages, tout autant que sur la réalité d'une langue française, mondiale mais en danger de marginalisation à l'échelle de la planète, que reposent leur crédibilité de Francophones. Il serait d'ailleurs à craindre que, faute d'utiliser et de promouvoir le français comme langue américaine, les héritiers francophones ne la voient disparaître de la polyphonie américaine. Le paradoxe serait alors à son comble : la Francophonie des États-Unis serait vivante et la langue française aurait disparu.

Qu'est-ce qu'un Francophone ? C'est, dans son acception générale, celui ou celle qui « parle le français », qui utilise de façon constante ou épisodique la langue française dans sa vie personnelle et professionnelle. Un Francophone n'est pas seulement celui qui est « né en français », dont la langue maternelle est le français, mais toute personne qui passe par l'apprentissage puis l'utilisation de cette langue. À cet égard, les étudiants de français sont des Francophones en puissance. Leurs enseignants, passés de l'apprentissage à l'enseignement de la langue, peuvent aussi être comptabilisés dans la Francophonie d'un pays donné, d'autant que leur revient la responsabilité d'initier, de former et de suivre ceux qui, peut-être, n'ont pas encore eu, comme eux, de contact privilégié avec la langue française. Mieux que tout autre, l'enseignant de français, Francophone par excellence, montre que la Francophonie n'est pas affaire de chiffres, et que comprendre les Francophones invite le chercheur et l'apprenant à analyser faits et gens dans une perspective qualitative. Pour enseigner le français, l'enseignant doit se sentir francophone. Pour mieux apprendre le français, l'étudiant doit être persuadé qu'il fait partie du cercle francophone. Modèle et promoteur, l'enseignant amènera plus facilement ses étudiants à s'approprier la langue française comme passeport pour la Francophonie, y compris et surtout aux États-Unis, où le français apparaîtra alors, grâce à des efforts conjugués et au plaisir du partage, dans sa réalité de langue américaine.

Si les Francophones des États-Unis, comme les Francophones du monde, n'ont pas tous un rapport fort et structuré au français, ils « partagent » néanmoins cette langue. Ils sont poussés par des motivations différentes, mais sont rassemblés sur un objectif commun : s'approprier une langue de communication qui véhicule des siècles de culture et d'échanges et qui, en même temps, possède la vertu d'exprimer des identités culturelles qui ne reposent pas essentiellement sur un rapport avec le français. Un Francophone n'est pas le citoyen d'un pays et n'en possède pas le passeport, mais son appartenance au grand ensemble linguistique et culturel qu'est la Francophonie, le prédispose à être identifié par un nom propre à majuscule, ici « F » de « Francophone », comme ce serait le cas pour tout autre nom de nationalité, Béninois, Canadien, Haïtien, Algérien ou Vietnamien. On peut donc être et se sentir à la fois Francophone et national d'un pays qui ne serait pas forcément de langue première française. Un Francophone peut dire qu'il appartient à « une patrie sans frontières », sans avoir à répudier sa culture d'origine, ou sa langue maternelle. (2) Sa qualité de « parlant français » renforce son appartenance à une communauté donnée, tout en lui ouvrant les portes de la communauté francophone internationale. C'est une force personnelle sur laquelle peuvent compter tous les Francophones, quand bien même leur pays ou leur communauté ne serait pas membre de la Francophonie officielle, représentée par l'Organisation Internationale de la Francophonie. Les Francophones des États-Unis sont relativement peu nombreux et sont dispersés dans un vaste pays multiple et multiculturel. Or, ils sont toujours accessibles à qui sait reconnaître et respecter une identité culturelle distincte qui vit en eux au contact de leur « américanité » et le plus souvent en harmonie avec elle. Ils sont semblables en cela à tous les Francophones du monde. Malgré leur position fortement minoritaire, ils participent à la construction de l'identité culturelle multiple de leur pays, les États-Unis. Ils l'enrichissent de traits culturels francophones, expression de sociétés qui représentent tous les continents. Ils établissent des liens avec des civilisations souvent anciennes qui ont connu, conservé et fait évoluer un rapport avec la langue française en dehors de leur environnement linguistique initial.

La Francophonie aux États-Unis présente la particularité, essentielle à sa survie et à sa crédibilité, de croiser parfaitement l'espace et le temps. Les Francophones peuvent alors justement se réclamer de l'héritage de ceux qui sont arrivés ici avant même la naissance officielle du pays. Eux-mêmes conservent souvent des liens directs et suivis avec les pays dont ils sont originaires, ou dont leurs ancêtres étaient issus. Sans qualifier les Francophones des États-Unis en fonction d'une provenance dans le temps et dans l'espace, sur un mode diachronique et synchronique qui englobe les migrations du monde moderne ainsi que leurs racines historiques, on peut tenter de voir deux groupes dont les représentants s'unissent pour constituer la Francophonie des États-Unis. Il y a d'abord les Francophones que nous appellerons « historiques ». Ce sont les descendants des explorateurs, colons, négociants ou entrepreneurs qui précédèrent parfois les vagues d'immigration venues d'Europe en Amérique du Nord à partir du XVIIe siècle. Leur implantation peut être considérée comme l'un des éléments fondateur et fondamental de la Francophonie contemporaine aux États-Unis. Ils l'ont inscrite dans les racines et les premiers pas de la nation américaine. Ils ont contribué à son développement économique et social, pendant la Révolution industrielle et l'expansion vers l'Ouest. On pense ici en particulier aux Huguenots français. Ils fuyaient les persécutions dont ils furent les victimes de la part de l'Ancien Régime français, venaient de France ou des pays européens de la Réforme dans lesquels ils s'étaient d'abord exilés, et ont rendu à la société américaine, par leur travail et leur imagination, les bénéfices de l'accueil que leur réservaient les États-Unis. On pense aussi aux Acadiens dont la dispersion a créé une diaspora dont on trouve des communautés implantées en Nouvelle-Angleterre et dans le bassin de l'Atchafalaya en Louisiane. On mentionnera enfin les Franco-Américains, descendants des colons de la Nouvelle-France, venus des campagnes du Québec pour travailler dans les filatures et les usines du grand voisin américain. Il y a ensuite les Francophones arrivés plus récemment des quatre coins du monde, des Caraïbes, d'Europe de l'Ouest et de l'Est, du Maghreb et du Machrek, d'Afrique subsaharienne, équatoriale, de Madagascar et de l'Océan Indien, du Sud-Est asiatique et du Pacifique. Tous ont importé leurs langues, le français n'étant le plus souvent que l'une d'entre elles, et leur culture. Même aux origines, les premiers Francophones n'avaient qu'un rapport lointain avec la langue moderne, telle qu'elle était sortie de la matrice écrite, codifiée au XVIIe siècle français. Depuis ces temps anciens le mouvement contemporain a vu des Francophones dont la première langue pouvait être le créole, l'arabe, le wolof ou le vietnamien s'installer aux États-Unis et y perpétuer langues nationales et français. La Francophonie et des Francophones existent aux États-Unis. Proches de nous, ces Francophones nous invitent, à travers eux, à connaître ceux qui vivent ailleurs dans le monde, leurs sociétés, leurs cultures, leurs langues et qui, comme eux, ont le français en commun.

2 *Au sein de la Francophonie mondiale*

Les Francophones des États-Unis parlent plusieurs langues, celles de leur culture et de leur pays d'origine. Cette particularité les rattache à la Francophonie mondiale.

Qu'est-ce que la Francophonie ? De nombreuses voix anonymes ou autorisées ont répondu à cette question depuis que le géographe français Onésime Reclus la définissait en 1880 dans son ouvrage *France, Algérie et colonies* comme étant cet espace dans lequel se rassembleraient « tous ceux qui sont ou semblent destinés à rester ou à devenir participants de notre langue ». La préoccupation, on peut l'imaginer, de rassembler par la langue française ne manquait pas à cette époque de références coloniales. Nombre de « participants de notre langue » avaient été enrôlés de force à « l'école du français », institution sur laquelle reposaient l'expansionnisme et l'impérialisme de la Troisième République, tout comme elle garantissait l'unicité de la nation républicaine. Poussé par sa passion francophone, Reclus eut le mérite d'associer au mouvement les Francophones que l'on croyait disparus ou submergés en Amérique par l'océan anglophone. Ainsi voyait-il dans des termes enfiévrés et excessifs les deux foyers historiques francophones aux États-Unis :

> *Regardons comme Français les Canadiens des États-Unis, qui restent fidèles à leur langue, qui ont leurs écoles, leurs prêtres, leurs sociétés littéraires, leurs grands congrès patriotiques, le sentiment très vif de leur nationalité, et qui envahissent, plus qu'ils ne sont envahis : notamment dans l'État du Maine, l'un de ceux qu'ils semblent destinés à conquérir sur leurs anciens et persévérants ennemis, les Yankees de la Nouvelle Angleterre, race devenue stérile. Considérons les Louisianais comme n'étant pas encore morts à la vie française, quelque mortellement atteints qu'ils soient. (3)*

Le français s'était imposé à la France, il s'imposerait à d'autres peuples, parachevant ainsi la « mission civilisatrice » lancée depuis Paris. Forte de ses mille ans d'existence, la langue française n'en était pas à son premier paradoxe. (4) Langue de l'Ancien Régime, réputée universelle parce qu'elle était parlée dans le cercle des Cours européennes, elle avait été confisquée aux Rois par la Révolution qui vit en elle l'instrument de la continuité de l'État souverain et l'épée que brandissait le bras républicain. Au XXe siècle, la langue de la colonisation ne périt pas avec la décolonisation. Tout au contraire elle devint, entre les mains des anciens colonisés, le symbole de leur libération et l'un des gages de leur avenir. Comme le remarquaient Camille Bourniquel et Jean-Marie Domenach dans l'éditorial de la revue *Esprit* :

> ... *le cas du français est particulièrement actuel et significatif. Langue de culture, chère aux élites traditionnelles, il doit être d'abord, pour les peuples qui s'émancipent, langue d'expression populaire et d'apprentissage technique, langue vivante. Arme du colonisateur, puis arme des colonisés, il est revendiqué par la plupart d'entre eux comme un instrument de promotion. Véhicule par excellence de l'Europe classique, il est promu de nouveau au rôle de langue mondiale, alors que les valeurs de l'Occident se voient âprement contestées.*

Les deux penseurs venaient en quelque sorte, du côté français,

> ... *de prendre la mesure de la Francophonie, sans l'enfermer dans une visée nationale, sans en faire quelque habile revanche d'un impérialisme frustré, mais au contraire en la situant d'emblée dans son contexte mondial, aux frontières des religions, des cultures et des politiques.* (5)

L'idée revint alors à plusieurs personnalités, dont le poète Léopold Sédar Senghor, futur président du Sénégal, de structurer le fait francophone en lui donnant la dimension transnationale et interculturelle qui lui manquait encore. Se remémorant le chemin parcouru, il déclarait en 1981 :

> *Il s'agissait comme je l'ai dit en son temps d'élaborer puis d'édifier ensemble un Commonwealth à la française. Par ensemble, j'entendais, j'entends toujours entre nations qui emploient le français comme langue nationale, langue officielle ou langue de*

culture... On réclamait, avec le droit à la différence, non seulement le respect des identités culturelles comme des croyances, mais encore au-delà, un dialogue, c'est-à-dire de libres échanges entre les hommes, entre les cultures. (6)

En ce début du XXIe siècle, la Francophonie a pris son envol. Elle s'est structurée en un ensemble institutionnel de dialogue et de développement. Elle peut se définir comme un espace géopolitique au service des populations qui l'habitent. La langue française qui ne renie pas la dimension francophone qui lui assure largement son avenir, a sur ce mode opératoire, conservé son caractère « identitaire et universel » comme l'écrivait en 2007 Hélène Carrère d'Encausse, secrétaire perpétuel en exercice de l'Académie française :

... ni la puissance politique, ni la richesse, ni même le poids démographique des siècles passés ne peuvent expliquer la pérennité de l'envie du français et l'existence de cette communauté d'esprit qui se nomme francophonie. Et pourtant, la francophonie, qui unit aujourd'hui des centaines de millions d'hommes à travers un nombre considérable de pays—ceux qui participèrent au destin français par la domination coloniale, la plupart des pays européens, mais aussi des pays longtemps peu familiers avec la France et sa langue—, témoigne d'une étonnante vitalité, d'autant plus étonnante qu'elle ne repose ni sur l'obligation, ni sur des pressions, ni sur des intérêts matériels. Le seul fondement de la francophonie est le choix, la passion d'une langue qui est associée à des valeurs indépendantes d'une nation particulière, le respect de l'altérité, l'esprit de liberté, la tolérance. C'est là peut-être que la langue française prouve son aptitude à rassembler, autour d'une identité inédite, la francophonie, et à rayonner dans l'univers, donc son universalité. (7)

Même si leur pays n'est pas un pays-membre de la Francophonie institutionnelle et bien que certaines de ses communautés soient simplement « invitées » aux rencontres internationales francophones, les Francophones des États-Unis peuvent jouir de tous les droits et répondre à tous les devoirs qui s'attachent à leur personnalité francophone. Ils peuvent aussi, plus que jamais, la faire valoir sur la scène internationale.

3 *Du monde aux États-Unis :*

S'il n'est pas toujours aisé, ni réaliste, de localiser une présence francophone aux États-Unis, inscrire dans une carte géographique la migration des Francophones du monde vers les États-Unis, dans l'espace et dans le temps, peut néanmoins constituer une première étape de la quête.

Canadiens Français

Europe centrale et de l'Ouest

Nouvelle-France

Acadie

ruée vers l'or

Basques

Louisane

Europe centrale et de l'Est

Huguenots

Royalistes, Bonapartistes, Utopistes

Maghreb

Machrek, Israël

Réfugiés de Saint-Domingue, Haïti

Afrique subsaharienne

Afrique équatoriale

Départements français d'Amérique et Petites Antilles

Madagascar et Océan Indien

La représentation d'une dynamique francophone

LÉGENDE :

■ Mouvements liés au premier Empire colonial français (XVIIe–XVIIIe siècles).

■ Mouvements récents ou contemporains très souvent liés à la décolonisation française dans la seconde moitié du XXe siècle et au XXIe siècle.

■ Mouvements indirectement liés aux précédents dans le temps et dans l'espace.

Comment lire la carte ?

Chaque flèche indique tout à la fois l'origine du mouvement (pays, groupe de pays ou populations) et comporte une indication écrite qui entend résumer les mouvements des principaux acteurs ou leur destination. On trouvera ci-dessous des notations complémentaires qui éclairent la dimension historique et la dimension contemporaine des origines et des mouvements.

Dimension historique

Huguenots : Tentatives de colonisation en Floride (1562–1965), émigration des Réfugiés protestants français et belges vers New York, la Nouvelle-Angleterre, la Virginie et les Carolines (XVIIe siècle).

Acadie : Colonie originelle en Nouvelle-France. Peuplement de 1604 à 1755–1762 (13 000 déportés).

Nouvelle France : Principale colonie française en Amérique du Nord, jusqu'en 1763.

Louisiane : Dès le XVIIe siècle, voyages en provenance du Canada des missionnaires et des chasseurs vers la Nouvelle-France entre les Grands Lacs et l'embouchure du Mississippi. La Compagnie des Indes, sous le Système de Law, tente de coloniser la Louisiane. Par la suite, sous le Code noir, elle pratiquera la traite des esclaves dans les Antilles et en Louisiane. Territoire cédé à l'Amérique en 1803.

Réfugiés de Saint-Domingue : Vers les territoires du Golfe.

Royalistes, Bonapartistes, Utopistes : Au tournant du XIXe siècle. Émigration des royalistes et anti-Jacobins, puis des Républicains vers les villes portuaires de la côte est et vers l'intérieur du pays. Émigration des Bonapartistes vers Philadelphie puis le Golfe du Mexique, de l'Alabama au Texas. En 1848, début des grands départs européens vers l'Amérique : Anabaptistes Alsaciens et Lorrains vers le Missouri, la Pennsylvanie, New York, l'Ohio, l'Indiana et l'Iowa ; Groupes utopistes vers l'intérieur du pays.

Ruée vers l'or, Basques : 1850. Francophones du Canada, marins français, chercheurs d'or français, Basques francophones, Bretons, Aveyronnais, groupes socialistes et communistes, groupes d'ouvriers internationalistes. Mineurs belges et français vers la Pennsylvanie et l'Ohio. Maîtres des filature belges vers la Nouvelle-Angleterre.

Canadiens Français : 1860–1930. 900 000 dits Franco-Américains.

Dimension contemporaine

Maghreb :

Algérie :	9 000
Maroc :	39 000
Tunisie :	4 800
Mauritanie :	2 300

Afrique subsaharienne :

Bénin :	1 100
Burkina Faso :	x
Cap Vert :	27 000
Centrafrique :	x
Côte d'Ivoire :	7 200
Djibouti :	x
Guinée :	5 000
Guinée Bissau :	x
Mali :	2 800
Niger :	x
Sénégal :	x
Tchad :	x
Togo :	x

Afrique équatoriale :

Burundi :	x
Cameroun :	12 000
Congo :	4 500
Congo RD :	5 000
Gabon :	x
Guinée équatoriale :	x
Rwanda :	x
Sao Tomé et Principe :	x

Madagascar et Océan indien :

Comores :	x
Madagascar :	x
Maurice :	1 500
Seychelles :	x

Vietnam, Laos, Cambodge :

Vietnam :	1 120 000
Laos :	168 000
Cambodge :	178 000

Europe de l'Ouest, centrale et de l'Est :

France :	152 000
Belgique :	34 000
Luxembourg :	2 150
Suisse :	43 000
Albanie :	36 000
Andorre :	x
Bulgarie :	35 000
Macédoine :	19 000
Grèce :	166 000
Moldavie :	x
Monaco :	x
Roumanie :	136 000

Canada :   820 000

Départements Français d'Amérique et Petites Antilles :

Guadeloupe,	
Martinique,	
Guyane :	3 300
Dominique :	16 000
Sainte-Lucie :	13 000
Haïti :	420 000

Territoires français du Pacifique (et Vanuatu) :

Nouvelle-Calédonie :	x
Polynésie française :	1 200
Wallis et Futuna :	x
Vanuatu :	x

Machrek, Israël :

Egypte :	142 000
Liban :	441 000
Syrie :	142 000
Israël :	109 000

Références et repères bibliographiques

(1) Discours prononcé en 1935 à l'occasion de la distribution des prix du Collège de Sète, sa ville natale dans le sud de la France.

(2) Suivant l'expression de Maurice Druon, ancien Secrétaire perpétuel de l'Académie française.

(3) Nombre des Francophones, Reclus, O., *La France et ses colonies*, Hachette, 1887, p. 456.

(4) Sur l'histoire de la langue française consulter : Rey, A., Duval, F., Siouffi, G., *Mille ans de langue française, histoire d'une passion*, Paris, Perrin, 2007.

(5) Bourniquel, C., Domenach, J.-M., *Esprit*, Novembre 1962.

(6) Discours de réception à l'Académie des sciences d'outre-mer le 2 octobre 1981.

(7) Carrère d'Encausse, H., « Le français identitaire et universel », *Le Monde*, 23 octobre 2007.

Remarques et notes

On sait, grâce aux chiffres officiels (recensements, etc.) ou officieux (rassemblés par des communautés ou des intérêts privés) quelle est, dans ses grandes lignes, l'origine régionale ou nationale des Francophones implantés aux États-Unis. Lorsqu'ils sont disponibles, les chiffres à la page 11 à côté de chacun des pays membres de l'OIF (l'Organisation Internationale de la Francophonie), indiquent le nombre de ressortissants de ces pays sur le territoire des États-Unis. Or, la mention d'une nationalité d'origine pour les communautés ou les individualités ne garantit pas qu'il s'agisse de « Francophones » de langue maternelle, seconde ou étrangère. Les chiffres, comme on le comprendra, peuvent alors, au mieux, conduire à de très larges estimations sur la réalité et les nombres des Francophones aux États-Unis. Il faudra toujours se garder d'interprétations abusives : Si on peut penser que les 150 000 Français sur le territoire des États-Unis sont tous francophones, on peut imaginer que les 34 000 Belges ou les 820 000 Canadiens le seront dans un bien moindre pourcentage. Parmi les 136 000 Roumains ou les 35 000 Bulgares, on ne trouverait certainement qu'une infime proportion de Francophones. Les chiffres permettent également d'évaluer de façon comparative l'importance des flux. Il importe de lire ces données avec prudence, en suivant avec profit, dans un but de réajustement, les indications complémentaires qu'ici et là apporte la réalité du terrain.

Enfin, dire avec certitude où se trouvent les Francophones aux États-Unis relève de la gageure. Néanmoins, on pourra constater que l'histoire du premier Empire colonial français en Amérique a façonné les premières emprises de terrain, sans que pour autant les vagues subséquentes d'immigration aient suivi les premiers arrivants sur les lieux d'implantation originels, reprenant la trace primordiale et y concentrant de nouveaux intérêts politiques ou économiques. Ainsi, en cartographiant la Francophonie aux États-Unis, réussit-on à esquisser une représentation spatiale imparfaitement ancrée dans un cadre historique et géopolitique qui continue à évoluer avec le temps. Malgré ces limites, on peut dire que la présence francophone se retrouvera principalement dans six grandes zones où s'entremêlent foyers historiques et mouvements contemporains. Le Nord-Est, la périphérie des Grands Lacs, les côtes de la Californie, du Texas, de la Louisiane ou de la Floride, constituent des « espaces » potentiellement francophones. Ils ne sont pas exclusifs. Ils ne rendent pas compte non plus des milliers de Francophones répartis sur d'autres points du territoire des États-Unis. Ce qui veut dire, en conséquence, qu'il y a toujours une ou un Francophone près de chez nous. Il nous appartient de les rencontrer, de les écouter, de valoriser leur présence, car ils constituent autant de « passeurs » francophones vers notre Francophonie.

Festivals Acadiens et Créoles

ENQUÊTE UN

CADIENS ET ACADIENS : COUSINS DU SUD ET DU NORD

Affiche, *Festivals Acadiens et Créoles*, 2008
Thad Morgan

1

Cadie et Acadie

L'ACADIE D'EN BAS ET D'EN HAUT

Le village de la Sagouine,
Nouveau-Brunswick.

Qu'y a-t-il de plus dissemblable que la côte de l'Atlantique dans le Golfe du Maine et les bayous de la Louisiane, que la prononciation martelée d'un Yankee et l'accent traînant d'un *Cajun*, ou les traditions britanniques de la Nouvelle-Angleterre et les rythmes de la vie créole louisianaise inspirés par la proche Caraïbe ?

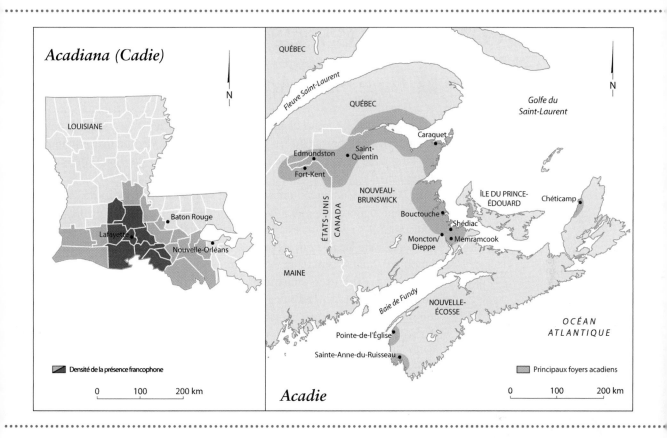

Pourtant, les communautés acadiennes et cadiennes du nord et du sud qui les habitent, abolissent, grâce à leurs liens de parenté, l'écart géographique et culturel qui existe entre ces deux régions des États-Unis, au caractère si disparate.

MISE EN ROUTE

Quels aspects de la culture cadienne de Louisiane sont surtout connus aux États-Unis ?

Que savez-vous de l'histoire de la Nouvelle-Orléans ? Pourquoi cette ville peut-elle sembler si différente d'autres villes américaines ?

Connaissez-vous des personnes dont les familles sont d'origine francophone de Nouvelle-Angleterre ? Quels aspects de leur culture vous paraissent distincts de la culture dite majoritaire des États-Unis ?

Quand on pense au Canada francophone, on pense immédiatement au Québec. Quelles sont les autres régions du Canada qui ont un héritage francophone ?

Patrimoine : Les essentiels

1 *Cadiens et Acadiens aux États-Unis*

La Cadie et l'Acadie, deux régions éloignées de la géographie nord-américaine, partagent en commun une histoire quadri-centenaire, une langue, le français, et une culture aux riches aspects communautaires et solidaires.

Le Pays des Cadiens (ou des *Cajuns*), souvent appelé la Cadie, fut officiellement dénommé « Acadiana » en 1974 par une loi de l'État de Louisiane. Il s'agit d'un espace à l'intérieur de l'État dont la spécificité culturelle a été légalement reconnue. Quant à l'Acadie, dont l'installation remonte à quatre cents ans, son nom évoque un espace qui couvre une partie des Provinces maritimes canadiennes (Nouveau-Brunswick, Nouvelle-Écosse, Île-du-Prince-Édouard), ainsi que des régions voisines comme la Gaspésie québécoise et le nord de l'État du Maine. Mais les mots « cadien » et « acadien », dont la parenté est évidente, sont également liés à l'histoire des États-Unis et en particulier à l'influence francophone qui a marqué les contours démographiques et culturels de la nation américaine.

D'après le recensement canadien de 2001, les Acadiens, la plus importante des communautés francophones du Canada-hors-Québec, constituent 20% de la population des Provinces maritimes. À ce groupe d'environ 400 000 personnes, il convient ajouter les descendants des Acadiens installés aux États-Unis qui ont peuplé des régions de la Nouvelle-Angleterre et du littoral atlantique, et d'une partie de la Louisiane du XVIIIe au XXe siècles. On peut estimer à moins de 2 000 le nombre d'Acadiens qui se sont établis dans les colonies anglaises d'Amérique du Nord, les futurs États-Unis, après l'expulsion de 6 000 d'entre eux de l'Acadie originelle en 1755. Mais leurs descendants, dont 90 000 Cadiens, ont fait souche aux États-Unis et se réclament de cet héritage.

Des temps difficiles

L'histoire des Acadiens et de leurs descendants est celle d'un peuple indépendant et résistant qui a constamment fait preuve, au cours de son histoire, d'un esprit indomptable et d'une capacité à s'adapter aux vicissitudes de la vie. Chargé par le roi de France, Henri IV, d'établir une colonie en Amérique du Nord, Pierre du Gua de Monts, accompagné de Samuel de Champlain, le capitaine saintongeais, arrive sur les côtes du

TÉMOINS

KEVIN O. ET SA COUSINE JILL S.

« Je parlais rien qu'en français, après ça j'ai commencé l'école puis tout les chums parlent en anglais, puis j'ai lâché le français. »

Écoutez l'interview de Kevin suivie d'autres témoignages sur le site www.yalebooks.com/ heritages

Golfe du Maine en 1604. C'est le début de l'Acadie et du peuplement français dans cette partie du nouveau monde comprise entre les latitudes 44° et 48° Nord que connaissent déjà, depuis au moins un siècle, des explorateurs et des pêcheurs venus d'Europe. En dépit de l'optimisme et des espoirs de ses fondateurs, ce premier établissement permanent est voué à un destin dont la précarité elle-même aidera à forger le caractère des gens qui sont venus y chercher une vie meilleure. La population de la nouvelle colonie, organisée autour d'un système familial et d'une économie rurale, restera numériquement plus faible que celle de l'autre partie de la Nouvelle-France sur les rives du fleuve Saint-Laurent, à partir de la ville de Québec dont la fondation par Samuel de Champlain date de 1608. Dans les cent premières années de son existence, l'Acadie ne verra grossir sa population que de quelques dizaines pour atteindre 1 600 âmes, alors que la Nouvelle-France des bords du Saint-Laurent en comptera dix fois plus dans la même période.

Certes, les questions de financement, de concurrence entre différents pouvoirs politiques, mais aussi le climat rude et la famine qui l'accablent, expliquent les moments difficiles que traversera la colonie originelle d'Acadie, lorsqu'elle aura finalement assuré sa survie sur la rive est de la Baie de Fundy (1) et avant la destruction de ses communautés originelles par la puissance britannique. Son histoire est indissolublement liée aux luttes incessantes entre les deux puissances impériales qui se disputent la côte est de l'Amérique du Nord, la France et l'Angleterre. En 1670, la population n'aura toujours pas dépassé cinq cents personnes. Pourtant, les deux nations européennes continueront à se disputer cette terre jusqu'en 1713, moment où la France, par le Traité d'Utrecht, abandonnera la plus grande partie de l'Acadie à l'Angleterre. Quel est alors le sort des habitants francophones de cette région rebaptisée *Nova Scotia* ou Nouvelle-Écosse par les Britanniques ?

En devenant sujets britanniques, les Acadiens étaient censés renier toute allégeance à la France. Certains se conformeront à cette attente, mais la plupart refuseront de le faire. Il y a, pour eux, des questions encore plus fondamentales à résoudre que celle de leur appartenance à tel ou tel empire. D'abord, ces catholiques de souche et de langue française, n'ont aucune intention d'abandonner leur religion en faveur de l'Église d'Angleterre. Ils ne sont pas davantage disposés à se voir enrôlés et obligés à prendre les armes contre leurs frères, si leurs maîtres britanniques décident à nouveau de faire la guerre aux Français, ce qui semble entièrement probable, vu l'histoire conflictuelle toujours recommencée entre ces deux royaumes. Ces agriculteurs et pêcheurs ne demandent qu'à vivre paisiblement, sans prendre les armes contre quiconque. Pendant plusieurs années, et à contrecœur, les Anglais leur permettront de conserver une neutralité politique, tout en les privant de la liberté de se déplacer, notamment vers la Nouvelle-France à l'ouest et au nord. Au fil des ans, cependant, la méfiance des Anglais s'accroît vis-à-vis des Français Neutres ou *French Neutrals*, surtout après 1754 lorsque débute sur le continent américain la Guerre de Sept Ans, appelée en Amérique *French and Indian War*. L'ensemble des mesures répressives accumulées à son égard aboutissent à un événement capital dans l'histoire du peuple acadien, la déportation de plusieurs milliers d'entre eux, par les autorités britanniques, entre 1755 et 1785, tragédie qui scelle le sort de l'Acadie originelle.

Première phase de la Déportation des Acadiens. (2)

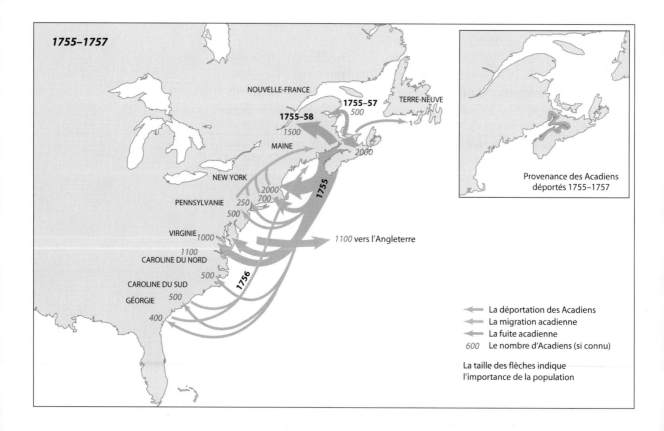

Vers la fin de l'été et le début de l'automne 1755, ayant été rassemblés par ordre du gouverneur britannique Charles Lawrence, environ 7 000 Acadiens, sur les 19 000 que compte alors l'ancienne colonie française, sont embarqués de force sur une quarantaine de navires pour être dispersés dans les colonies anglaises d'Amérique. D'autres tentent de se réfugier dans les bois et sont traqués comme des bêtes sauvages. Lorsqu'ils sont rattrapés, ils subissent à leur tour la déportation. Certaines colonies comme la Virginie, par exemple, refusent de les laisser débarquer, alors que les autorités coloniales temporisent avant de se décider à se débarrasser de ces indésirables catholiques francophones, en les envoyant en Angleterre. Pour les plus malheureux des Acadiens, le voyage vers leur destination d'exil se termine par la mort en pleine mer lorsque leur bateau sombre. D'autres encore y meurent de maladie, notamment de la petite vérole, qui les emporte. Ce triste exemple de ce que nous appellerions de nos jours un nettoyage ethnique fut dénommé par ses victimes le « Grand Dérangement ». Les sources anglaises l'appellent la « Dispersion des Acadiens ».

Les effets d'une dispersion

Les autorités coloniales anglaises qui reçurent les familles acadiennes déportées ne semblent guère avoir tenté d'en maintenir l'intégrité. Le contraire fut souvent le cas, car les colons américains craignaient que les nouveaux arrivés résistent à l'assimilation. Ils parlaient une langue étrangère, pratiquaient une religion rejetée par les Britanniques et, s'étant souvent alliés aux Amérindiens d'Acadie, ils étaient soupçonnés d'entretenir l'opposition de certaines tribus aux troupes coloniales. Selon la colonie où ils débarquèrent, les déportés furent soit mal acceptés, soit tolérés comme dans le Maryland, terre catholique et, provisoirement, en Géorgie. Les plus aventureux d'entre ces faux émigrés tentèrent, peu après leur arrivée, de remonter le long des côtes, vers la Nouvelle-France qui pourtant devint elle-même britannique en 1763. D'autres se dirigèrent vers les colonies françaises des Antilles et Saint-Domingue (Haïti). D'autres encore partirent après 1764 vers la Louisiane, dont ils feront une « nouvelle Acadie » et où les rejoindront quelques milliers d'Acadiens qui avaient été réinstallées en France, notamment à Belle-Île au sud de la Bretagne.

En mettant fin à la guerre entre la France et l'Angleterre, le Traité de Paris de 1763 libéra en quelque sorte les Acadiens qui en profitèrent pour se réfugier dans des terres du Nouveau Monde qui leur semblaient moins hostiles que la plupart des colonies anglaises, ou pour tenter de revenir vers l'Acadie originelle. Aujourd'hui, nous retrouvons la plupart de leurs descendants soit au Canada dans les Provinces maritimes et au Québec, soit aux États-Unis, principalement dans l'État du Maine. Le peuple acadien, réinstallé dans plusieurs régions américaines du fait de la dispersion, et qui fut si longtemps victime des pires maux du colonialisme, montre la ténacité exemplaire d'un groupe ethnique qui fera mieux que survivre et qui a retrouvé toute sa fierté. (3) L'identité acadienne continue à évoluer en fonction des conditions de vie qui les entourent, là où ils se trouvent. Le centre de leur réalité identitaire demeure un noyau solide, fondé essentiellement sur des lieux de mémoire, sur une dynamique linguistique et sur une culture collective.

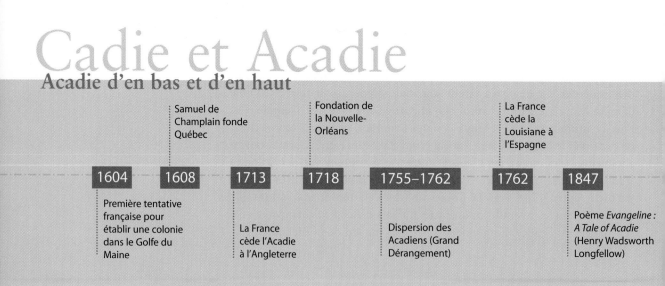

Cadie et Acadie
Acadie d'en bas et d'en haut

	Samuel de Champlain fonde Québec		Fondation de la Nouvelle-Orléans		La France cède la Louisiane à l'Espagne	
1604	**1608**	**1713**	**1718**	**1755–1762**	**1762**	**1847**
Première tentative française pour établir une colonie dans le Golfe du Maine		La France cède l'Acadie à l'Angleterre		Dispersion des Acadiens (Grand Dérangement)		Poème *Evangeline : A Tale of Acadie* (Henry Wadsworth Longfellow)

1. Définissez, en les distinguant, la Cadie et l'Acadie. Qu'est-ce qui lie, cependant, ces deux régions géographiquement si éloignées ?

2. Quelles régions des États-Unis et d'Amérique du Nord sont peuplées par les descendants des Acadiens ?

3. Quels événements majeurs ont marqué l'histoire tragique des Acadiens ?

4. En petits groupes, dégagez les faits qui expliquent le « Grand Dérangement ».

A. Quelles raisons d'ordre culturel et politique expliquent que les Acadiens aient été les victimes d'un véritable nettoyage ethnique ?

B. Résumez les raisons pour lesquelles les Acadiens se sont réfugiés dans telle ou telle partie du monde et des États-Unis. Pourquoi les Acadiens ne sont-ils pas tout simplement retournés en France au moment de leur expulsion ?

Interdiction du français dans les écoles louisianaises

1916

Début de la renaissance de la musique cadienne

Le Nouveau-Brunswick devient officiellement bilingue

1964 **1969** **1972**

Création du drapeau cadien

La législature louisianaise dénomme le Pays des Cadiens « l'Acadiana »

1974 **1979**

Antonine Maillet obtient le Prix Goncourt pour *Pélagie-la-Charrette*

L'ouragan Katrina dévaste la Nouvelle-Orléans

2005

2 *La Louisiane, descendante de l'Acadie originelle*

Le nom « Cadien »

Le mot « cadien » a son origine dans le lexique du français louisianais. Il désignait, en Louisiane, soit le groupe constitué par les descendants des Acadiens déportés, soit la langue parlée par ces Francophones. La grande majorité de cette population étant analphabète, elle ne faisait probablement pas la différence entre « l'Acadie » et « la Cadie ». Dans le parler populaire, la voyelle initiale du mot se déplaçait pour former l'article défini non élidé. Dans le dialecte des immigrants acadiens ou cadiens, le vocable donnait une prononciation « cadjin », mot qui a été repris par les Anglophones de la région sous sa forme anglicisée de *cajun*. Dans la culture anglophone dominante, c'est l'orthographe anglaise qui a fini par s'imposer, y compris chez les Francophones extérieurs à la Louisiane. De nos jours cependant, les Francophones du sud-ouest de la Louisiane ont donné la préférence à la graphie « cadien ». Le terme s'applique même à ceux dont les ancêtres étaient Canadiens français, Haïtiens, Espagnols ou Français de France et sert à les distinguer des Créoles, c'est-à-dire des descendants d'Africains noirs arrivés sous le régime colonial français et des descendants des vieilles familles françaises, souvent les anciens maîtres des plantations des Caraïbes, qui formaient l'élite de la ville de la Nouvelle-Orléans. Dans l'évolution du mot « cadien » en Louisiane, c'est donc l'orthographe qui a suivi la langue parlée. Or, on a pu relever sur d'anciennes cartes géographiques de l'Acadie, la dénomination « la Cadie ». Selon certains observateurs, le mot aurait été emprunté à la langue des Micmacs, les Amérindiens indigènes de la région où se sont installés les premiers colons Français. On s'en servait pour désigner un lieu d'abondance. Selon d'autres, il aurait été donné à cette nouvelle terre en référence à la région fertile grecque d'Arcadie. Quelles que soient les origines étymologiques du mot, les Cadiens d'aujourd'hui en recommandent sans réserve son emploi. Pour eux, il s'agit d'une manière efficace de marquer la spécificité d'un peuple qui, contre vents et marées, a pu s'enraciner dans le sud des États-Unis et maintenir une place unique dans le monde francophone, y compris par rapport à ses cousins, les Acadiens du nord.

Les liens entre les Acadiens et les Cadiens

Les liens de parenté entre Acadiens et Cadiens sont manifestes. D'abord, il y a des noms de famille, Cyr, Daigle, d'Entremont, Trahan. L'Acadie à ses débuts a été peuplée par un nombre relativement restreint de colons. Les familles qu'ils y fondent, forment rapidement des communautés où les relations étroites entre les membres en expliquent certains traits. Tout isolés qu'ils soient dans un climat parfois très hostile, ils peuvent compter sur un système d'entraide et de collaboration. Les décisions prises par l'ensemble de la communauté relèvent du désir d'exercer le pouvoir de manière relativement égalitaire. Les autorités traditionnelles de l'Église et du Gouvernement, n'interviennent que de façon sporadique dans les affaires quotidiennes. Les prêtres s'occupent des besoins spirituels et par-fois matériels de leurs paroissiens, mais la hiérarchie ecclésiastique siège loin, dans d'autres parties de la Nouvelle-France ou en France même. D'autre part, les représentants de la monarchie française s'intéressent plus ouvertement à la colonie des rives du Saint-Laurent où règne une mentalité plus féodale et hiérarchique. Lorsque, à leur tour, les Britanniques s'emparent de l'Acadie, c'est pour mieux profiter du savoir-faire agricole des Acadiens. Ils tolèrent cette population qui leur est si culturellement étrangère, parce qu'elle leur est nécessaire, notamment pour subvenir aux besoins en ravitaillement de leurs garnisons. L'image que donne la com-munauté acadienne est celle d'un groupe pleinement conscient de sa pré-carité et très attentif à la nécessité de pourvoir à ses propres besoins, sans jamais compter sur l'aide ou encore moins sur la bonne volonté des étrangers. Dans les années qui suivent le Grand Dérangement, beaucoup de descendants de ces mêmes familles acadiennes feront face, dans les bayous et les prairies de Louisiane, à des circonstances nouvelles qui mettront de nouveau à l'épreuve leur aptitude à se suffire, en s'adaptant à l'environnement.

Entre 1764 et 1785, environ 4 000 Acadiens, rescapés du Grand Dérangement et leurs descendants, fondent une nouvelle terre en Louisiane. Le recensement américain de l'année 2000 fait état, dans ce même endroit, de près de 200 000 personnes déclarant le français comme langue usuelle dans la vie quotidienne. Aucune distinction n'est faite cependant entre les locuteurs du français cadien par rapport à ce que les linguistes appellent le français de référence, c'est-à-dire un français moins dialectal, plus normalisé et international. Néanmoins, il est probable que la plupart des Francophones louisianais remontent généalogiquement aux Acadiens, même si après son implantation, la population cadienne a subi les effets d'un mélange d'influences linguistiques, notamment par le mariage avec d'autres Francophones, comme les Français arrivés entre 1789 et 1830. Elle a également subi les conséquences de forces externes, telles les pressions sociolinguistiques exercées par le mélange de populations coexistant historiquement dans cette zone rurale, les Espagnols, les Irlandais, les Allemands, les Amérindiens et les Anglo-Américains. De nos jours toutefois, le nombre de locuteurs francophones en Acadiana est en déclin. Dans les dix ans qui séparent le recensement cité plus haut et celui de 1990, on a assisté à une baisse de 24% de locuteurs déclarés. Mais la fierté de pouvoir se dire Cadien est nettement en hausse. La valorisation de la culture cadienne est plus jamais à l'ordre du jour. De plus, tout ce qui peut s'appeler *cajun*, connaît une célébrité nationale et internationale. À l'intérieur de la communauté elle-même, l'identité cadienne retrouve toute son ampleur, alors qu'à l'extérieur, certaines dimensions de la culture s'exportent avec un succès aussi rapide qu'étonnant. Parmi celles-ci, il faut noter deux domaines qui jouissent d'une renommée croissante, la cuisine et la musique.

À LA RECHERCHE DES IDÉES

1. Que désigne le terme « cadien » ?
2. Expliquez le développement du terme *cajun*.
3. Quelle distinction fait-on entre les « Cadiens » et les « Créoles » ?

RÉFLEXION

A. Pour quelles raisons les Acadiens sont-ils devenus une communauté étroitement liée et dispensant les conditions d'une entraide efficace ? Comment ce sentiment communautaire a-t-il servi à sauver les Cadiens lorsqu'ils se sont établis dans les bayous de Louisiane ?

B. Dans l'esprit des Cadiens contemporains, quelle est l'importance du terme « cadien » ? Est-ce que le fait d'adopter de nouvelles appellations comme celle de « cadien » signifie que les Acadiens aient besoin de réécrire une histoire de leur peuple qui lie cousins du Nord et du Sud des États-Unis ?

3 *La cuisine et la musique*

Lorsque l'on interroge, où qu'ils soient, les descendants des Acadiens devenus Cadiens, ou les Créoles louisianais, y compris ceux qui ne parlent plus ou presque plus le français, on peut se rendre compte de l'importance de la cuisine et de la musique dans la représentation qu'ils se font, et que nous nous faisons à leur suite, de leur identité culturelle. La nourriture de « chez soi » et l'expression rythmée des airs venus d'une lointaine époque, transmis par les anciens, permettent à l'individu de communiquer de façon tangible, par la mémoire du corps, avec son propre passé. Les passages célèbres de Marcel Proust à propos de la madeleine trempée dans la tasse de thé, ou encore ceux qu'il consacre à la petite sonate de Vinteuil, nous montraient bien, à leur manière, l'importance de la cuisine et de la musique dans nos rapports avec notre passé culturel. Le tourisme, la presse, la télévision, internet, contribuent à faire largement connaître l'héritage culinaire des Cadiens. Mais à l'étranger, on confond parfois deux cuisines louisianaises pourtant bien distinctes, la cuisine *cajun* (le terme communément employé) et la cuisine créole. Comme les cultures dont elles sont issues, ces cuisines reflètent le mélange d'influences ethniques en Louisiane depuis plusieurs siècles. Tout comme la société louisianaise, elles relèvent d'origines hiérarchiques. Nous savons maintenant qui sont les Cadiens, mais il faut aussi tenir compte de la présence de deux autres groupes qui se partagent le nom de Créoles tout en se démarquant l'un de l'autre. D'une part, il y a les descendants des aristocrates français et des autres Blancs européens qui s'installèrent surtout à la Nouvelle-Orléans ou dans la région avoisinante et y importèrent les traditions culinaires plutôt raffinées auxquelles ils étaient habitués. D'autre part, il y a les descendants de la population noire qui doivent leur présence en Louisiane soit aux anciens esclaves transportés d'Afrique par les propriétaires des plantations, soit aux gens de couleur émigrés des Caraïbes. Ici encore, importe-t-il de distinguer entre les Noirs francophones du sud-ouest rural de la Louisiane, c'est-à-dire ceux qui côtoient les Cadiens, et les Noirs francophones de la grande ville, bien que les deux groupes se définissent comme Créoles. Le terme semble convenir à leur désir de souligner des origines mixtes qui expliquent non seulement leur personnalité, mais également leurs traditions culinaires.

Cuisine cadienne, cuisine créole

Quels que soient les types de cuisine louisianaise que l'on étudie, on constate que chacun est marqué par l'authenticité et se réfère à une expérience bien américaine. Lorsque les rescapés d'Acadie s'installèrent dans les prairies et les bayous au sud de la colonie, ils s'adaptèrent aux conditions locales et se sentirent vite « chez eux ». En effet, ces fermiers et pêcheurs avaient su s'installer en faisant valoir des cartes qu'ils avaient en main depuis longtemps. Munis de leurs marmites en fonte noire, ces paysans pauvres convergent vers la Louisiane en provenance de la côte est des États-Unis, des Caraïbes, ou de France. D'abord mal accueillis par les bourgeois de la Nouvelle-Orléans, ces miséreux s'installent dans une zone marécageuse, peu hospitalière, mais propre à l'épanouissement d'une

Jambalaya

culture indépendante. Ce sont les origines de la cuisine cadienne. Que vont-ils mettre à cuire dans leurs grandes marmites ? D'abord, tout semble commencer par la préparation d'un roux, mélange de farine et de beurre, élément de base de la cuisine française. Mais il faut y ajouter d'autres ingrédients. Heureusement, cette terre est abondante. On y chasse les animaux sauvages, on y pêche les crustacés. Les sous-bois et les marécages regorgent d'aromates. De plus, les Amérindiens avec lesquels les nouveaux arrivés savent sympathiser, tout comme leurs ancêtres avec les Micmacs d'Acadie, leur révèlent les ressources des rivières et des forêts environnantes. Plus tard, ces influences se mêleront à d'autres traditions alimentaires nationales lorsque les Allemands, maîtres de la charcuterie et de l'andouille, ainsi que les Espagnols avec la paella et les fruits de mer, et les Irlandais, y ajouteront leurs contributions particulières. De nos jours, la cuisine cadienne est bien connue pour ses saveurs pimentées, ses plats cuisinés, comme le jambalaya, ses soupes comme le gumbo et ses préparations à l'étouffée avec des crevettes souvent accompagnées de haricots rouges et de riz, qu'elle partage avec la cuisine créole. On y reconnaît sans difficulté des mets variés et pourtant simples, car comme toutes les cuisines d'origine paysanne, celle-ci a su rester près de la nature.

Du côté de la cuisine créole, il est significatif que celle-ci se concentre géographiquement dans la région de la Nouvelle-Orléans, car cette ville, très européenne à ses débuts, est devenue un carrefour de cultures, française, espagnole, antillaise, africaine, qui témoigne d'une gastronomie unique au monde. En cuisine, le mot créole désigne, effectivement, la rencontre d'une variété de techniques culinaires et d'ingrédients d'origines diverses. Réunis dans un même plat, tous les éléments conservent leur individualité tout en créant une cuisine harmonieuse et spécifique de l'endroit qui l'a produite. Comme les Créoles blancs et les Créoles noirs qui la produisent, cette cuisine reste fière de sa naissance dans le Nouveau Monde. Elle est native, elle n'est pas importée de toute pièce, comme on serait tenté de le croire, de la Nouvelle-Orléans, d'une ville à caractère si européen.

Les deux plats créoles les plus connus sont le gumbo et le jambalaya. Le premier, qui doit son nom à un mot africain qui désigne « l'okra », légume essentiel à sa préparation, se situe entre la soupe et le ragoût. L'inspiration de base vient de la bouillabaisse française à laquelle s'ajoutent, au fil du temps, des ingrédients en provenance de la cuisine espagnole comme les oignons, poivrons verts et tomates ; amérindienne comme le sassafras, appelé le « filé » ; le maïs antillais avec ses épices variées et ses sauces piquantes ; et africaine pour la plante potagère dont le plat tire son nom. Ce met traditionnel, dont la cuisson est relativement longue, est généralement à base de poulet accompagné de saucisson ou de fruits de mer, et surtout de crevettes. Si le gumbo s'est inspiré de la soupe marseillaise au poisson, le jambalaya s'apparente plutôt à la paella espagnole et, comme elle, se sert en plat unique. Il est à base de riz pimenté avec lequel on laisse mijoter des tomates et du jambon, du poulet et des saucisses, des gambas ou des huîtres. Ce plat composite témoigne depuis longtemps de son ouverture à l'esprit créateur de diverses cuisines. Il illustre le principe de Créolité qui comporte, comme le montrent les spécialistes, des éléments réactionnels car aucun ne domine dans une relation réciproque, et transactionnels car tous restent distincts mais renoncent à une partie d'eux-mêmes. (4)

La musique cadienne

À l'image de la cuisine, la musique créole sert à véhiculer la culture cadienne. Le phénomène s'est répandu timidement. À ses origines, cette musique qui remonte loin dans le temps, se rattache au patrimoine folklorique de l'Ouest et du Centre de la France dont étaient natifs les paysans d'Acadie, ainsi que du patrimoine des émigrants français de l'époque coloniale en Louisiane. Mais c'est au Nouveau Monde que cette tradition musicale a fini par s'enraciner et à évoluer au contact d'influences louisianaises, surtout après l'arrivée des Acadiens. Tout d'abord, il est question de chansons. Que chante-t-on traditionnellement ? Des berceuses, sans aucun doute, mais aussi l'histoire des grands moments qui fondent la culture. Pour les Cadiens qui connaissent le déplacement forcé et ses misères, les ballades permettent d'exprimer peines et appréhensions. Mais tout n'est pas triste. Le chant traditionnel accompagne souvent la danse dans les « bals de maison ». Ils permettent de se distraire d'une vie quotidienne parfois très dure. Avec le temps, les instruments de musique s'y ajoutent : le violon, d'abord, et plus tard l'accordéon dont l'attrait se répand dans le sud-ouest cadien chez les Blancs comme chez les Noirs. Les rythmes sont aussi influencés par les Amérindiens, les Créoles noirs, les Espagnols ou les Allemands. Des paroles viennent s'ajouter à la musique pour danser, et les rythmes nouveaux incorporent des paroles anciennes. Lorsque naît le XXe siècle, la musique cadienne donne d'elle-même l'image que nous nous en faisons aujourd'hui. Mais elle reste, somme toute, une affaire intime propre aux populations pour lesquelles elle est un divertissement pour un public francophone, mais isolée. Le nombre de salles de bals publics s'accroit néanmoins et la musique cadienne semble prête à se faire entendre sur une scène beaucoup plus large.

Avec le XXe siècle, la musique cadienne fait son entrée dans le vaste monde grâce, en particulier, à la popularité du tourne-disque. Par la radiodiffusion, ce qui avait été local atteint dorénavant le grand public dans tous les États-Unis. Vers la fin des années 1920 et pendant les années 1930, certaines maisons d'édition commercialisent la musique cadienne et assurent la renommée de plusieurs artistes comme Joseph Falcon et son épouse Cléoma, bien au-delà du sud de la Louisiane. Mais curieusement, ce contact avec le monde anglophone a un effet pervers sur la façon dont bon nombre de Cadiens francophones voient leur propre musique. Les instruments traditionnels, tel que l'accordéon, disparaissent au profit des orchestres à cordes et des percussions. Du Texas viennent la musique *country* et le *Swing western* qui s'imposent grâce à l'amplification électrique du son. La bonne vieille tradition musicale cadienne s'éclipse. Les Cadiens eux-mêmes, surtout les jeunes, la considèrent démodée et la fuient. La mobilité sociale d'abord, les crises économiques ensuite et enfin la guerre vont porter un rude coup à l'identité ethnique des Francophones cadiens. L'ouverture au monde anglophone porta-t-elle atteinte à leur culture ancestrale ?

La Deuxième Guerre mondiale fut un choc pour tous, ceux restés au pays comme pour les combattants qui y revenaient. À la sortie du conflit, les jeunes Cadiens cherchent à chasser les mauvais souvenirs et à retrouver un milieu sécurisant. Un retour vers leurs racines et les plaisirs de leur jeunesse d'avant-guerre leur en offre la possibilité. La rupture des années de guerre leur permet de jeter un nouveau regard sur leur passé. L'accordéon fait son retour, de nouveaux artistes enregistrent sur disque la musique cadienne que diffusent les radios locales. La survie de cette partie de la culture francophone semble de nouveau assurée. Mais à l'horizon commence à poindre une autre menace, celle du *rock and roll*, au puissant attrait pour les jeunes, surtout ceux qui quittent le milieu d'origine pour s'aventurer vers les villes où la musique cadienne semble étrangement incongrue. En effet, bon nombre de jeunes se sentant gênés, l'abandonnent de peur de paraître rustiques aux yeux de citadins majoritairement anglophones. Paradoxalement, c'est vers cette même époque des années 1960 que se manifeste dans la société américaine un engouement pour la musique folklorique, et celle des Cadiens est parmi les plus recherchées. Dorénavant, la fierté d'appartenir à cette tradition musicale renaît chez ceux qui avaient tenté de l'occulter. Grâce à sa belle performance au Newport Folk Festival en 1964, le violoniste Dewey Balfa fait connaître la musique cadienne au grand public. Il remet à la mode, chez lui en Louisiane, une tradition musicale à laquelle il initie les plus jeunes afin d'éviter une rupture entre les générations. Les résultats de ses efforts se font sentir aujourd'hui chez des artistes comme Zachary Richard et tous ceux qui savent défendre la musique traditionnelle, tout en l'adaptant aux goûts contemporains comme le *reggae* ou le *rap*. C'est une musique qui se réinvente en maintenant son lien avec une tradition plusieurs fois centenaire. En cela, la musique cadienne reflète parfaitement le comportement culturel de son peuple.

Le zydeco

Tout comme le *jazz*, le zydeco est une musique enfantée par la population noire de Louisiane. Dans les années qui suivent la Deuxième Guerre mondiale, les Créoles noirs, qui connaissent bien la musique cadienne, en créent une variété en se laissant inspirer par le *jazz* et le *blues*. Le mot lui-même est né lorsqu'on anglicise la prononciation et l'orthographe de « zarico » que l'on entend dans le titre de la chanson « Les haricots sont pas salés ». C'est la liaison entre l'article

Zachary Richard

défini et le « h » non-aspiré dans le parler local, qui donne le « z » initial en français. Ce modeste légume figure souvent dans la cuisine des Créoles noirs qui l'assaisonnent au lard pour lui donner un goût salé. Lorsque la viande vient à manquer chez les pauvres, les haricots ne sont plus salés et, tout naturellement, les malheureux finissent par exprimer leur tristesse dans une complainte en français. Les complaintes, les berceuses et les ballades forment l'essentiel d'une expression musicale qui donne ce qui est appelé des « jurés » ou chants à capella rythmés. Peut-on y déceler des origines africaines qui relèveraient de la mémoire collective des descendants d'anciens esclaves dans les plantations ? Cela semble plausible. Lorsqu'un ou deux instruments de musique, presque toujours l'accordéon et le « frottoir » (la planche à laver), viennent s'ajouter au chant, cette musique prend le nom de « la la ». Avec le temps, les Créoles ajouteront à cette base et à la musique cadienne traditionnelle, d'autres éléments venant du *blues* et du *soul*, mais aussi d'une musique rurale pour en faire le zydeco.

La naissance du zydeco, musique essentiellement du sud-ouest louisianais, a lieu à l'époque où la musique cadienne se laisse séduire par le *country* et par le *rock*. Quant à lui, le zydeco affirme ses racines ethniques en devenant l'expression de la communauté créole noire qui traverse, comme celles de beaucoup d'autres Noirs aux États-Unis, une crise identitaire provoquée par l'intolérance raciste dont elle est victime. Deux écoles de zydeco finissent par émerger. Sous la houlette du grand accordéoniste Clifton Chénier, un zydeco urbain s'exprime, fortement influencé par le *rhythm and blues*. En parallèle, un autre style, celui de Boozoo Chavis, plus rural, très *blues* aussi, reste plus proche de ses racines campagnardes. Les deux zydeco connaissent un succès remarquable sur le plan national et international et conduiront même, au cours des années 90, au développement d'un zydeco nouveau qui incorpore d'autres rythmes et ouvre la porte à un renouveau du genre chez les Créoles noirs de Louisiane. Chez les Créoles, comme chez les Cadiens, la tradition musicale s'est perpétuée tout en s'adaptant. Comme pour la cuisine, c'est cette culture de gumbo et de jambalaya qui en fait sa force depuis ses origines. Mais il suffira d'un cyclone de la véhémence de Katrina, en 2005, pour que cette tradition soit encore une fois menacée. Pour beaucoup de musiciens créoles de la Nouvelle-Orléans, il s'agit d'un nouveau déplacement à la suite d'un ouragan qui détruit non seulement les résidences et lieux de travail de ces artistes, mais aussi leurs instruments de musique. Ceux qui, obstinément, refusent d'abandonner la ville se demandent comment y assurer leur avenir et celui de leur musique. S'ils réussissent à jouer dans les salles qui renaissent petit à petit, les leçons et les élèves sur lesquels ils comptent pour arrondir leurs modestes revenus, sont partis. D'où viendront les futures générations de musiciens, ces jeunes qui entendent les premières notes de *blues* ou de zydeco dans leur quartier et qui prennent leur premier contact avec un violon, une guitare, dans des écoles publiques aujourd'hui disparues ? Une nouvelle diaspora créole s'est formée dans les villes du Texas, de Californie ou d'ailleurs. On peut espérer que les traditions musicales louisianaises qui ont migré avec ces nouveaux déplacés se maintiendront malgré leur déracinement. Le paysage artistique des États-Unis saura-t-il tirer profit de la transplantation forcée de la musique cadienne et créole ?

À LA RECHERCHE DES IDÉES

1. Expliquer comment se sont développées les deux grandes cuisines de la Louisiane.

2. Comment la cuisine cadienne s'est-elle adaptée aux conditions locales ?

3. Où se trouve le centre géographique de la cuisine créole ? Comment cette cuisine se distingue-t-elle de la cuisine cadienne ?

4. Quelle tradition musicale de France retrouve-t-on à la base de la musique cadienne ?

5. Pourquoi la chanson est-elle prépondérante dans la musique cadienne ? Quels en sont les thèmes ?

6. Quels furent les effets de la commercialisation sur la musique cadienne autour des années 1920 et 1930 ?

7. Comment la musique cadienne a-t-elle redécouvert ses racines après la Deuxième Guerre mondiale ?

8. Qui a créé la musique appelée « zydeco » ? Expliquez l'origine du terme.

RÉFLEXION

A. Comment expliquer que pour les Cadiens, la cuisine et la musique soient les deux manifestations les plus importantes de leur culture ?

B. La qualité fondamentale de la culture cadienne est peut-être d'être un mélange entre divers éléments. Comment cette idée s'applique-t-elle à la fois à la cuisine et à la musique ?

Liens francophones
L'identité retrouvée

Maintenir son identité culturelle malgré les menaces, voilà le résumé de la vie des Francophones d'Acadie et de Louisiane depuis des siècles. L'implantation des premiers Français dans l'Île de Sainte-Croix (entre le Maine et le Nouveau-Brunswick), est dès 1604, symbolique de l'isolement qui sera longtemps celui des Acadiens du nord tout comme celui des Cadiens du sud. Pourtant, leur séparation linguistique et culturelle ne les empêchera nullement d'exercer une influence remarquable sur l'expansion du français aux États-Unis, malgré leur nombre relativement restreint au regard de la population totale du pays.

Statue de Pierre du Gua de Monts,
près de l'Île de Sainte-Croix.

1 *Retrouver la langue et la culture*

L e lien qui unit l'Acadie et l'Acadiana s'explique, en grande partie, par l'arrivée en Louisiane d'Acadiens, ainsi que par le retour vers les Provinces maritimes du Canada de Francophones acadiens, après la Guerre de Sept Ans et leur déportation dans les colonies anglaises d'Amérique du Nord. Même si, pendant longtemps, les deux populations ne se fréquentèrent presque pas, elles partagent toujours une langue et des traditions qu'elles s'efforcent de conserver et de transmettre. À certains moments de leur histoire, au XIXe siècle et pendant la première moitié du XXe, cette volonté est menacée par l'américanisation des États-Unis et la britannisation du Canada. L'enjeu principal du conflit des cultures est la langue française. Comment réussit-on à la préserver de l'atrophie ou de la disparition, lorsqu'elle est victime d'éléments externes ? Les linguistes définissent ainsi les données principales du problème :

En sociolinguistique, comme en politique, les facteurs économiques jouent un rôle important… En contexte multilinguistique, les données démographiques déterminent en grande partie la relation entre les langues et, partant, le marché linguistique. Dans de telles situations, le nombre et la proportion de locuteurs unilingues influencent l'utilisation des variétés langagières en concurrence. Aussi, dès qu'il n'assure plus la promotion sociale et économique au sein d'une entité politique, c'est-à-dire qu'il perd de sa valeur sur le marché linguistique, ses locuteurs abandonnent progressivement leur parler vernaculaire. Dévalorisé, il commence à ne plus se transmettre de génération en génération et glisse inexorablement vers son extinction. (5)

Expressions

Français louisianais	Français standard
amarrer	attacher
asteur	maintenant
barrer	fermer à clé
cabri	chèvre
char	voiture
grosserie	épicerie
itou	aussi
oppression	asthme
vaillant	gentil

Pourtant, en dépit de ces facteurs socioéconomiques, politiques et culturels défavorables, la langue française se maintient, tant bien que mal, en Acadie et en Louisiane. À quoi peut-on attribuer cette survie ?

En Acadie

Les Britanniques autorisèrent des déportés acadiens à se réinstaller dans certaines régions acadiennes à partir de 1764. On estime aujourd'hui que le quart d'entre eux le fera effectivement. Mais leurs anciennes terres leur sont interdites, car les colons britanniques les occupent et en sont devenus propriétaires. La vie des Francophones acadiens n'est plus, certes, celle qu'ils avaient connue dès le début du XVIIᵉ siècle sous le contrôle des Français, ni même lorsque la région avait basculé du côté des Britanniques. Ceux-ci les avaient tolérés et n'avaient tenté aucune répression culturelle ou linguistique. Or, les Acadiens du retour sont obligés de reprendre leur vie en Acadie en se dispersant dans des régions où ils forment des communautés isolées. L'ironie de cette situation est que la langue acadienne se maintient d'autant plus facilement que le contact avec d'autres langues est presque exclu de la vie quotidienne. Pendant la plus grande partie du XIXᵉ siècle, la population acadienne restera ainsi statique politiquement et vivra d'agriculture et de pêche, avec de petits moyens. Lorsque le Canada évoluera vers la Confédération dans les années 1860, les Provinces maritimes se découvriront une identité régionale. Le Nouveau-Brunswick, en particulier, fera état d'une spécificité culturelle fondée sur ses langues et coutumes dominantes. Grâce au poids démographique des populations francophones (dans les Provinces maritimes environ 275 000 personnes se déclaraient de langue maternelle française en 2001) des progrès sont enregistrés dans le domaine de la reconnaissance officielle des droits politiques et linguistiques des minorités. C'est ainsi qu'au milieu du XXᵉ siècle, en 1969, le Nouveau-Brunswick, dont le tiers de la population est francophone, devint la seule province canadienne officiellement bilingue, anglais/français. Une vingtaine d'années plus tard, l'identité acadienne sera reconnue par la constitution canadienne, ce qui donne aux Acadiens francophones le droit de réclamer l'appui financier et moral du gouvernement pour préserver et promouvoir leur langue et leur culture. La très petite minorité de Francophones (environ 4%) presque entièrement bilingue, de la Nouvelle-Écosse et de l'Île-du-Prince-Édouard, revendiquera de pouvoir faire instruire ses enfants dans sa langue maternelle. C'est donc par

En Acadie.

l'institution scolaire que le français et la culture acadienne se renforceront
en dehors du milieu familial, son berceau naturel. L'apport éducatif revêt
de plus en plus d'importance lorsque la population francophone
s'urbanise et que le contact avec l'anglais s'intensifie dans la vie
quotidienne. La pratique soutenue de la langue française et la référence
aux valeurs culturelles qu'elle véhicule, permettra ainsi aux jeunes
d'accéder à une conscience identitaire plusieurs fois centenaire.

Toute mention de l'Acadie doit forcément prendre en considération la
population d'origine acadienne dont les descendants habitent aujour-
d'hui, pour la plupart, la Nouvelle-Angleterre. Leurs ancêtres, souvent
des déportés qui s'étaient réfugiés dans les régions du Bas-Canada québécois, s'installèrent également vers la fin du XVIIIe siècle dans la Haute
vallée du Saint-Jean qui deviendra la frontière entre le Maine et le
Nouveau-Brunswick à la suite du traité de Washington (Webster-
Ashburton) en 1842. D'autres Acadiens, en raison du peu de moyens dont
ils disposent et soucieux de faire vivre des familles nombreuses, quittent
la Nouvelle-Écosse vers cette même époque pour s'établir de l'autre côté

de la frontière. Tout comme leurs compatriotes plus au nord, ils s'efforcent de maintenir leur identité, en dépit de facteurs socioéconomiques et culturels qui militent contre eux. Au cours des années, beaucoup d'entre eux s'intégreront à la culture anglophone environnante, mais souffriront moralement de la perte de la langue, partie essentielle de leur identité francophone. Plus récemment, le désir de renouer le contact avec la langue et la culture acadiennes, qu'ils partagent avec leurs voisins francophones des Provinces maritimes, les a incités à faire cause commune avec eux dans la célébration des traditions en organisant des fêtes annuelles comme le Festival Acadien de la Haute vallée du Saint-Jean. Le français acadien, qu'on appelle *Valley French* dans la région, s'entend désormais moins fréquemment qu'il y a trente ou quarante ans et n'est presque plus parlé parmi les jeunes. Pourtant, dans le bastion acadien qu'est le nord du Maine, et plus au sud en Nouvelle-Angleterre, de tradition plus québécoise (ou canadienne française selon les Acadiens), l'apprentissage ou la réactivation de la langue française se remarque nettement, tant chez les adultes que chez les jeunes grâce à des vecteurs comme les écoles bilingues, les cours de conversation dans les bibliothèques publiques, la formation continue de l'enseignement supérieur. La langue qu'on y enseigne n'est pas toujours le franco-acadien dialectal de la tradition orale, mais le français normatif qui s'apprend dans ces milieux d'enseignement, s'accommode d'une variété d'expressions appartenant à la langue ancestrale, tant sur le plan lexical que dans le contenu des récits et chansons que l'on continue de se transmettre oralement d'une génération à l'autre. L'essentiel, pour ceux qui luttent pour le maintien de la langue française en Acadie, est de redonner de la vitalité à l'apprentissage d'une langue qui assure un lien avec quatre cents ans d'histoire acadienne et un accès à la Francophonie internationale.

En Louisiane

L'évolution de la langue française en Louisiane est relativement plus complexe en raison du nombre d'influences externes et internes qui ont agi et continuent d'agir sur elle. Pour comprendre la nature du français cadien, il faut tenir compte du fait que plusieurs variétés dialectales de français existaient sur le territoire avant l'arrivée des Acadiens. Les explorateurs comme La Salle, puis les frères Pierre LeMoyne d'Iberville et Jean-Baptiste LeMoyne de Bienville qui descendirent le Mississippi jusqu'au Golfe du Mexique au XVIIᵉ siècle, fondèrent la Louisiane. Comme beaucoup de membres de ces expéditions, ils venaient de cette Nouvelle France peuplée par des locuteurs d'une variété langagière canadienne française distincte du dialecte pratiqué en Acadie. Le contact entre les Canadiens et les communautés amérindiennes locales introduisit également un certain nombre d'éléments lexicaux dans une langue véhiculaire régionale à base de français, qui existent encore aujourd'hui : le mot « bayou », par exemple, ainsi que les centaines de noms de lieux qui parsèment la toponymie louisianaise. Au cours du XVIIIᵉ siècle et au début du XIXᵉ siècle, jusqu'en 1830 environ, l'immigration de Français et autres Européens vers la Louisiane introduisit dans le parler des Cadiens des éléments linguistiques nouveaux, selon le degré d'interpénétration entre les divers groupes. Cependant, le français cadien continua d'évoluer dans un contexte rural où l'illettrisme était important, bien en marge de ce qui se passait à la même époque en milieu urbain. La Nouvelle-Orléans et la région des plantations de canne à sucre et de coton qui l'environnent, axées sur la France et ouvertes aux modifications linguistiques que leur apportent les nouveaux immigrés, subissaient des influences qui rapprochaient la variété de français qu'on y parlait du français de référence, c'est-à-dire celui des élites françaises qui étaient au pouvoir. Mais le phénomène connaîtra ses limites dans le temps car, dans les années qui précèderont immédiatement la Guerre de Sécession et surtout dans la période qui la suivra, l'utilisation du français chez les Créoles blancs, comme chez les gens de couleur libres, disparaîtra peu à peu au profit de l'anglais. Par contraste, le français cadien se maintiendra *mutatis mutandis* jusqu'à nos jours.

Comment expliquer la persistance du français cadien par rapport aux autres variétés de français en Louisiane ? L'isolement de la population cadienne rurale, loin des plantations et de la Nouvelle-Orléans, nous apporte une réponse partielle. La population cadienne restera largement analphabète jusqu'à la fin de la Deuxième Guerre mondiale. Le français cadien est une langue orale qui se transmet d'abord en dehors de toute scolarisation. Ce n'est que vers la fin du XXᵉ siècle, lorsque l'enseignement d'une langue étrangère deviendra obligatoire dans les écoles primaires et secondaires de Louisiane, que l'apprentissage du français reprendra de la vigueur, du moins chez les jeunes. Mais cette tentative pour préserver la langue française d'une éventuelle disparition, n'a pas manqué de soulever une controverse entre ceux qui cherchent à promouvoir le français international et ceux qui veulent conserver la connaissance de leur langue vernaculaire, le français cadien avec ses particularités de lexique, de syntaxe et de morphologie. Le débat continue, mais il semble qu'il y ait un désir de part et d'autre d'accommoder les différences afin de réaliser l'objectif commun, la revitalisation du français en Louisiane. L'homme politique à qui l'on doit, dès les années 1970, la promotion du français dans les écoles, James Domengeaux, émaillait ses discours de la maxime « Tu sauves la langue, tu sauves la culture ». Certes, mais de quelle langue et de quelle culture s'agit-il ?

À LA RECHERCHE DES IDÉES

1. Quel est le problème culturel le plus important pour les Francophones d'Acadie et de Louisiane ?

2. Qu'est-ce qui a servi à préserver le français chez les Acadiens ?

3. Quels efforts le gouvernement canadien a-t-il fait pour aider à préserver la langue française ?

4. Pourquoi certains Acadiens se sont-ils installés en Nouvelle Angleterre ? Qu'est-ce qui est fait pour y promouvoir une reprise du français ?

5. Expliquez pourquoi, en Louisiane, la langue française a évolué de façon différente dans la population rurale du sud-ouest et à la Nouvelle Orléans.

6. Tout le monde conçoit-il de préserver le français en Louisiane de la même façon ?

RÉFLEXION

A. Pour quelles raisons, de nature sociale et économique, une langue finit-elle par être abandonnée par ses locuteurs ?

B. « Tu sauves la langue, tu sauves la culture ». Commentez cette maxime favorite de James Domengeaux. Comment pourrait-elle servir à expliquer, par exemple, certaines réactions dans les communautés hispaniques aux États-Unis de nos jours ?

2 L'Acadie : Espace historique

L'Acadie géographique n'existe plus. Aucune carte ne la mentionne. Pourtant, les mappemondes anciennes, celles du XVIIᵉ siècle, par exemple, délimitaient une empreinte spatiale. Que s'est-il passé ? Pour reprendre le concept de l'historien Pierre Nora, l'Acadie est devenue un « lieu de mémoire ».

Dans une introduction à sa pièce de théâtre *Évangéline Deusse*, l'écrivaine acadienne Antonine Maillet déclare qu'elle est née « *... dans un pays qui portait, encore, malgré la Conquête, le nom d'Acadie. Mais c'était un nom qui ne figurait déjà plus sur les cartes ni dans les registres et qui, pour tout autre qu'un Acadien, ne signifiait plus rien. Pourtant au cœur du pays, au fond des villages, au creux des maisons, ce nom d'Acadie résonnait comme une terre perdue, ou un domaine à reconstruire. Et chacun se mit à la tâche* ». La tâche de reconstruction dont parle A. Maillet a bien été entreprise. Mesurons-la, par exemple, à l'aune de l'importance acquise par le mot « acadien » et par ses variantes « cadien » et *cajun* dans le lexique nord-américain contemporain. Quittant le domaine des cartographes, ce vocable semble avoir traversé le sous-continent, y tissant des liens culturels fondés sur une identité ethnique partagée. L'Acadie est donc un espace historique qui, au sein de l'Amérique, dépasse les frontières géopolitiques, socioéconomiques et linguistiques.

La prise de conscience d'une identité française parmi les descendants des premiers Acadiens, tant du nord que du sud, a présidé à la construction et au développement du réseau nord-américain des associations nationales et internationales consacrées à la conservation et à la promotion de leur culture. Le Congrès Mondial Acadien qui a lieu tous les cinq ans depuis 1994, se donne comme mission de rassembler la diaspora acadienne, tantôt en Acadie, tantôt en Louisiane. De nombreux Acadiens et Cadiens profitent de ces rencontres pour approfondir leur connaissance de la généalogie qui les rattache, par-delà le temps, à la petite centaine de familles fondatrices de l'Acadie originelle. L'Acadie est également reconnue au sein de l'Organisation Internationale de la Francophonie (OIF) où siège le Nouveau-Brunswick en tant que gouvernement représentant et où la Louisiane est invitée spéciale des Sommets. La demande formulée par la Louisiane pour devenir membre à part entière du groupe pourrait se justifier par le nombre de ses Francophones tout autant que par son infrastructure culturelle : médias francophones, émissions de radio et de télévision, presse écrite, des écoles d'immersion qui proposent une scolarité en français. La vitalité francophone de la Louisiane, tant sur le plan culturel que linguistique, est évidente. La conviction qu'elle a tenu le premier rôle dans le drame du français aux États-Unis se confirme sous l'accent acadien d'un personnage du roman *Pélagie-la-Charrette* d'Antonine Maillet : « *Mais as-tu oublié, Pélagie de la Grand' Prée, que c'te langue baragouinée en Louisiane, c'est c'telle-là même que j'avons rapportée de France au siècle dernier ? et qu'au siècle qui vient, c'est peut-être rien qu'en Louisiane que je l'entendrons encore à travers toute l'Amérique ?* »   Un ancien Acadien s'exprimait ainsi en tant que déporté du XVIIIe siècle. Plus de deux siècles plus tard, nous pouvons lui donner partiellement raison, car le français s'entend toujours en Acadie nouvelle, en Acadie ancienne et au sein de la diaspora.

À LA RECHERCHE DES IDÉES

1. Que représente l'Acadie dans le monde actuel ?
2. Quelles associations ont la mission de préserver et de promouvoir la culture acadienne ?

RÉFLEXION

En quoi consiste, à votre avis, un « lieu de mémoire » ? Comment ce concept s'applique-t-il à certaines régions francophones des États-Unis ? Peut-on également l'appliquer à d'autres régions et à d'autres cultures dans le monde ?

3 *La mémoire de l'écrit*

Tout commence par l'oral. Chez les Acadiens et les Cadiens, comme chez presque tous les peuples, la transmission de récits moralisateurs, de faits et dits des personnages héroïques, est assurée par la tradition orale. Or, celle-ci est précieuse, voire essentielle, lorsque l'analphabétisme est général, ce qui était le cas en Acadie et en Louisiane avant le XXe siècle. Il s'agit d'exprimer la mémoire collective d'un peuple que l'on préserve oralement, en l'absence de presque tout moyen graphique pour la sauver de la disparition. L'une des seules ressources écrites dont on dispose sont les registres paroissiaux, tenus localement par le clergé (dont les membres sont souvent les seuls à savoir lire et écrire). Mais ces documents se limitent à la généalogie, aux naissances, mariages, et décès des paroissiens. Il leur manque l'étoffe qui explique la richesse de la vie. Par ailleurs, il suffit d'un incendie ou d'une catastrophe naturelle pour que ces archives disparaissent à jamais. Du côté des Créoles de Louisiane, la situation était quelque peu différente dans la mesure où, dans la région de la Nouvelle-Orléans, ville fondée en 1718, et dans les « habitations » ou plantations sur le bord du Mississippi, les Francophones étaient de culture écrite aussi bien qu'orale. À la suite de la Révolution française de 1789 et du départ de France d'émigrés vers l'Amérique, mais surtout après l'indépendance d'Haïti, dans les premières années du XIXe siècle, l'arrivée de Blancs, de Noirs, de mulâtres et d'esclaves a pour effet de voir doubler la population de la Nouvelle-Orléans. La migration, des Antilles vers la Louisiane, d'une société de plantation qui se réinstalle sur le continent explique en partie l'essor de la langue française dans cette ancienne colonie tour à tour française, espagnole et devenue territoire américain en 1803. Mais c'est en grande partie le contact avec le français de France, où l'élite francophone de la Nouvelle-Orléans préférait faire éduquer ses fils, qui explique le maintien d'une vie culturelle active dans toute la période qui précède la Guerre de Sécession. Celle-ci, par ailleurs, sonne le glas du français de plantation, car le groupe social qui en avait assuré la survie est ruiné et se trouve obligé de s'angliciser progressivement afin de se réhabiliter dans le Sud de la Reconstruction. Fort heureusement, grâce à son public lettré, il nous reste une littérature et des documents en langue française pour porter témoignage sur cette époque et sur ceux qui l'ont vécue. On peut citer comme témoin francophone de cette société l'écrivain Adrien Rouquette (1813–1887), chez qui la vie d'un Créole se mêle parfois aussi à celle des Amérindiens Chactas (*Choctaws* en anglais) auprès desquels il a vécu en tant que missionnaire.

La Nouvelle Atala, Adrien Rouquette

Publié sous le pseudonyme de Chahta-Ima (de la Louisiane), le roman d'Adrien Rouquette porte d'abord le titre : *La Nouvelle Atala, ou la fille de l'esprit : Légende indienne*. L'auteur se démarque ainsi de la littérature de France et signale l'avènement d'une littérature proprement louisianaise. Voici quelques passages du début de cette œuvre :

Pendant la première moitié de ce siècle, une famille d'origine française vivait dans le Sud des États-Unis, non loin d'une grande ville, sur une habitation isolée, à laquelle on arrivait par différentes allées ombragées d'orangers, de pacaniers et de chênes-verts, revêtus de mousse et de lianes enlacées : Cette famille se composait de trois personnes, le père, la mère et une fille unique, sans cependant y comprendre les esclaves qui étaient en assez grand nombre.

Cette jeune fille, que ses parents avaient nommée Atala, à cause de leur grande admiration pour les ouvrages de Chateaubriand, et surtout pour l'ouvrage où il parle d'Atala et de Chactas, fut envoyée et élevée dans un couvent établi depuis longtemps dans le pays. Après avoir achevé son éducation, elle était revenue au sein de sa famille. D'une nature sérieuse et réfléchie, elle n'avait aucun goût pour les plaisirs ordinaires de son sexe et de son âge ; elle se plaisait dans la solitude la plus profonde ; elle recherchait les lieux les plus retirés pour y contempler l'aspect sauvage des grandes forêts primitives ; une fleur l'attirait et la charmait ; le chant d'un oiseau la faisait tressaillir d'émotion ; la plainte du vent dans les arbres et le murmure des flots la plongeaient dans une indéfinissable rêverie ; ses narines et ses poumons se dilataient, en aspirant les parfums exhalés des incultes savanes ; son imagination, son cœur, son esprit, tout son être était attiré par le génie mystérieux qui habite l'immensité des vierges solitudes ; elle languissait de tristesse, au milieu des joies du monde ; elle enviait le sort des Indiennes, qui venaient souvent à l'habitation de son père, pour vendre leurs paniers et des plantes aromatiques ; elle s'entretenait longuement avec ces chastes filles du désert ; et elle leur disait, avec un accent de mélancolie qui les étonnait : « Vous autres, heureuses ; moi, malheureuse ; moi, pleurer beaucoup ! Pourquoi moi pas naître comme vous dans cabane-latanier ? Moi envie couri avec vous dans bois, bien loin, bien loin, là-bas, là-bas ! » Une de ces Indiennes lui répondit une fois : « Moi pas comprendre toi ; toi gagnin tout kichose ; pourquoi pas content ? Pleurer, pas bon ! » — L'enfant prétendue de la civilisation ne put s'empêcher de sourire à ce langage de la fille du désert ; mais elle n'entreprit pas de lui donner une explication de l'état de son âme, sachant bien qu'elle ne pourrait comprendre ni ses regrets ni ses aspiration, elle qui ignorait la vague inquiétude des grandes passions.

Adrien Rouquette, *La Nouvelle Atala*, Première édition, 1879, Shreveport, Éditions Tintamarre, 2003.

L'écrit aide à perpétuer l'oral, encore faut-il savoir écrire ! Les Acadiens et les Cadiens, populations rurales, ont longtemps échappé à la scolarisation. Lorsque, aux États-Unis, celle-ci devint obligatoire au cours de la première moitié du XXᵉ siècle, d'autres difficultés se manifestèrent en ce qui concernait la langue d'enseignement. Dans les premières décennies, période qui correspond à une politique gouvernementale d'américanisation, surtout dans les milieux à majorité non-anglophone, les écoles en milieu francophone doivent cesser de dispenser leur enseignement en langue française. Dans le Maine acadien, comme partout ailleurs en Nouvelle-Angleterre, l'Église catholique préserve depuis des années la langue française dans des écoles confessionnelles où le programme d'études est dispensé en français, ce que nous appellerions aujourd'hui l'enseignement par immersion. Peu après la Première Guerre mondiale, tout cela disparaît, et l'apprentissage du français dans les écoles doit désormais se faire en dehors du cursus normal qui est assuré en anglais.

En Louisiane, ce type de support pédagogique confessionnel n'a jamais eu la même étendue, surtout chez les Cadiens. La tentative officielle de 1916 visant à interdire toute utilisation de la langue française en milieu scolaire avait bouleversé les pratiques éducatives et sociales au point où l'on punissait l'enfant si, par malheur, celui-ci osait prononcer un mot de français, y compris dans la cour de récréation. Dans le Nord comme dans le Sud, le français fut proscrit dans les écoles, jusqu'au moment où, au cours des années 1920 et 1930, il sera réintroduit comme langue étrangère et enseigné en tant que tel. La langue française écrite sera alors sauvée de justesse, car on apprend aussi à l'écrire et cet apprentissage se fait normalement dans les écoles publiques ou privées. Parmi ces anciens écoliers sortiront ceux dont la tâche sera de conserver la tradition orale des Acadiens et des Cadiens en lui donnant une forme écrite. Le passage à l'écrit commence souvent par la transcription de chansons, contes et récits conservés par la mémoire collective d'une communauté. En ce qui concerne le folklore des Cadiens et des Créoles, le corpus provient d'une tradition extrêmement riche où se côtoient des influences françaises, canadiennes, africaines, antillaises, hispano-américaines et anglo-américaines, sans parler de la créativité locale proprement dite. Grâce aux spécialistes du folklore tels que Barry Jean Ancelet, lui-même Cadien d'origine, nous disposons aujourd'hui du texte imprimé d'une collection de contes, d'histoires drôles, de récits fictifs ou de témoignages que le reste de la Francophonie aurait ignorés sans des publications telles que *Cajun and Creole Folktales.*

« *Tu pourrais mentir* »

Voici une histoire drôle racontée par le Louisianais Martin Latiolais de Catahoula, dans la paroisse de St. Martin. Il la tenait, comme beaucoup d'autres, du vieux Cadien Willie Johnson qui, en dépit de son nom, ne parlait pas un mot d'anglais :

Un nommé Willie Johnson. Et il est mort. Sa fille reste droit là. Ma première voisine-là, c'est sa fille. Il est mort, il y a plusieurs années, mais lui, il avait une mémoire, Jack ! Tu parles un vieux bougre qu'avait une mémoire ! Il pouvait te raconter des contes qui duraient des heures de temps longs. Puis ça rimait, tu connais ? Ô, lui, il aurait été bon pour ça-là, ouais ! Et puis s'asseoir toute la journée, et puis te conter jamais le même.

Puis là, il racontait un tas des contes, il se mettait lui en dedans-là, mais il était tout le temps en bas [le perdant], tu vois ?

Il dit, une fois, il était au bal. Il dit il était après danser avec une belle fille. Ça fait, il dit à la fille-là, « Boy, t'es belle ! Je te trouve belle, ouais ! » il dit.

Et la fille-là dit, « Monsieur Johnson, moi, je peux pas dire autant de vous. Je vous trouve pas beau. »

« Mais, » il dit, « écoute ! Tu pourrais faire comme moi-là, si tu voudrais, tu pourrais mentir ! »

Barry Ancelet, *Cajun and Creole Folktales*, London, Taylor and Francis, 1994.

Quel sera l'avenir du mouvement qui a pour but de conserver la culture et, par-dessus tout de transmettre la langue française ? Tout dépendra de la volonté des générations montantes, surtout celles qui connaissent les résultats bénéfiques des efforts pédagogiques inspirés par le CODOFIL (Conseil pour le développement de la langue française en Louisiane) et de l'enseignement par immersion qui se pratique dans nombre d'écoles publiques primaires louisianaises. Mais il faut aussi noter le vif intérêt que portent aux langues et cultures louisianaises les chercheurs, aux États-Unis, au Canada et en Europe. C'est au moyen de leurs connaissances et de leurs contributions que se tissent et se renforcent les liens entre la Francophonie de Louisiane et la Francophonie mondiale.

Pélagie-la-Charette, Antonine Maillet

Parmi les écrivains contemporains qui défendent et illustrent la cause des Acadiens, Antonine Maillet (6) est celle qui domine le champ littéraire. Reconnue sur la scène internationale après avoir obtenu, en 1979, le Prix Goncourt pour son roman *Pélagie-la-Charrette*, elle a fait connaître à ses lecteurs l'épopée de ceux qui ont vécu le Grand Dérangement et voulu revenir en Acadie. Elle parle ainsi des origines d'un peuple :

> *Vieille ou neuve souche ne voulait pas dire grand-chose dans un pays où tout le monde était sorti ensemble de Touraine et du Poitou ; où tout le monde avait pris le même bateau pour s'en venir échouer sur la même terre de Port-Royal et du bassin des Mines ; et où tout le monde, hormis les déserteurs dans les bois, avait été expédié dans le Sud ou dans les îles. Les plus vieilles souches n'étaient vieilles que de cinq ou six générations, en Acadie, mais c'était pourtant la plus vieille souche européenne en Amérique du Nord.*

Ayant traversé la mer, ce peuple s'est forgé une identité propre au nouveau continent qu'il habite désormais. Mais les événements de 1755 viendront tout bouleverser et l'appartenance à la terre d'Acadie sera remise en question par certains Acadiens mêmes. Il arrive un moment où Pélagie doit s'interroger sur ce qu'est être Acadien. Ceux qui, au cours de leur exil, prendront la décision de bifurquer du côté de la Louisiane au lieu de remonter vers le Nord et l'Acadie originelle, « le pays » comme Pélagie et les siens, seront-ils toujours dignes du nom ?

> *En moins de deux heures, les Thibodeau avouèrent tout à Pélagie : l'attirance du Sud, le rêve d'un pays neuf et inconnu, la Louisiane enfin !*
>
> *La Louisiane !*
> *C'était donc ça ! ça qui les rongeait depuis quelque temps et les tenait à l'écart. La Louisiane ! Et les autres alors ; et les charrettes en route vers le nord depuis deux ans quasi ? Et le pays, le pays ? Ils y songeaient à la terre des aïeux quittée un matin de septembre et laissée en friche depuis ce temps-là ?*

À LA RECHERCHE DES IDÉES

1. Comment la culture des Cadiens s'est-elle transmise ?

2. Quelles populations ont contribué à créer la culture créole ?

3. Pourquoi les Créoles ont-ils pu compter aussi bien sur une tradition écrite qu'orale ?

4. Quel effet la période qui a suivi la Guerre de Sécession a-t-elle eu sur la culture francophone de Louisiane ?

5. À quelle époque et pour quelles raisons, le français cessa-t-il d'être une langue d'instruction dans les écoles louisianaises et ailleurs aux États-Unis ?

6. Qui est Antonine Maillet ? Pourquoi est-il important de savoir qu'elle a obtenu le Prix Goncourt pour son roman *Pélagie-la-Charrette* ?

RÉFLEXION

A. Si *La Nouvelle Atala* marque le début d'une littérature louisianaise, quels éléments de cette culture peuvent se dégager de l'extrait cité ?

B. À votre avis, pourquoi peut-on dire que Pélagie personnifie l'Acadie ?

... Les Thibodeau n'abandonnaient pas le pays, Pélagie, mais ils le transplantaient au sud.

... Au sud ? Mais qu'est-ce qu'il a donc, ce sud, pour vous faire revirer le sang comme ça ? Vous n'en avez point eu assez du sud en dix-sept ans d'exil et de misère noire ? C'est la mort loin des tombes de vos pères et aïeux que vous cherchez ?

... Nenni, point la mort, mais une autre vie auprès des cousins Mouton, Martin, Landry qui fondent des paroisses le long des bayous et déjà font paître leur bétail marqué de leur signe au fer rouge. Une vie de planteurs, peut-être bien, sur de vastes terres grasses et vierges...

Mais Pélagie, cette Mère Courage d'Acadie, ne quittera pas les siens ni ne renoncera à son devoir avant d'avoir retrouvé sa terre natale. Comme toute héroïne d'épopée qui en mérite le nom, Pélagie mourra en arrivant devant la terre promise, après avoir délivré son peuple du bannissement qu'on lui avait imposé. La charrette tirée par ses bœufs peut avancer vers le paradis retrouvé :

Cinq ans déjà ! Elles devaient se sentir fourbues, les pauvres bêtes, et aspirer elles aussi au repos. Elles avaient bien servi leurs maîtres, accompli une mission digne de passer aux annales du pays. Un pays à leur image d'ailleurs : patient, têtu, buté, vindicatif. Vindicatif contre le destin, buté contre l'histoire et patient avec le temps. L'Acadie avançait au pas des bœufs. Qu'importe si elle arrivait en retard, on avait tout l'avenir pour se rattraper. De bien braves bêtes ! Et Pélagie sourit en songeant à l'oraison funèbre qu'elle venait de leur chanter au nom de tout son peuple.

Antonine Maillet, *Pélagie-la-Charrette*, Paris, Éditions Grasset, 1979.

Antonine Maillet est, à l'image de Pélagie, la personnification de l'Acadie francophone : la langue et la culture vont de pair dans la mission de retrouvailles et de renaissance qui les anime. C'est aussi la conviction exprimée par un autre personnage acadien d'Antonine Maillet, Évangéline II :

... une parsoune qui comprend les mots de ta langue, est peut-être pas loin de te comprendre toi itou.

4 *Les héroïnes : D'Évangéline à Évangéline Deusse*

P endant des générations, partout aux États-Unis, les écoliers ont appris par cœur certains vers du poème de Henry Wadsworth Longfellow, *Evangeline: A Tale of Acadie* (1847). Le début en est souvent cité : *This is the forest primeval …* Le personnage du titre et le mythe qui raconte les amours de deux jeunes Acadiens, Évangéline et Gabriel, font partie de la légende nationale chantée par l'histoire littéraire du pays. Toutefois, ce monument culturel, si profondément enraciné dans la conscience américaine, est fondé sur un personnage qui n'a jamais existé. Longfellow aurait donc inventé de toute pièce son héroïne et le nom dont il l'a baptisée, mais qu'aucune jeune Acadienne n'avait porté avant elle. Comment expliquer alors l'attrait d'Évangéline et le sort que lui a réservé un public national et international ?

La Nouvelle-Angleterre où naquit Longfellow (1807–1882), avait depuis longtemps oublié l'histoire du Grand Dérangement, du moins ses habitants anglophones, lorsque l'auteur publia son poème. Selon certains chercheurs, c'est après avoir entendu raconter l'histoire de deux fiancés acadiens, séparés par les Britanniques le jour où devait avoir lieu leur mariage, qu'il aurait fait des recherches afin de se documenter sur la déportation des Français d'Acadie, mais aurait emprunté des faits, parfois inexacts, à l'œuvre de l'écrivain canadien Thomas Haliburton, *An Historical and Statistical Account of Nova Scotia* de 1829. (7) Longfellow est plus poète qu'historien. Ses aspirations, bien que nobles, ne prétendent nullement se conformer à une vérité authentique touchant à l'expulsion du peuple acadien. L'histoire d'Évangéline appartient à la littérature de son temps. Il s'agit d'une œuvre qui reflète une interprétation subjective pour mieux évoquer les sensibilités et l'idéal romantiques de son époque. En tant que telle, elle autorise le poète à composer non seulement un récit sentimental, mais encore à le mettre en scène dans un paysage paradisiaque qui transporte le lecteur à travers des terres américaines que le public lettré connaissait encore mal. Les régions qu'Évangéline n'aurait jamais parcourues, telles que les montagnes Ozark ou encore les Grands Lacs et les berges septentrionales du Mississippi, n'auraient jamais été traversées par des exilés acadiens. Pourtant, Longfellow se sent obligé d'en faire la description détaillée : *Au couchant, l'Oregon roule une eau diaphane ; / De cascade en cascade, au loin, vers le levant, / On voit le Nebraska verser son flot mouvant.* (8) La raison de ces écarts entre l'intrigue principale du poème et cette leçon de géographie, relève moins du désir de la part du poète de faire du remplissage lyrique que de celui de livrer au lecteur américain des années 1850 un aperçu sur des territoires récemment découverts par des explorateurs comme Lewis et Clark. Le public prendra rapidement goût à la lecture de cet ouvrage qui connaîtra un succès immédiat, y compris en traduction dans une dizaine de langues. Mais l'avenir de l'héroïne elle-même aura tôt fait de dépasser, et de loin, le poème dont elle fait l'objet.

Pendant que les éditions d'*Évangéline* se succèdent au cours du XIXe siècle, la légende ira en s'amplifiant. Selon Carl Brasseaux, la romancière créole Sidonie de la Houssaye empruntera à la légende d'Évangéline l'intrigue de son roman sentimental, *Pouponne et Balthazar*, (9) dans lequel deux fiancés, séparés par la déportation, finissent par s'épouser en Louisiane. Certes, ni les personnages, devenus créoles plutôt que cadiens, ni le dénouement ne sont ceux de Longfellow, mais cette œuvre francophone, dite roman féminin, aborde des questions d'ordre social, moral, voire politique qui reflètent les préoccupations des Créoles du siècle finissant. La plus célèbre des supercheries littéraires inspirées par la tradition d'Évangéline sera pourtant celle d'un certain Felix Voorhies qui, dans un petit roman, *Acadian Reminiscences: The True Story of Evangeline*, (10) se consacre à la soi-disant réhabilitation de la véritable histoire des infortunés amants. Nommés Emmeline Labiche et Louis Arceneaux, noms typiquement louisianais, les deux personnages, ayant subi la séparation, se retrouvent au bayou Têche à St-Martinville mais, comble du malheur, Louis (ex-Gabriel) en a épousé une autre et Emmeline (ex-Évangéline) en meurt de chagrin et de folie. En dépit des efforts de l'historien Brasseaux, Évangéline, l'ancienne aussi bien que sa nouvelle incarnation, sera considérée par beaucoup, en Louisiane, en Acadie et ailleurs, comme un personnage historique ayant vraiment vécu sous le nom d'Emmeline Labiche. (11) En sont témoins les divers lieux de pèlerinage consacrés à son souvenir : à St-Martinville son « tombeau » et le célèbre *Evangeline Oak* sous lequel elle devait se retrouver avec Gabriel ; à Grand-Pré, en Nouvelle-Écosse, la statue de la fiancée sur le site où fut donné l'ordre de déportation. À la longue, cependant, l'historicité du personnage deviendra moins importante que l'influence qu'exercera l'exemple moral du personnage sur la conscience publique. Désormais, Évangéline représentera toutes les qualités de fidélité, non seulement à celui ou celle qui conserve son cœur, mais aux idéaux de bravoure, de persévérance et de fierté des Acadiens et Cadiens qui triomphent de toutes les difficultés qu'on leur impose.

Statue d'Évangéline à Grand-Pré.

Évangéline Deusse, Antonine Maillet

Les sentiments qu'a exprimé Longfellow, si admirables qu'ils soient, dressaient néanmoins un portrait des Acadiens vus de l'extérieur par un homme qui imaginait ce peuple sans vraiment le connaître. Mais l'image qu'il s'en fait peut-elle se justifier en comparaison de celle proposée par une Acadienne comme Antonine Maillet ? Son personnage de théâtre Évangéline Deusse est une tout autre héroïne. Alors que l'Évangéline de Longfellow est passive et se résigne à son sort sans amertume, l'Évangéline de Maillet se rebelle, vocifère et prend en main son destin. Mais tout cela, elle le dit en acadien, sa propre langue, « avec l'accent du pays ». Il serait difficile, en effet, d'imaginer Évangéline II (prononcé « deusse ») s'exprimer autrement. Le personnage et son pays coïncident à tel point que les qualités de l'un appartiennent nécessairement à l'autre, y compris cette langue ancienne que même le français de France ne saurait remplacer, pas plus que la langue de Longfellow. Devant les trois hommes qui occupent la scène avec elle, l'Évangéline du XXe siècle, veuve et mère de onze enfants, évoque le souvenir de sa devancière. Exilée à Montréal, chez ces Québécois qui, à son avis, ne lui ressemblent en rien, elle s'entretient avec d'autres exilés. Parmi eux, Le Breton se souvient de l'histoire des Acadiens qu'on lui avait racontée à l'école en Bretagne. Son récit du Grand Dérangement déclenche une protestation indignée de la part d'Évangéline II, âgée de quatre-vingts ans :

> ÉVANGÉLINE : ... *J'aurais voulu être là, moi, avec mes onze garçons !*

> LES TROIS HOMMES, *en chœur : Onze garçons ?*

> ÉVANGÉLINE : *Onze garçons, Messieurs... pis pas une fille. J'en ai sept de vivants. Ben sept, coume je les counais, c'est encore assez pour point se laisser enfarmer dans une église par des Anglais. Même pas catholique pis ça rentre dans nos églises et ça nous fait toutes prisonniers.*

> LE BRETON : *Les hommes seulement.*

> ÉVANGÉLINE : *C'est pour ça. Il leur manquait une femme ou deux dans l'église à nos houmes, pour les organiser, pis les fouetter, pis leu faire honte... Ben votre Évangéline, quoi c'est qu'a' faisait durant ce temps-là ?*

> LE BRETON : *Elle était assise sur les rives de Grand-Pré et elle pleurait, le visage dans son tablier.*

ÉVANGÉLINE : C'était ben le temps ! Peuh ! ... Quand c'est que j'avons eu le naufrage de la dune, y a passé vingt ans de ça, et qu'il a péri cinquante-trois houmes en un seul jour, vous ariez point trouvé une femme du Fond de la Baie assise sus la côte, la face dans son devanteau. Non ! J'étions au goulet, c'te jour-là, à garrocher des câbles pis des boueyes à l'eau ; à pousser les houmes à la mer, en dôré de sauvetage ; pis à forter dans les épaves que les lames de soixante pieds nous crachiont sus la côte. Les veuves pis les orphelins avont espéré que toute seyit fini et pardu, avant de se cacher la face dans le creux du bras.

LE BRETON : Mais vos ancêtres de Grand-Pré étaient sans armes, face à des soldats.

LE RABBIN : Pris par surprise et désarmé, on ne peut rien faire.

LE STOP : Ben... Gabriel ?

LE BRETON : Avec les autres, le pauvre Roméo !

LE STOP : ... Roméo ?

LE BRETON : Puis on conduisit les hommes sur des goélettes et on mit feu à l'églîse.

ÉVANGÉLINE : Le feu à l'église ! (Elle s'empare de son seau.) Ils avont lassé brûler l'église ! Ben tous les puits étiont-i' taris ? Je voudrais en ouère un s'en venir sous mes yeux mettre le feu à l'église ! On fait une chaîne dans c'tes cas-là. (Elle passe le seau au Stop qui cherche l'église.) Garroche, garroche ! Je pouvons toujou' ben pas quitter brûler notre église en priant Saint Jude.
[Acte I, Deuxième tableau : pp. 44–46]

Comme son prédécesseur éponyme, Évangéline II a dû quitter l'Acadie. Comme elle, ses compatriotes connaissent un nouveau déracinement lorsque la terre qu'ils cultivent ne peut plus subvenir à leurs besoins. Ils doivent quitter leurs campagnes pour les villes industrielles qui sont, selon Évangéline, « gouvarnées encore un coup par les Anglais ». Puis, pour bien établir son identité à elle et ne pas se laisser confondre avec l'Évangéline de la légende, elle peaufine son portrait :

> LE BRETON, *ému : C'est pour ça, Évangéline, que vous avez dû quitter l'Acadie ?*
>
> ÉVANGÉLINE : *... Ils [les Anglais] nous avons point forni les goélettes, c'te fois-citte. Ça c'est une chouse que je leur dirai, à nos aïeux : ils nous avont point forni les goélettes à nous autres ; pis ils avont point fait de nous autres des héros pis des martyrs. Évangéline, la première, il l'avont déportée dans le sû. Pis elle y est restée. Ben nous autres, je sons revenus... Je sons revenus par les bois, à pieds, durant dix ans. Et je nous avons rebâti. Et j'avons replanté. Et j'avons encore un coup jeté nos trappes à l'eau...* [Acte I, Deuxième tableau : pp. 48–49]

Antonine Maillet, *Évangéline Deusse*, Montréal, Editions Leméac, 1992.

Pour Antonine Maillet, il s'agit d'un personnage féministe qui occupe le devant de la scène, ce qui ne surprend guère à l'époque des années 1970 où l'on attachait un vif intérêt au féminisme dans les lettres. Pourtant, cette image d'Évangéline, prête à tout faire pour résister à l'injustice et rendre à son peuple ce qui lui appartient de droit, n'est peut-être pas incompatible avec la réalité de la vie des Acadiennes, dont elle devient ici le symbole. Ce sont des femmes comme Pélagie-la-Charrette et Évangéline II qui ont su et savent toujours prendre la parole, souvent dans une langue verte, pour stimuler les autres en leur donnant le courage de continuer à se frayer un chemin dans une vie réelle et non pas mythique comme celle de l'héroïne de Longfellow. Grâce à elles, nous découvrons une Évangéline et une Acadie enfin vues de l'intérieur.

À LA RECHERCHE DES IDÉES

1. Comment Longfellow a-t-il interprété à sa façon la réalité du Grand Dérangement en écrivant son Évangéline ? Pourquoi ?

2. Citez d'autres écrivains qui ont été inspirés par l'histoire d'*Évangéline*.

3. En quoi les années 1970 éclairent-elles le personnage d'Évangéline d'Antonine Maillet ? Peut-elle être encore considérée comme un personnage contemporain ?

RÉFLEXION

A. Le poème de Longfellow est une œuvre romantique. Dégagez de l'histoire les éléments influencés par le Romantisme.

B. En quoi *Évangéline*, l'héroïne d'Antonine Maillet, est-elle différente de celle de Longfellow ?

Activités d'expansion

A. Repères culturels

Expliquez les idées, noms ou faits mentionnés ci-dessous en référence à la culture cadienne et acadienne.

1. La Cadie
2. L'Acadie
3. Pierre du Gua de Monts
4. La Nouvelle France
5. Le Traité d'Utrecht
6. Le Traité de Paris
7. Le zydeco
8. Le zydeco nouveau
9. Les bayous
10. L'ouragan Katrina

B. Liens culturels

Sujets de discussion

1. Résumez les principaux événements du Grand Dérangement. Comment la dispersion des Acadiens révèle-t-elle tout à la fois une tragédie et un phénomène qui eut aussi pour effet d'enrichir la vie culturelle des États-Unis ? Quel rôle a joué la religion dans la tragédie acadienne ? Quelles raisons ont poussé la Couronne britannique à décider de la dispersion par déportation des Acadiens ?

2. En quoi l'isolement et l'analphabétisme ont-ils paradoxalement contribué à préserver la langue et la culture des Cadiens et des Acadiens ?

3. Qu'est-ce qui distingue les Créoles et les Cadiens de Louisiane d'un point de vue culturel et linguistique ?

4. En quoi la musique cadienne commémore-t-elle le Grand Dérangement ? En quoi contribue-t-elle à préserver la culture des Cadiens ?

5. Pourquoi la popularité de la musique folklorique des années 1960 fut-elle essentielle au renouvellement de la musique cadienne ?

6. Comment interpréter la coexistence du français cadien dans les parties rurales de la Louisiane avec le français de la ville de la Nouvelle Orléans ? Après la Guerre de Sécession, quelle langue commença à prévaloir en Louisiane ? Où et pourquoi ?

7. En Louisiane, quand on parle de préserver « le français », de quel français s'agit-il ? Quel rôle joue la langue dans le mouvement de préservation et de promotion de la culture francophone en Louisiane ?

8. Y a-t-il dans les œuvres littéraires louisianaises, des éléments qui contribuent à décrire la culture cadienne ? Lesquels ?

C. Activités écrites

1. Choisissez un interprète, un groupe de musique cadienne. Expliquez comment sa musique se rattache à la fois à la tradition et à un courant plus largement « américain ».

2. Les Américains connaissent certains aspects de la culture cadienne de Louisiane. En général, ils connaissent moins ceux de l'Acadie. Aidez-les en présentant l'une des régions de l'Acadie pour laquelle vous insisterez sur la culture acadienne telle qu'elle s'exprime aujourd'hui.

D. Enquêtes interculturelles

A. À votre avis, pourquoi Longfellow, poète anglophone, a-t-il choisi le Grand Dérangement comme arrière-plan de son poème *Evangeline* ? Quels sont les éléments qui donnent à ce poème une portée universelle ? Pensez-vous qu'il rende justice à la culture acadienne ? N'y est-elle pas plutôt idéalisée ?

B. Répartis en groupes, discutez du rapport générique entre langue et culture. Pourquoi y a-t-il des Américains qui veulent imposer l'anglais comme langue unique ou officielle des États-Unis ? Contre quoi réagissent-ils ? Quelle crainte les motive ? Que pensez-vous d'un mouvement qui imposerait l'anglais comme langue unique des États-Unis ?

Actualité et avenir : Pistes de recherche

1. L'Acadie, lieu de mémoire ?

Problématique : Deux termes font désormais partie du lexique :
« Acadie » et « Cadie ». Le premier, en usage depuis des siècles,
n'appartient plus au domaine de la géographie. Le second, d'invention
récente, est rapidement entré dans l'usage louisianais. Ils doivent leur
existence à un imaginaire construit autour de plusieurs dimensions, historique, ethnographique, cartographique, psychologique et politique,
qui contribuent à en faire des lieux de mémoire.

Question : En quoi peut-on dire que l'Acadie et la Cadie constituent des
lieux de mémoire ?

Arrière-plan de la recherche : La citation de Pierre Nora : « ... *la
mémoire en effet est un cadre plus qu'un contenu, un enjeu toujours
disponible, un ensemble de stratégies, un être-là qui vaut moins par ce
qu'il est que par ce que l'on en fait* ». (12)

2. La situation du français en Louisiane

Problématique : Comprendre l'évolution du français en Louisiane.

Question : Analysez la situation du français en Louisiane, en lui-même
et par comparaison avec d'autres langues minoritaires des États-Unis,
comme l'espagnol. Faut-il être pessimiste sur leur avenir ? L'école seule
peut-elle assurer leur survie ? Quels autres moyens peut-on imaginer
pour contribuer à les sauver ?

Arrière-plan de la recherche : Dans la Louisiane d'aujourd'hui, où le
français est langue minoritaire, on tente d'assurer sa préservation et sa
promotion en comptant sur l'efficacité de l'enseignement scolaire
(CODOFIL, écoles d'immersion, etc.). Le linguiste Albert Valdman
s'interroge ainsi sur cette politique et la capacité de l'école à assumer cette
fonction :

> ... *l'école ne peut pas rétablir l'usage de la parole ancestrale
> chez les groupes minoritaires. Comme le soulignent de nom-
> breuses analyses, pour qu'elle contribue au maintien des
> langues minoritaires et à la prise de parole par ces langues, il
> faut que celle-ci ait prise sur les domaines d'utilisation de la
> parole, qu'elle assume des fonctions que ne peut prendre en
> charge la langue stato-nationale, qu'elle contribue à la con-
> struction de la socialité et au développement de la sociabilité.
> L'école somme toute n'est qu'un des maillons de la chaîne*

des rapports sociaux et ce serait se bercer de vaines illusions que de lui attribuer un rôle prépondérant dans le renversement des valeurs sociales ou dans la modification des réseaux sociaux où se tissent les rapports entre variétés langagières. (13)

3. Louisiane et créolisation

Problématique : Savoir si une théorie s'applique au cas que vous étudiez.

Question : D'après vos connaissances de la Louisiane, et plus spécialement de sa société contemporaine marquée par une réalité multiculturelle composite, êtes-vous en mesure de justifier à son égard l'emploi du terme « créolisation » ?

Arrière-plan de la recherche : Nous utilisons, souvent de manière superficielle, le mot *créole* pour désigner un élément culinaire, linguistique, racial, culturel, de la vie cadienne. Selon Jean Bernabé, Patrick Chamoiseau et Raphaël Confiant dans leur *Éloge de la Créolité*, le concept de *Créolité* se réfère à la pensée du divers et du multiple, par contraste avec la pensée de l'un, de l'universel et de la pureté, surtout dans les sociétés caribéennes. Édouard Glissant, poète-romancier-essayiste-théoricien antillais, oppose au concept de Créolité, celui de créolisation, ce « *mouvement perpétuel d'interpénétrabilité culturel et linguistique qui fait qu'on ne débouche pas sur une définition de l'être* » mais sur un état en perpétuel devenir. De plus, Glissant introduit dans son discours la notion d'une identité rhizome, empruntée à la botanique, pour expliquer ces zones linguistiques et culturelles qui se nourrissent des racines des autres identités avoisinantes.

4. Héroïnes acadiennes

Problématique : Qu'est-ce qu'un héros, une héroïne ?

Question : Peut-on dire que les personnages d'Evangeline de Longfellow et d'Évangéline Deusse d'Antonine Maillet, méritent de figurer au rang d'héroïnes de la mythologie ?

Arrière-plan de la recherche : Selon Joseph Campbell (*The Hero with a Thousand Faces,* 1949, publié en France sous le titre de *Les Héros sont éternels*), le héros est un personnage qui obéit à l'appel de l'aventure, qui quitte le milieu de son environnement, part en un voyage au cours duquel il affronte des obstacles. Les ayant franchis, il pénètre dans un monde mystérieux où il subit une série d'épreuves qui lui permettent d'accomplir enfin l'objet de sa quête, symbole de son émancipation et de son épanouissement.

Références et repères bibliographiques

(1) Originellement nommée « Fond de baie » par les Acadiens. Les Anglophones qui occuperont ces terres après leur confiscation, se l'approprieront sous la forme imitée phonétiquement du français : « Fundy Bay » ou *Bay of Fundy.*

(2) Source : Canadian American Center, University of Maine.
www.umaine.edu/canam/ham/acadiansettlement.htm
On pourra également y consulter des cartes illustrant les autres phases de la déportation jusqu'en 1785.

(3) En 1994 a eu lieu au Nouveau-Brunswick le premier Congrès mondial acadien qui veut rassembler les Acadiens des communautés américaines et de la diaspora. (CMA suivants : 1999 Louisiane, 2004 Nouvelle-Écosse, 2009 Péninsule acadienne.)

(4) Voir : Bernabé, J., Chamoiseau, P., et Confiant, R., *Éloge de la Créolité,* Paris, Gallimard, 1993, p. 26.

(5) Valdman, A., Auger, J., et Piston-Hatlen, D. *Le Français en Amérique du Nord,* Québec, Presses de l'Université Laval, 2005, pp. 2–3.

(6) Voir un entretien télévisé avec Antonine Maillet, *Le Temps me dure,* 15 octobre 2003 : archives.radio-canada.ca

(7) Voir Brasseaux, C., *In Search of Evangeline,* Blue Heron Press, 1988.

(8) Longfellow, H. W., *Evangeline,* vers 2139–40 dans la traduction de Pamphile Lemay, 1870. Cité par : http://agora.qc.ca.

(9) de la Houssaye, S., *Pouponne et Balthazar,* Nouvelle-Orléans, Librairie de l'Opinion, 1888.

(10) Voorhies, F., *Acadian Reminiscences: The True Story of Evangeline,* Nouvelle-Orléans, Rivas, c. 1907.

(11) Lire à ce sujet l'article de B. Quetchenach à www.fawi.net/Evangeline.htm.

(12) Nora, P., et al., *Les Lieux de mémoire,* V1, p. 16, Paris, Éditions Gallimard, 1984–1992.

(13) Picone, M. D., et Valdman, A. « La situation du français en Louisiane », dans Valdman, A., Auger, J., et Piston-Hatlen, D., *Le Français en Amérique du Nord,* Presses de l'Université Laval, 2005.

ENQUÊTE DEUX

LES FRANCO-AMÉRICAINS : DES CHAMPS
AUX USINES

Un fermier de Caribou, Maine (1940)

2

La Franco-Américanie
DU CANADA FRANÇAIS AUX ÉTATS-UNIS

*Une route de la Haute Vallée
du Saint-Jean dans le Maine.*

Comment doit-on envisager une population étrangère venue s'établir sur le territoire des États-Unis à l'invitation, du moins tacite, de ce pays ? Dire qu'il s'agit d'une colonisation américaine semble illogique dans la mesure où il s'agit d'un peuple étranger qui se déplace vers les États-Unis et non l'inverse. Pourtant, la vie culturelle de ces immigrés, y compris leur langue maternelle, risque sérieusement

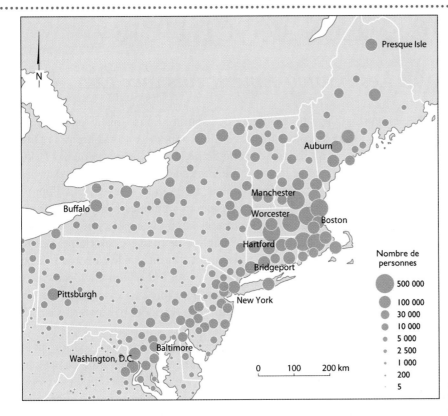

Population d'origine ethnique française en Nouvelle-Angleterre.

Dans la carte :
Presque Isle
Auburn
Manchester
Buffalo
Worcester
Boston
Hartford
Bridgeport
Pittsburgh
New York
Baltimore
Washington, D.C.

Nombre de
personnes

500 000
100 000
30 000
10 000
5 000
2 500
1 000
200
5

0   100   200 km

MISE EN ROUTE

Connaissez-vous des personnes dont les grands-parents ou les arrière-grands-parents ont immigré aux États-Unis ?

Parmi ces personnes, les jeunes savent-ils parler la langue de leurs ancêtres ?

Quelle est l'attitude des jeunes envers la culture qu'ils ont reçue en héritage ?

Beaucoup d'Américains savent qui sont les Cadiens de Louisiane, mais ne connaissent pas les Franco-Américains. En petits groupes, faites un résumé de ce que vous savez de la culture franco-américaine en Nouvelle-Angleterre. Comparez les résultats des différents groupes.

d'être altérée et même de périr au contact d'une culture américaine qui la domine. Les Franco-Américains témoignent d'une telle expérience sur le sol des États-Unis. Leur histoire, longtemps ignorée du grand public, met en relief les succès et parfois les misères de l'intégration et de l'altérité dans un grand pays depuis toujours intimement lié à l'immigration.

Patrimoine : Les essentiels

1 *Les Franco-Américains aux États-Unis*

Le creuset d'identités ethniques que sont les États-Unis d'Amérique ne manque pas de communautés et de groupes « à trait d'union ». Dire à propos des gens qu'il s'agit d'un ou d'une *Italian-American* ou des *Irish-Americans*, par exemple, relève d'une pratique qui s'est enracinée dans les habitudes des Américains dès le début des grands mouvements d'immigration au XIXe siècle. Indiquer les origines ethniques d'une personne ou son appartenance à un groupe culturel ne choque personne sauf, bien entendu, lorsque la qualification s'emploie de manière injurieuse, ce qui est plutôt rare. Dans la société américaine, il suffit que le patronyme d'un individu soit à consonance « étrangère », c'est-à-dire non-anglo-saxonne, pour qu'on lui pose, tôt ou tard, une question sur les origines de ses ancêtres, question à laquelle il est naturel de répondre par un terme à trait d'union.

En ce qui concerne les Franco-Américains, cette désignation peut d'abord prêter à confusion. Doit-on conclure qu'il est question de personnes dont les origines sont européennes, c'est-à-dire de France, et non nord-américaines ? Non, la communauté dont il s'agit tout d'abord, les Canadiens français aux États-Unis, qu'ils soient Québécois ou Acadiens, sont de souche française et s'expriment en français comme langue maternelle. (1) Installés dans le Nord-Est des États-Unis, mais désireux de maintenir leur spécificité identitaire, ces immigrés optent finalement en faveur d'un terme qui met en valeur leur fidélité à la langue française en même temps que leur allégeance à leur nouvelle patrie. L'évolution vers le terme « franco-américain », fixé vers le début du XXe siècle par les élites de la communauté, témoigne de la volonté des dirigeants de conserver l'usage quotidien de la langue française à l'intérieur de cette population. La langue, croit-on, doit servir de ciment pour lier les éléments communs aux membres du groupe. C'est donc au moyen de la langue française que les valeurs culturelles seront transmises de génération en génération, et parmi celles-ci la plus importante reste, selon eux, la religion catholique. « Qui perd sa langue, perd sa foi », disait-on, et on y croyait fermement, du moins aux premiers temps de l'immigration. Pendant de nombreuses années, l'idéologie conservatrice qui exerce son autorité sur les foyers franco-américains porte le nom de « Survivance », terme plutôt difficile à définir, mais qui évoquerait, selon Armand Chartier : « *le maintien de l'héritage ancestral en Amérique du Nord, soit la religion catholique, la*

langue française, et un certain nombre de traditions canadiennes françaises ». (2) Pour les nouveaux immigrés il n'est guère difficile d'affirmer ce principe et de se soumettre à ses conditions. Cependant, avec le temps, les générations montantes vont remettre en question, du moins en partie, certains de ces éléments au fur et à mesure qu'elles s'assimilent à un mode de vie étranger, celui des autres Américains. La question à laquelle il faudra alors répondre est : Peut-on toujours se considérer Franco-Américain si on perd l'usage de la langue française ou la foi catholique? Les catégories identitaires ont été précisées pour la communauté par des personnages influents, mais en fin de compte ce sont les individus eux-mêmes qui décideront seuls de se nommer « Franco-Américain ».

À LA RECHERCHE DES IDÉES

1. Où se trouvent les centres de la population franco-américaine ?

2. Expliquez le terme « Franco-Américain ».

3. Quels sont les éléments fondamentaux de la culture franco-américaine ?

RÉFLEXION

A. Expliquez la notion de « Survivance ».

B. Pour les jeunes d'héritage francophone en Nouvelle Angleterre, quels problèmes peut présenter le fait de s'appeler « Franco-Américain » ?

2 Les « Petits Canada »

Les villes grandes et moyennes du Nord-Est des États-Unis connaissent, depuis deux cents ans, un courant migratoire important. Au XIXe siècle, à partir de l'ère industrielle qui débute vers les années 1840, et encore plus remarquablement à la suite de la Guerre de Sécession, les industries du textile et de la chaussure exercent une grande attraction sur les Canadiens français qui, pour des raisons économiques, cherchent à émigrer vers les États-Unis pour y trouver du travail. On estime que, pendant une centaine d'années entre 1840 et 1930, environ 900 000 Canadiens francophones se sont installés dans les six États de la Nouvelle-Angleterre et l'État de New York. Certes, le séjour pour certains n'était que provisoire. Ils rentraient chez eux après avoir amélioré leurs finances ou, à l'inverse, avoir éprouvé des difficultés d'adaptation insurmontables. La grande majorité, cependant, quitta le Canada définitivement et vint s'ajouter à la masse d'émigrants européens qui se dirigeaient vers les mêmes endroits géographiques.

Qui « part aux États », comme l'on disait, et pourquoi le fait-on ? Parmi les spécialistes de la question de l'émigration des Canadiens français vers la Nouvelle-Angleterre, l'historien québécois Yves Roby divise en trois périodes essentielles l'évolution de cette migration : avant 1840, de 1840 à 1930, et après 1930. (3) Nous avons remarqué, en analysant la situation des Acadiens, une mobilité chez certains réfugiés de la Déportation dans le nord-est du continent au cours de la deuxième moitié du XVIIIe siècle, surtout dans la Haute Vallée du fleuve Saint-Jean. Pendant le premier tiers du siècle suivant, les États du Vermont et du Maine, mais aussi l'État de New York, accueillent la plus grande partie des Canadiens français qui se dirigent vers le sud. On estime qu'en 1840, leur nombre atteint les chiffres relativement modestes de 2 500 pour le Maine, de 5 500 pour le Vermont et de 8 700 pour l'ensemble de la Nouvelle-Angleterre. (4) Pour l'essentiel, ces émigrants proviennent d'un milieu agricole et ont subi des revers de fortune à la suite d'années de mauvaises récoltes et de graves difficultés économiques. Chez eux, les familles sont généralement nombreuses. La population canadienne française s'accroît de 400% entre 1784 et 1844. Ce phénomène démographique rend plus pressant le besoin de trouver une solution aux difficultés en traversant la frontière pour aller vers des conditions de vie qui semblent plus favorables, car on y trouve encore du travail dans les fermes mais aussi dans l'exploitation du bois et dans la fabrication des briques. Jusqu'en 1840, cependant, les départs depuis le Québec resteront plutôt saisonniers, et la migration se fait sans provoquer de remous majeurs dans la population américaine, car les travailleurs migrants se dispersent dans les agglomérations et se fondent, pour ainsi dire, dans la vie de tous les jours. Dès 1840, cependant, la conjoncture économique du Canada s'aggrave et provoque un véritable exode qui ne cessera définitivement qu'à la fin des années 1920, lorsqu'une nouvelle politique d'immigration américaine freinera la migration des Canadiens français, comme tant d'autres aussi, vers les États-Unis.

Entre 1840 et 1860, le nombre de Canadiens francophones en Nouvelle-Angleterre augmente sensiblement pour atteindre une population d'environ 37 000 personnes. À la différence des migrations antérieures, celle-ci vise pour la première fois le sud de la région, là où se trouvent les centres industriels et, en particulier, les filatures de coton, les manufactures de textile et de chaussures. Ici, d'ancien fermier canadien l'on devient salarié d'usine. Des familles entières participent alors à ce que les sociologues appellent une immigration à la chaîne, c'est-à-dire un réseau par lequel les premiers arrivés, après s'être installés dans une ville où ils ont trouvé de l'emploi, font appel à d'autres membres de leur famille, de leur ancienne paroisse, de leur quartier au Canada. Par la suite, ils reproduiront

Bâtiments d'un ancien Petit Canada à Lewiston, Maine.

à leur tour la même démarche. La grande Révolution industrielle, qui se concentre dans le Nord-Est, accélère les arrivées de Canadiens surtout à l'issue de la Guerre de Sécession. C'est alors que ces immigrés francophones commencent à se regrouper dans un type de quartier auquel ils donnent le nom de « Petit Canada ».

À cette époque, les usines des villes du Nord-Est forment la base d'une économie industrielle florissante. Elles comptent sur une main-d'œuvre prête à se dépenser en heures de labeur et de sueur. Les Canadiens, que l'on n'appellera Franco-Américains qu'à partir des années 1890, leur fournissent le nécessaire. Ces centres industriels, villes moyennes pour la plupart, avaient souvent accueilli, peu auparavant, un autre groupe d'immigrés, les Irlandais, et avaient dû, pour les héberger, construire rapidement des logements à loyers modestes. Dans les rues autour des usines, ces immeubles d'habitation, d'habitude en bois et du même style, continuent de se multiplier au rythme des nouvelles vagues d'immigrés. Les Canadiens succèdent aux Irlandais, devenus entre-temps des ouvriers spécialisés qui peuvent améliorer leur train de vie, dans des appartements qui manquent d'espace et de confort. Ces familles nombreuses, composées de plusieurs générations, s'entassent dans la promiscuité de lieux insalubres dont les propriétaires ne s'occupent guère. Mais en contrepartie, ces quartiers ont l'avantage de permettre aux Canadiens de gagner leur pain quotidien en Amérique tout en maintenant une existence collective qui reproduit celle qu'ils ont laissée derrière eux au Canada. Pour l'essentiel, leur mode de vie tourne autour de la famille, de l'usine et de l'église. En plus, tout se déroule en français car progressivement, s'y installent les commerces, les services professionnels et les paroisses francophones. Le dernier tiers du siècle, l'époque florissante des Petits Canada, témoigne d'une vitalité incomparable de ces quartiers qui participent du phénomène du ghetto à l'américaine dans la mesure où ils se séparent du reste de la collectivité, mais forment une communauté homogène qui peut vivre à l'écart de ce qui se passe à l'extérieur et préserver ainsi sa culture spécifique. Beaucoup de villes ont conservé leur

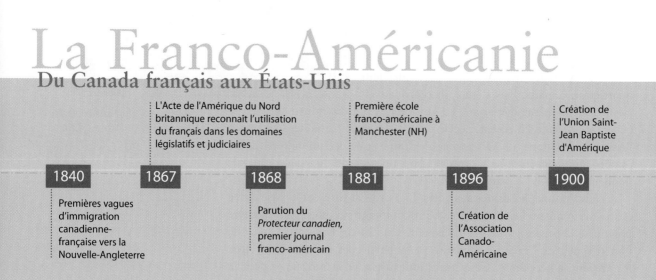

La Franco-Américanie
Du Canada français aux États-Unis

L'Acte de l'Amérique du Nord britannique reconnaît l'utilisation du français dans les domaines législatifs et judiciaires

Première école franco-américaine à Manchester (NH)

Création de l'Union Saint-Jean Baptiste d'Amérique

1840   **1867**   **1868**   **1881**   **1896**   **1900**

Premières vagues d'immigration canadienne-française vers la Nouvelle-Angleterre

Parution du *Protecteur canadien*, premier journal franco-américain

Création de l'Association Canado-Américaine

Little Italy, leur *Chinatown* et endroits semblables. Les Petits Canada, par contre, ont disparu depuis lors du paysage urbain. Mais avant d'aborder la question de leur déclin, et pour mieux l'analyser, il faut s'efforcer d'en comprendre les caractéristiques essentielles au moment où ces enclaves francophones atteignent leur apogée.

À LA RECHERCHE DES IDÉES

1. Situez chronologiquement les grandes arrivées des Canadiens français aux États-Unis. Pourquoi sont-ils venus s'y installer ?

2. Quel était le milieu social des premiers immigrés du Canada ?
   Que cherchaient-ils ?

3. Lorsque la plupart des immigrés du Canada sont arrivés, dans quelles industries ont-ils travaillé?

4. Expliquez ce qu'étaient les « Petits Canada » ?

RÉFLEXION

A. Peut-on comparer les « Petits Canada » à des ghettos ?

B. Pourquoi les Franco-Américains ont-ils choisi d'habiter en communauté dans ces « Petits Canada » ?

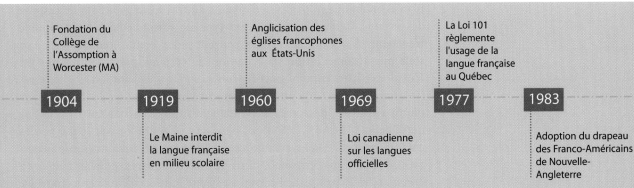

1904 — Fondation du Collège de l'Assomption à Worcester (MA)

1919 — Le Maine interdit la langue française en milieu scolaire

1960 — Anglicisation des églises francophones aux États-Unis

1969 — Loi canadienne sur les langues officielles

1977 — La Loi 101 règlemente l'usage de la langue française au Québec

1983 — Adoption du drapeau des Franco-Américains de Nouvelle-Angleterre

3 *Des valeurs familiales préservées*

Les émigrés du Canada, en s'établissant dans les villes industrielles du Nord-Est des États-Unis, acceptent de transformer leur style de vie de cultivateurs en celui d'ouvriers non-spécialisés aux revenus fort modestes. Afin de subvenir aux besoins matériels de leurs familles, ils manifestent devant leurs nouveaux employeurs plusieurs qualités très appréciées des contremaîtres et autres superviseurs. Ces caractéristiques leur ont valu, par ailleurs, le nom de « Chinois des États de l'Est » par allusion aux ouvriers chinois de l'Ouest des États-Unis employés à la construction du chemin de fer. Toujours prompts au travail, économes, sobres et munis d'une éthique de travail destinée à plaire aux directeurs d'usines *yankees*, ils mènent une vie de prolétaire sévèrement réglée par les principes que leur inculque leur foi religieuse. Selon leurs croyances, la pauvreté est une vertu et la souffrance leur permet de mériter le salut éternel. Leur catholicisme romain et leurs grandes familles forment les deux éléments de stabilité qui rendent supportables les difficultés de la vie quotidienne. Le premier des deux les habitue à respecter la hiérarchie non seulement ecclésiastique mais sociale. Ayant appartenu, au Canada, à la classe laborieuse qui les situe au bas de l'échelle sociale, ils acceptent avec docilité les conditions de vie qui les attendent en Amérique, ne cherchant rien d'autre que de faire vivre paisiblement leur famille. Ensuite, le nombre impressionnant d'enfants dans les familles constitue, pour eux, leur véritable richesse. Ceci est vrai pour deux raisons : d'abord, sur le plan moral, les multiples générations d'une même famille forment un noyau social où l'esprit de solidarité se perpétue et où les valeurs se transmettent naturellement des plus vieux au plus jeunes. Ensuite, sur le plan économique, plus il y a de mains au travail, plus la famille dispose de revenus. Malheureusement, ce type de raisonnement est à double tranchant. Alors que les jeunes peuvent aider financièrement lorsqu'ils sont mis à contribution, la tentation de certains parents immigrés est d'exploiter leurs enfants, encore jeunes, en les obligeant à travailler dans les usines. Certes, ce n'est que rarement par cupidité qu'ils le font, mais plutôt en raison des problèmes financiers qui les accablent dans la vie quotidienne. (5) Au XIXe siècle, il existait bien des lois sur le travail des enfants, mais les employeurs ne les appliquaient pas toujours scrupuleusement, sachant que cette main-d'œuvre, mal rémunérée, pouvait majorer à bon marché les profits de l'entreprise. Cette pratique sera mieux contrôlée à partir du début du siècle suivant lorsque la communauté franco-américaine, encouragée par son élite, comprendra que l'éducation de ses membres offre le moyen de combattre les préjugés sociaux d'une population anglo-saxonne environnante qui est toujours prête à considérer ces immigrants francophones comme peu instruits. (6) Les valeurs familiales des Franco-Américains, profondément influencées par les traditions de l'Église catholique et de la société canadienne française, fondent un conservatisme qui s'étend de la famille au lieu de travail et dicte sa conscience morale et sociale à la communauté. Le clergé exerce un pouvoir absolu sur les fidèles. Si, par exemple, un évêque, agissant selon son rôle de pasteur, déclare qu'il est contre la volonté divine de permettre à une mère de famille de travailler hors du foyer, aucune femme mariée n'osera manquer à ce précepte sans risquer l'opprobre. À plus forte raison, le divorce d'un couple est inimaginable, car les ecclésiastiques l'interdisent. La tradition d'un paternalisme autoritaire marque profondément la société des premières générations de Franco-Américains, un trait qui se révèlera également pendant les années 1870, lorsque ces ouvriers d'usine refusant de participer aux grèves nombreuses organisées contre les patrons, s'exposeront au ridicule et à la violence des manifestants. (7) Toutefois, leur docilité connaîtra des limites et aura tendance à s'amenuiser au fil des années, au contact d'éléments sociaux externes à leur culture. Au cours du XXe siècle, les petits et arrière-petits-enfants d'émigrés canadiens deviendront plus Américains et moins Francos, du moins dans leur comportement social.

À LA RECHERCHE DES IDÉES

1. Expliquez le nom de « Chinois des États de l'Est » qui était donné aux Franco-Américains.

2. Sur quels principes était ancrée la vie des Franco-Américains ?

3. Pourquoi était-il avantageux pour les familles franco-américaines d'avoir de nombreux enfants ?

4. De quelle attitude l'autorité du clergé franco-américain fut-elle responsable chez les « Franco-Américains » ?

RÉFLEXION

A. Pour quelles raisons matérielles les Franco-Américains ont-ils envoyé leurs enfants travailler dans les usines ? Y voyez-vous un parallèle contemporain avec la situation de certaines familles immigrées ?

B. Pourquoi, vers le début du XXe siècle, l'élite a-t-elle poussé les Franco-Américains à valoriser l'éducation ?

4 *La langue : De l'église à l'école et à l'enfant*

Si, pour les émigrants canadiens français, il est essentiel de maintenir leur foi religieuse, il est tout aussi fondamental de préserver la langue française. Comme le montre bien l'historien Yves Roby, le catholicisme et la langue forment les piliers qui soutiennent l'effort de survivance dans une Nouvelle-Angleterre majoritairement anglophone et protestante. (8) Il est normal de croire que c'est l'église qui les guide dans la vie, qui continuera d'exercer ce rôle au-delà de la frontière. Autrement dit, ces nouveaux arrivés ont le désir manifeste de mener, aux États-Unis, une vie profondément canadienne française, la seule qu'ils aient connue jusque-là, mais dans de meilleures conditions économiques. Seulement, l'Église catholique romaine est gouvernée par un épiscopat où chacun des évêques a la charge d'un diocèse. Ainsi, les évêques et les curés qui gèrent les paroisses du Canada cessent d'intervenir officiellement dans la vie spirituelle des émigrants dès que ceux-ci passent la frontière et s'installent dans le Nord-Est des États-Unis. Dans ces conditions, que peuvent faire ces catholiques en terre étrangère pour assurer leur salut ?

L'intérieur de l'église Sainte-Marie à Lewiston, Maine.

Dans cette région des États-Unis, l'Église catholique est loin d'être inconnue. Les Irlandais, en s'expatriant vers la Nouvelle-Angleterre, ont transporté avec eux la pratique de cette foi, et Rome a établi des diocèses pour s'occuper de leur vie spirituelle. Naturellement, les nouveaux évêques, tout comme les prêtres qui fondent et desservent de nombreuses paroisses, sortent presque tous du milieu anglo-saxon. On comprend mieux, alors, le malaise des Francophones canadiens qui, désirant pratiquer leur foi, n'ont aucune possibilité d'assister aux cérémonies religieuses dans des églises où les sermons, les confessions, les activités collectives ne sont qu'en anglais, une langue qu'ils ne comprennent guère ou pas du tout. En refusant d'agir pour faire face à cette difficulté majeure, les évêques courent le risque de voir ces catholiques canadiens français abandonner l'église et perdre leur âme. Ils décident de faire appel aux évêques au Canada en les priant de leur envoyer des prêtres et des missionnaires francophones afin de pourvoir aux besoins spirituels de ces immigrés délaissés. Les années 1870–1890 marqueront l'instauration de ce qu'on nomme les « paroisses nationales » et les « paroisses mixtes », c'est-à-dire, dans le premier cas, une paroisse dirigée, par exemple, par un curé francophone où tout se déroule en français. Dans le deuxième cas, une paroisse bilingue où le prêtre assure les services spirituels en anglais pour les uns, et dans une autre langue pour les autres, selon les besoins de la paroisse. Les évêques anglophones y voient sûrement une solution provisoire à un problème qu'ils croient temporaire car, pour eux comme pour beaucoup d'Américains, toute population immigrée, quelle que soit sa langue maternelle, devra s'assimiler tôt ou tard, et vivre sa vie en anglais. Pourtant, les Franco-Américains concevaient autrement le processus d'américanisation des leurs et ils ne comptaient nullement abandonner la langue française en devenant de bons citoyens américains.

Dans un Petit Canada, la fondation d'une paroisse implique, d'abord, la construction d'une église. Cela fait, les fidèles et leur curé cherchent les moyens d'établir une école paroissiale, quelquefois dans le même édifice, quelquefois dans un bâtiment avoisinant. Aux XIXe et XXe siècles, le phénomène se répètera partout aux États-Unis dans les régions où l'on compte une masse critique de catholiques. Du reste, le jumelage de l'instruction religieuse et de la formation intellectuelle se généralise à la suite d'une condamnation des écoles publiques par le Vatican en 1875 et de l'Encyclique du Pape Léon XIII aux évêques de France en 1884. Curieusement, la France de la Troisième République, motivée par son désir d'imposer un système scolaire laïque, gratuit et obligatoire, cherche à uniformiser l'éducation nationale sous la tutelle de Jules Ferry au moment où, de leur côté, les Franco-Américains insistent sur le maintien de leur spécificité ethnique, confessionnelle et linguistique dans le domaine de l'enseignement. Nous savons que la France républicaine assurera, par les lois de 1905, la séparation de l'Église et de l'État en supprimant les congrégations religieuses enseignantes et ainsi mettra fin à une très longue tradition éducative. Mais les Franco-Américains cherchent plutôt à rapprocher les notions de caractère ethnique et de sens civique dans cette population américaine à laquelle ils veulent appartenir. Sauront-ils mener à bien leur projet?

Dans les paroisses franco-américaines, les écoles élémentaires, normalement entre le cours préparatoire et la fin de la huitième année, deviennent pour ainsi dire bilingues avant le tournant du XXe siècle. Les matières essentielles à l'insertion dans la vie américaine dont les mathématiques, la géographie, l'histoire et l'anglais, occupent la moitié anglophone de la journée scolaire. Le catéchisme, l'histoire sainte, l'apprentissage de la langue française et, assez souvent, l'histoire du Canada français, remplissent la partie enseignée en français. Pour la plupart, les enseignantes sont des religieuses soit franco-américaines, soit canadiennes, mais bilingues et imprégnées des traditions du Canada français où se trouvent les maisons mères des communautés dont elles font partie. Selon Armand Chartier, la première de ces écoles franco-américaines daterait de 1881, à Manchester dans le New Hampshire. (9) L'historique de ces établissements nous indique que leur apogée numérique a lieu vers 1949, mais que leur âge d'or se situe entre 1900 et 1930, à l'ère de la grande migration des Canadiens francophones. (10) Le programme que suivent les écoliers franco-américains dans leurs paroisses nationales ne se distingue de celui des autres écoles confessionnelles que dans la mesure où la langue française complémente l'anglais et que l'enseignement religieux se fait en français. Par ailleurs, les programmes et la qualité de l'enseignement assurés par les écoles paroissiales ne doivent en aucune façon être inférieurs à ceux des écoles publiques. Cependant, les écoles primaires franco-américaines feront l'objet d'une certaine résistance de la part des évêques anglophones et, simultanément, d'une véritable hostilité politique et sociale dans certains endroits, en particulier dans l'État du Maine. On constate, d'abord, qu'à l'époque des grandes migrations européennes vers les États-Unis, s'enracine dans la société américaine un patriotisme parfois excessif assorti d'une xénophobie envers les immigrés qui se trouvent être pour la plupart catholiques. L'épiscopat catholique d'Amérique monte à la défense de ses fidèles et cherche désespérément à convaincre les partisans de « l'Amérique pour les Américains » des bonnes intentions des nouveaux arrivés. Mais leur assimilation doit s'effectuer le plus rapidement possible. De plus, c'est au moyen de la langue anglo-américaine qu'on la réussira. Dans cet esprit, le Maine vote, en 1919, une loi qui oblige ses écoles à enseigner en anglais. Comme en Louisiane, cet autre État où les Francophones forment une minorité importante, les langues étrangères ne sont tolérées qu'en tant que telles et la seule langue d'enseignement sera dorénavant l'anglais.

Devant cette situation, comment réagissent les communautés franco-américaines et surtout les habitants des Petits Canada ? D'abord, l'élite, c'est-à-dire les membres du clergé et les professions libérales, mais aussi les journalistes de la presse régionale de langue française, entament une lutte idéologique contre les évêques irlandais et la hiérarchie ecclésiastique, afin de maintenir le caractère francophone de leur paroisse et d'arrêter ou de ralentir l'anglicisation des paroissiens et de leurs enfants. Le glissement vers l'anglais gagnait du terrain dans les paroisses dites mixtes et, à plus forte raison, dans les milieux où les parents choisissaient d'envoyer leurs enfants à l'école publique, souvent parce qu'ils n'avaient pas les moyens d'acquitter les frais de scolarité de l'école paroissiale, si modiques soient-ils. De nombreux parents semblaient par ailleurs résignés à voir disparaître le français de leurs enfants. Au minimum, ils souhaitaient que les jeunes deviennent bilingues afin de réussir à l'extérieur de l'enceinte familiale. (11) La sociolinguistique, cependant, nous apprend que l'enfant qui n'entend que l'anglais dans la rue et à l'école finit par s'en servir également chez lui, même lorsqu'on lui adresse la parole dans sa première langue. D'ailleurs, ce phénomène s'aggrave lorsqu'il est question d'un groupe social dit subalterne. Le sentiment de honte qu'éprouvent certains Franco-Américains par rapport à la langue du groupe social auquel ils appartiennent mérite d'être nuancé. D'abord, le ridicule dont ils craignent d'être les victimes de la part des anglophones, ne se manifeste presque jamais si la personne a pu devenir parfaitement bilingue et prononce l'anglo-américain avec l'accent qui convient à la région. Ce n'est que lorsque la langue normative parlée (dans le cas présent, l'anglais) est trop marquée par les éléments externes empruntés à la langue minoritaire, que le choc a lieu et peut provoquer le rejet. De nos jours, nous observons des circonstances analogues dans les populations à forte densité mexicaine aux États-Unis, où la langue espagnole peut marquer l'expression orale des personnes appartenant à ce groupe. On pourrait également suggérer qu'un tel jugement de valeur, évoqué par la montréalaise Michèle Lalonde dans son célèbre poème *Speak White*, est fondé sur les rapports entre Canadiens anglophones et Canadiens francophones. Leur manque de maîtrise de l'anglais marginalise socialement ces derniers et les relègue dans une culture inférieure. L'allusion s'étend bien au-delà du Québec et peut se comparer à la condition historique des Noirs aux États-Unis. Mais dans la Nouvelle-Angleterre de la grande migration franco-canadienne, un écart s'est opéré dans les quartiers francophones, entre l'élite et les familles ouvrières, et les avis sur la question de savoir si l'on doit con-server la langue française divergent. D'abord, dans les églises et les écoles francophones, la langue utilisée par le clergé et les enseignants reflète leur formation intellectuelle. Ce sont des individus relativement bien instruits qui s'expriment, à l'oral et à l'écrit, selon les normes du français canadien standard. À l'intérieur des Petits Canada, cependant, on parle souvent un dialecte appelé péjorative-ment *Canuck French*, qui trahi les origines rurales de familles dont certains membres, nés au Canada, n'ont été que peu scolarisés. Il existe donc une hiérarchie de valeurs linguistiques à l'intérieur de la commu-nauté elle-même, entre ceux qui parlent un « bon » français ou un « mauvais » français. Selon plusieurs chercheurs, c'est l'attitude des Franco-Américains qui explique la disparition de la langue française dans leur vie quotidienne. Dans *Franco-American Voices: French in the Northeastern United States Today*, Cynthia Fox, ayant cerné la question, cite une étude très utile faite dans une communauté franco-américaine du Massachusetts par Mariame Bagaté et ses collègues, pour éclaircir le rôle des attitudes dans le transfert à l'anglais : « *Au sommet se trouve le français québécois, avec la variété beauceronne, qui est un peu moins valorisée que le français québécois « standard », mais plus valorisée que le français du Nouveau-Brunswick et du nord du Maine. En bas de cette hiérarchie se trouve le français américain, c'est-à-dire le français des communautés franco-américaines.* » (12)

Ainsi peut-on mieux comprendre les raisons pour lesquelles la classe ouvrière franco-américaine, dans la période difficile de l'époque de la Grande Dépression, préféra améliorer ses possibilités de réussite en s'assimilant à la population générale. Mais ce fut au prix de l'utilisation de la langue maternelle qui cessa partout, sauf peut-être dans l'intimité de la famille où fréquemment l'on préfère s'exprimer en français avec les générations plus âgées et souvent monolingues. L'élite s'incline finalement devant les faits mais s'oriente vers un nouvel objectif : comment conser-ver l'usage de la langue française chez ceux qui ne s'en servent plus et surtout chez les jeunes. Toujours attachés à leurs origines de Nouvelle-France, les porte-parole du mouvement de récupération font une tentative de ralliement autour des personnages historiques de la race française et, en particulier, ceux du Canada, afin d'inspirer aux Franco-Américains

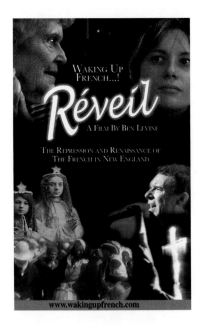

une fierté culturelle qui, éventuellement, pourrait les ramener à la langue des ancêtres. Ce fut un échec, cependant, car ce programme trop intellectuel ne correspondait ni à la réalité de ceux qui cherchaient à tout prix à s'intégrer à la culture américaine, ni aux besoins d'une classe ouvrière qui désirait améliorer ses conditions de vie. Par ailleurs, les deux piliers qui devaient soutenir l'édifice de cette Franco-Américanie, l'église nationale et son école paroissiale, connurent une mutation dont le point culminant se situa dans les années 1960. D'une part, l'Église catholique, après le Concile du Vatican, abolit certaines traditions, y compris la messe en latin, afin de rendre le culte plus accessible à tous les fidèles. D'autre part, pour éviter leur disparition, les écoles paroissiales durent ouvrir leurs portes à tous les enfants sans insister sur un enseignement en français. De plus, les quartiers anciennement francophones, les Petits Canada des villes industrielles, cessèrent d'exister en tant que tels dès les années 1950 lorsque leurs résidents se déplacèrent vers la banlieue. L'isolement des communautés franco-américaines arriva à terme à mesure que leur présence disparaissait, pour ainsi dire, dans la nature.

Ce phénomène sonne-t-il également le glas de la langue française et de l'identité nationale de cette population ? À partir des années 1970, la redécouverte de l'ethnicité par un nombre croissant de personnes d'origine franco-américaine, phénomène peut-être inspiré, ici comme ailleurs, par le mouvement « racines » d'Alex Haley, sensibilise ce groupe à la spécificité de sa contribution à la vie américaine et motive ses membres à pratiquer la recherche généalogique et culturelle pour retrouver leurs ascendants francophones. Chemin faisant, beaucoup de ces Francos vont avoir le sentiment d'appartenir à une longue tradition francophone. Plus récemment, certains d'entre eux ont manifesté leur désir de mieux connaître la langue française, soit en suivant des cours, soit en dirigeant leurs enfants vers des écoles bilingues ou d'immersion. Cette « renaissance » de la langue, longtemps inespérée selon la plupart des Franco-Américains, s'avère suffisamment remarquable pour que le *New York Times* le souligne. (13) Le film de Ben Levine, *Réveil— Waking up French !* (2001) présente également des témoignages précieux de la part de bons nombres de Francos sur ce retour à la langue et sur leur désir profond de mieux se connaître. Le bilan semble donc plutôt positif en ce qui concerne les retrouvailles d'un peuple et de sa langue.

À LA RECHERCHE DES IDÉES

1. Qui dirigeait à leur origine les paroisses catholiques fréquentées par les Franco-Américains ? Quel problème posait une telle situation ?

2. Expliquez la notion de « paroisses nationales » et « paroisses mixtes ».

3. Quel est le rôle des écoles paroissiales dans la culture franco-américaine ?

4. Quelles matières enseignait-on en anglais ? En français ? Qui étaient les enseignants dans ces écoles ?

5. Pourquoi était-il important que les autorités catholiques commencent à « angliciser » les paroisses ?

6. Comment peut-on expliquer l'existence de deux « français » dans la population franco-américaine ? Cette division a-t-elle des répercussions sociales ?

7. Pourquoi était-il important, pendant les années 1960, que les écoles paroissiales soient obligées d'accepter des élèves ne sachant pas le français ?

RÉFLEXION

A. Comment explique-t-on l'hostilité envers les immigrés catholiques aux États-Unis ? À quelle pression pouvait-on s'attendre sur les Franco-Américains ?

B. Depuis la fin du XXe siècle, quelle est la plus grande difficulté que rencontrent les Franco-Américains lorsqu'ils cherchent à préserver leur héritage culturel ?

5 *La presse, les manuels scolaires, la littérature*

L'espace francophone, nous dit Michel Tétu, « *représente une réalité non exclusivement géographique ni même linguistique, mais aussi culturelle ; elle réunit tous ceux qui, de près ou de loin, éprouvent ou expriment une certaine appartenance à la langue française ou aux cultures francophones…* ». (14) L'on pourrait donc se demander pourquoi la Francophonie elle-même n'a jamais véritablement reconnu le fait français du Nord-Est des États-Unis, mais aussi pourquoi cette population franco-américaine reste méconnue sinon ignorée du grand public américain. Le journaliste Dyke Hendrickson semble avoir cerné le problème en caractérisant de « présence tranquille » l'existence fantomatique de ce peuple francophone en Nouvelle-Angleterre. (15) Comment une telle masse de près d'un million d'immigrants disparaît-elle sans laisser de traces ? La vérité est tout simplement qu'elle ne s'est pas volatilisée, mais qu'elle s'est plutôt transformée en un type de diaspora qui, au fil des ans, abandonne l'usage quotidien de son français sans, toutefois, répudier son héritage culturel. En ce qui concerne la langue française de cette communauté, caractérisée surtout par une oralité qui la fragilise devant l'usure du temps, elle traverse à coup sûr son purgatoire, une parenthèse rendue nécessaire par la stigmatisation imposée par les Autres, mais aussi par ses propres insécurités devant « le bon français ». Pour les descendants des émigrés canadiens, seul l'avenir confirmera un retour à une certaine connaissance de la langue française qui semble se dessiner à l'horizon, notamment grâce aux efforts scolaires de la région, mais surtout en raison de la validité du principe qui reconnaît l'immense importance de la dimension linguistique dans la constitution d'une identité culturelle. (16)

La presse

À l'époque de la grande émigration canadienne qui tire à sa fin au moment de la crise économique de 1929, les Petits Canada forment un monde assez clos où le français canadien, langue courante de ses résidents, véhicule aussi bien les échanges oraux qu'écrits. Pour une population faiblement instruite qui lit et parle peu l'anglais, l'accès aux nouvelles internationales, nationales et locales passe souvent par la presse de langue française. Une étude de celle-ci révèle qu'à partir de 1868, date de la parution, à Burlington dans le Vermont, du *Protecteur canadien*, le premier journal par et pour les Franco-Américains, plus de 330 journaux francophones ont été publiés en Nouvelle-Angleterre, le plus grand nombre paraissant entre 1880 et 1900. (17) Beaucoup de journaux hebdomadaires, mensuels, bimensuels et trimestriels connaissent une existence éphémère, et très peu dureront au-delà des années 1960. Pourtant, pendant le premier tiers du XXe siècle, au moment où les immigrants canadiens arrivent toujours en grand nombre dans le Nord-Est, ces organes de presse en langue française jouent un rôle majeur, non seulement dans la communication des réalités politiques et sociales, mais encore dans l'édification et le divertissement des lecteurs. Ceux-ci sont avides de connaître les actualités, en particulier celles qui se rapportent à leur milieu immédiat, et les événements canadiens ou internationaux. Les sentiments politiques et patriotiques qui se manifestent dans les pages de ces journaux au moment des deux guerres mondiales témoignent de la sympathie de ce peuple vis-à-vis d'une France à laquelle, au-delà des siècles, ils se sentent encore très liés en temps de crise. Un autre atavisme, peut-être hérité d'une certaine tradition française, tient au nombre considérable de sujets polémiques et de querelles idéologiques dans les pages de ces journaux. Pour n'en citer qu'une seule, mentionnons l'affaire de *La Sentinelle,* journal publié à Woonsocket dans le Rhode Island entre 1924 et 1928, dans une période de haute tension anti-ethnique aux États-Unis, notamment dans les régions à forte population immigrante. Une véritable guerre verbale éclate entre la hiérarchie catholique et une certaine élite franco-américaine sur l'américanisation, ou plutôt la dénationalisation des paroisses catholiques et de leurs écoles. Le rédacteur en chef de *La Sentinelle* soutenu par plusieurs notables dans ses invectives contre l'épiscopat irlandais, finit par être excommunié par le Vatican, tant la polémique est virulente. Cet épisode déchirant constitue un tournant et semble sonner le glas du journalisme franco-américain. (18) Par la suite, principalement au cours des années 1960 et 1970, presque tous ces périodiques, y compris quelques tentatives néo-ethniques tardives comme le *FAROG Forum* de l'Université du Maine à Orono, ont rendu l'âme. D'une part, le déclin de cette presse francophone est un indice de l'assimilation sociale d'une communauté qui s'informe de plus en plus souvent auprès des journaux de langue anglaise ; d'autre part dans le grand public américain des années 1950, le journal télévisé tend à remplacer la version imprimée. La presse francophone perd de son utilité, sauf parmi les monolingues ou ceux qui prennent encore plaisir à la lecture du français. L'époque est bien révolue où un journal comme

L'Indépendant, publié à Fall River dans le Massachusetts, *Le Messager* à Lewiston dans le Maine, ou *L'Impartial* à Nashua dans le New Hampshire, livraient à domicile leurs quotidiens. Comme le démontre de nos jours la presse chinoise ou espagnole aux États-Unis, les journaux en langue étrangère ne durent que si leurs lecteurs forment une masse cohérente qui en assure la survie économique. Ce n'est pas dire, cependant, que toute présence franco-américaine a cessé alors d'exister sous forme imprimée, car une littérature régionale a continué d'en rendre compte.

Les manuels scolaires

Tout invisibles que soient les Franco-Américains pour beaucoup de leurs concitoyens, il suffit de parcourir le Nord-Est du pays pour mettre en évidence leur présence historique et actuelle. Le paysage de la Nouvelle-Angleterre, si longtemps forteresse du protestantisme *yankee* et puritain, est pourtant marqué de clochers appartenant aux églises catholiques des immigrés qui s'y sont installés depuis le XIXe siècle. Parmi les édifices consacrés au culte de la religion catholique on comptait, en 1949, 427 paroisses franco-américaines et plus de 200 écoles élémentaires qui en dépendaient. (19) À ce nombre, il faudrait ajouter celui des couvents et des presbytères, sans parler des hectares de cimetières, témoins d'un patrimoine immobilier qui symbolise la Franco-Américanie à son apogée. Construites en pierre de taille, en granit ou en briques, beaucoup d'églises dominent encore de leurs clochers l'horizon urbain, même si l'écho des prières en français ne se fait plus souvent entendre à l'intérieur. En dépit de la dimension architecturale imposante qui marque depuis si longtemps l'installation de la communauté franco-américaine, c'est plutôt vers l'écrit qu'il faut se diriger pour mieux connaître l'héritage culturel. Ce qui ne signifie pas à l'inverse qu'il faille accepter sans réserve la formule consacrée par Victor Hugo dans son roman, *Notre-Dame de Paris : « le livre tuera l'édifice ».* Néanmoins, au-delà de ce qui s'est concrétisé par la pierre, il reste beaucoup à découvrir dans les ouvrages écrits pour et par les Franco-Américains. Car ces textes expliquent les motivations et les aspirations, les hésitations et les convictions, lorsqu'il s'agit de la langue des ancêtres.

La communauté franco-américaine, prolétaire et ouvrière, a rapidement conclu que la promotion sociale et l'intégration devaient passer par l'institution scolaire. Dans les écoles paroissiales, francophones ou non, l'instruction religieuse faisait partie intégrante du cursus, ce qui les distinguait des écoles publiques. Pour les écoles nationales francophones, l'apprentissage du français venait compléter l'ensemble. Dans tous les cas, les manuels et les outils pédagogiques utilisés dans les écoles confessionnelles portaient *l'imprimatur* de l'Église catholique qui contrôlait ainsi la formation morale des élèves. Malheureusement, il n'existe aucune étude systématique des livres de cours choisis par les autorités. (20) Malgré cette lacune, nous savons que, par rapport aux enfants francophones, plus de quarante communautés religieuses, canadiennes ou françaises, auxquelles appartiennent les sœurs, et quelquefois les frères dans certaines écoles de garçons, reflètent la formation et la discipline des fondateurs et fondatrices de ces congrégations, ainsi que la philosophie des curés de paroisses qui les soutiennent. (21) Les manuels de français, de publication canadienne pour la plupart, se consacrent à l'apprentissage traditionnel des règles de la grammaire française, avec son apanage de dictées, de concours d'orthographe et d'éloquence, ainsi que la lecture des classiques français, telles les fables de La Fontaine, et le chant religieux ou séculier. Jusqu'au déclin des écoles paroissiales francophones dans les années 1950–1960, des milliers d'écoliers connaissaient, par exemple, les paroles de *C'est le mois de Marie* ou de *Malbrough s'en va-t-en guerre* et d'autres cantiques ou chansons qui ne sont pas inconnus en France et dans le reste du monde francophone. Ce lien linguistique et culturel entre le Nord-Est américain et le reste de la Francophonie, trop peu évoqué par les études consacrées aux études francophones, illustre encore une fois l'existence, à travers le monde, de certaines valeurs communes ayant « le français en partage », pour citer l'expression de Maurice Druon, ancien secrétaire perpétuel de l'Académie française. Ce sont des attaches qui se lient d'abord sur les bancs d'école.

La littérature

Par leur formation scolaire et grâce à leur présence au sein d'une collectivité qui leur lègue sa culture en héritage, nombreux sont les Franco-Américains qui ont su enrichir par la littérature nos connaissances de leur communauté. Nous devons à l'universitaire Armand Chartier un survol qui répertorie maints poètes, romanciers, dramaturges et autres écrivains que l'on peut désigner comme auteurs proprement franco-américains, en raison de leur lieu de naissance et grâce aux thèmes abordés dans leurs œuvres. Parmi les sujets relevés, la « Survivance » s'avère le plus fréquent, ce qui ne surprend guère dans le contexte social et explique pourquoi cette littérature affiche, du moins en partie, un aspect souvent utilitaire et engagé, plutôt que gratuitement esthétique ou non-motivé. (22) Parmi les écrivains franco-américains, certains choisissent de s'exprimer en français, d'autres en anglais. Dans le genre romanesque, qui est celui qui attire le plus grand nombre de lecteurs, vingt-trois romans francophones paraissent entre 1878 et 1938 dont les deux tiers seulement abordent des thèmes liés au milieu franco-américain, selon Peggy Pacini qui souligne le fait que ces romans paraissent souvent sous forme de feuilletons dans la presse périodique francophone en Nouvelle-Angleterre. (23) D'autres critiques, tels Louise Péloquin et André Sénécal, suivent l'évolution du processus d'intégration des générations franco-américaines à travers les pages d'ouvrages romanesques qui se donnent comme objectif, en plus de la description des mœurs communautaires, la promotion de la langue française.

Que dire, par contre, des œuvres de cette littérature franco-américaine dont les auteurs s'expriment en anglais, ceux que connaît le mieux le grand public américain, voire international ? Jack Kerouac (*The Town and the City, Visions of Gerard, Satori in Paris* etc.), Grace Metalious (*No Adam in Eden*), David Plante (*American Ghosts*), Annie Proulx (*Accordion Crimes*), Paul Theroux (*The Great Railway Bazaar*), tous issus de milieux franco-américains, transportent consciemment, comme Kerouac, ou sans insister pour Theroux, toute une symbolique identitaire enracinée dans une culture francophone. Quant à leurs rapports à la langue de leurs ancêtres, langue parfois « correcte », parfois populaire et métissée, ces écrivains se sentent quelquefois fautifs de ne pas savoir ou vouloir l'utiliser dans leurs écrits. David Plante se justifie en évoquant le caractère confidentiel du français de sa famille. (24) Il existe, cependant, des Franco-Américains de la troisième génération, voire de la quatrième, qui, bien que possédant une parfaite maîtrise de l'anglais, optent pour une expression en langue française dans leurs écrits. Parmi ceux-ci, Grégoire Chabot, Robert Perreault et Normand Beaupré méritent une exégèse qui pose la question : Que signifie la reprise de la langue française comme véhicule d'expression chez ces auteurs ? S'agit-il d'une réaction contre les effets de marginalisation subis par une minorité sociale ou simplement d'un désir de sauver de l'oubli une langue et une culture ? Selon Cynthia Lees, les réponses varient suivant les personnes. (25) G. Chabot part à la recherche d'une identité. R. Perreault croit pouvoir y retrouver son héritage en reconstituant le langage de la classe ouvrière dont il est issu. N. Beaupré compte réconcilier, à l'intérieur de sa double culture, ses liens ethniques en abordant ainsi les Franco-Américains de Nouvelle-Angleterre dont il donne, dans un de ses ouvrages, la définition suivante : « *une collectivité francophone à trait d'union entre deux cultures, accusés de mauvais français* ». (26) Bien que sa production littéraire soit intensément autobiographique, elle semble toutefois résumer, avec justesse, la situation de ce milieu et de cette population d'une manière qui rappelle, comme le signale P. Pacini, les efforts d'Antonine Maillet vis-à-vis de ses Acadiens. (27)

Deux femmes, deux rêves, Normand Beaupré

Le roman de Normand Beaupré *Deux femmes, deux rêves,* incarne l'expérience collective des Franco-Américains, tant sur le plan temporel que spatial. (28) La famille d'Aurélien et Églantine Larivière émigre du Canada français au tout début du XXe siècle vers une Nouvelle-Angleterre où semblait briller l'espoir d'une vie meilleure. Lorsque l'histoire s'achève, en 1948, la grande migration terminée, certains auront réalisé leur rêve, d'autres auront lâché prise, victimes de leurs propres illusions. Ainsi que leurs concitoyens restés au Canada, ils étaient issus d'un milieu agricole et se déracinaient : « *Renonçant à une terre épuisée, l'habitant allait exercer un nouveau métier sur un sol pas trop éloigné de son chez-soi. La paysanne, elle, se retrouverait comme ouvrière salariée troquant ses nombreuses tâches ingrates de fermière contre un emploi régulier. Toutefois, malgré les avantages économiques, cette masse d'émigrés ne faisait qu'échanger les cordeaux de l'attelage contre le beau collier de la misère des filatures. C'était seulement changer le mal de place* ». (p. 22) Au fil des pages, cette famille nombreuse, comme celle d'autres émigrés, connaît le déracinement physique et moral. Les parents et leurs dix enfants forment un groupe où les individus se distinguent nettement les uns des autres. Leur comportement, leur attitude devant la vie, constitue un microcosme du peuple franco-américain dont on entend la voix et les réflexions. Pour Aurélien, le déracinement est vécu en tant qu'exil. Le passé le domine comme le seul point où il puisse se fixer. Parti aux États-Unis, il semble incapable de s'ancrer dans une vie nouvelle et oblige sa famille à se déplacer constamment. D'un endroit à l'autre, tantôt comme ouvrier, tantôt comme petit cultivateur, il n'arrive jamais à trouver la stabilité. Églantine s'en tire mieux, et Beaupré lui confie, comme à la femme en général, le beau rôle : « *C'est par elle que la famille ou le ménage complexe des émigrés aux États conservait non seulement son noyau mais surtout son âme* » (p. 22) ; elle sait trouver ce que Beaupré appelle la « *capacité de vivre [sa] vie… Elle s'est donnée aux autres. Une vie pour sa famille, pour les autres… un rêve réalisé* » (p. 250). Le fossé entre elle et sa fille Rose-Aimée, la seconde femme du titre, sera moins large qu'entre Aurélien et la plupart de ses enfants dont certains, comme son fils Jean-Marie, s'adaptent plus facilement aux rythmes de la vie américaine, à ses mœurs et à sa langue. Le passage suivant résume le cas de Jean-Marie (qui se fera bientôt appeler John) comme celui de nombreux contemporains :

Il avait voulu que ses parents suivent des cours d'anglais, le soir, afin de mieux apprendre les idiomes et surtout de polir leur prononciation. La mère était prête à se plier aux supplications de Jean-Marie et s'avouait disposée à faire l'effort. Par contre, Aurélien refusait carrément : « J'suis pas pour faire rire de moi et désapprendre mon français », avait-il protesté. « J'suis trop vieux pour aller à l'école. D'abord, j'me défriche assez ben en anglais et la plupart de ceux à qui j'ai affaire parlent français. Pourquoi aller m'faire r'noter que les Canadiens peuvent pas prononcer l'anglais comme il faut. Allez-y, vous autres, mais moi j'veux pas devenir un Américain manqué. J'm'arrange et c'est tout ce que j'ai besoin de faire. » Le fils avait parlé longuement des avantages de la naturalisation, des bénéfices qui, sans doute, surviendraient à l'avenir, d'un sens de patriotisme pour le pays adopté et du fait que la famille devrait être américaine comme les autres puisque ses membres vivaient aux États-Unis. Aurélien lui avait répondu avec toute l'indignation que pouvait manifester un « canayen ». La famille était canadienne, elle resterait canadienne. Il n'avait pas besoin de papiers du gouvernement pour lui dire qui il était. Peut-être qu'un jour il voudrait retourner au Canada pour y être enterré. D'ailleurs, il ne pourrait jamais renoncer par serment au Canada. Pas lui. Il l'avait vu le formulaire officiel où il fallait renoncer à jamais à son pays, le Canada. C'était comme renoncer pour toujours à ses ancêtres et à son héritage, avait-il ajouté. Églantine s'était rangée à l'avis de son mari. Jean-Marie leur avait répondu que lui, il n'allait pas demeurer habitant et aller à contre-courant de la vie américaine, qu'il ne voulait pas rester arriéré et qu'il voulait travailler avec sa tête et pas avec ses bras pour gagner un salaire de crève-faim. « C'est ton choix », avait répliqué la mère, « mais n'oublie pas ta famille et ta religion. »
(pp. 99–100)

À la différence de son frère aîné, Rose-Aimée, née en 1905, ne rompt pas avec ses parents. Possédant *« ce gros bon sens qui apporte aux gens une optique sans trop de faux-fuyants »* (p. 72), elle préfère s'entendre avec les gens, s'accommoder à ce que la vie lui présente et *« vivre pleinement, les yeux clairs et la tête dans l'vent »* (p. 250). En dépit de son handicap physique (elle a un pied bot), elle se défend lorsqu'on la menace d'une injustice sociale, situation à laquelle devaient faire face beaucoup de Francos au moment de la grande crise économique des années 1930. *« Les Francos, on est des rej'tons d'une race de rêveurs… une bande de déplaceux aussi, mais en même temps, une race attachée aux idées fortes et à un tiens bon s'dompte pas… »* (p. 257), dira-t-elle en réfléchissant à l'avenir de ses propres enfants. Le leur, espère-t-elle, leur permettra non seulement de poursuivre leurs rêves, mais de les réaliser. Pour cet écrivain, comme pour ses contemporains qui choisissent de s'exprimer, eux aussi, en français, ces écrits traduisent une volonté de conserver la langue française et les formes variées sous lesquelles elle se présente dans cette région. Beaupré lui-même emploie un style qui vacille entre le français littéraire standard et ce qui n'est plus tout à fait le dialecte canadien français que parlaient les émigrés, mais la transcription de la langue orale telle qu'elle s'était métissée sur place au contact de l'anglais. Aussi les personnages romanesques en sont-ils conscients. Rose-Aimée, en se rappelant sa mère, souligne son engouement pour la lecture : « *Pas qu'elle était ben instruite, mais elle appréciait les mots et les phrases qui t'font parler comme à l'école. Elle appelait ça, le beau français. Moi, ça m'a jamais trop rien dit l'écriture et le style* » (p. 248). La langue parlée, par définition dynamique, souvent verte et corsée dans la bouche d'un personnage, est pourtant fragilisée par l'absence d'une forme écrite qui la fixe. Comment la perpétuer afin de la transmettre telle quelle aux descendants ? Cette langue, comme ses locuteurs, prise entre deux cultures, est vouée à l'oubli si personne ne s'efforce de la sauvegarder. La responsabilité d'en assurer la survie n'appartient ni aux Français, dont les parlers régionaux ont engendré les dialectes de Nouvelle-France et d'Acadie, ni aux Canadiens qui les ont transmis aux Franco-Américains. C'est aux Francos qui sont intimement liés à cette langue nuancée, de la maintenir à l'instar des Cadiens en Louisiane dont les récits et les chansons folkloriques, relevant également de la tradition orale, connaissent une vigueur renouvelée.

Au-delà de la préservation d'une langue locale, les œuvres littéraires franco-américaines en langue française rejoignent toute littérature digne du nom en faisant valoir certaines préoccupations universelles, telles que l'identité raciale ou ethnique, les droits de l'homme et de la femme dans leur contexte social, l'intégration de groupes hétérogènes par l'immigration. Par ailleurs, l'histoire de la communauté francophone du Nord-Est pourrait servir d'exemple, à plusieurs titres, dans l'étude de la migration d'autres peuples frontaliers vers les États-Unis, en l'occurrence celle des Mexicains, dont la problématique présente d'importants parallèles avec l'expérience des Canadiens. Finalement, il s'agit surtout de relever dans cette littérature, si longtemps négligée, les valeurs humaines qu'elle comporte et de lui attribuer un statut qu'il est juste de lui reconnaître au sein d'une société multiculturelle. La littérature franco-américaine, par sa spécificité et son appel universel à la condition humaine, contribue activement à valoriser et à promouvoir des liens entre les communautés francophones du monde entier, ce que Claude Lévi-Strauss appelle dans son *Anthropologie structurale* « *la coalition à l'échelle mondiale de cultures préservant chacune leur originalité* ».

À LA RECHERCHE DES IDÉES

1. Pourquoi les Franco-Américains ont-ils progressivement abandonné leur français ?

2. Pour quelles raisons la presse de langue française a-t-elle disparu en Nouvelle Angleterre ? Qu'est-ce que ce phénomène révèle des attitudes culturelles des Franco-Américains ?

3. Quel rôle jouaient les manuels scolaires dans la préservation de la culture franco-américaine ?

4. Quels sont les principaux thèmes de la littérature franco-américaine ? Quelles en sont les principales tendances ?

5. Pour quelles raisons certains auteurs franco-américains choisissent-ils d'écrire en français, c'est-à-dire dans une langue qui ne s'utilise plus dans leur vie quotidienne ?

RÉFLEXION

A. En quoi le roman *Deux femmes, deux rêves* exprime-t-il des perspectives franco-américaines ?

B. Comparez l'emploi de la langue française chez les Cajuns de Louisiane et chez les Franco-Américains.

« des personnes d'ascendance ou d'affinité française et catholique en Amérique », de promouvoir leur « avancement spirituel, civique, culturel, social et économique », ainsi que « la conservation de la langue et de la culture françaises ». (30) Son siège social, situé à Manchester dans le New Hampshire, gère une vingtaine de sections à travers la Nouvelle-Angleterre, en Louisiane et en Floride. Elle en compte autant au Québec et au Nouveau-Brunswick. Ces groupes s'organisent surtout autour de programmes de promotion de la langue et de la culture françaises dont on peut trouver le compte rendu dans les pages de la revue trimestrielle bilingue, le *Canado-Américain,* publiée par la société. L'ACA maintient également, depuis 1924, un Fonds d'Éducation qui octroie des bourses annuelles à plus d'une centaine d'élèves et d'étudiants méritants. L'ACA contemporaine, qui a dû prendre les mêmes mesures d'urgence que l'USJBA, semble pourtant s'être tirée d'affaire en préservant à la fois son caractère d'entreprise et son mandat culturel.

Ces deux sociétés d'entraide, phares qui ont longtemps guidé les immigrés franco-américains lorsqu'ils s'implantaient aux États-Unis, ont suivi un parcours qui est à l'image de celui de leurs adhérents. Nationalistes et ethniques à leur début, elles se sont transformées, non sans quelques heurts, en institutions socioculturelles dont le but est d'assurer la cohésion identitaire et la survie d'une communauté. Grâce à la vente d'assurances qui a fait leur succès économique, elles sont à même de protéger un patrimoine culturel qui risque de disparaître sans leur contribution. À leur apogée, ces sociétés ont marqué leur présence en construisant des édifices imposants, véritables lieux de mémoire qui, selon l'historien Pierre Nora, ne le sont que si « l'imagination [les] investit d'une aura symbolique ». (31) Pour l'USJBA, c'est le siège social à Woonsocket dans le Rhode Island qui, par sa façade néoclassique et la taille de l'immeuble construit en 1927, annonce à tout venant l'importante contribution culturelle faite par cette institution et la population ethnique qu'elle symbolise. À Manchester, capitale du New Hampshire, le domicile historique de l'ACA dont le beau bâtiment de 1910 héberge aujourd'hui un Centre Franco-Américain et les locaux de l'Alliance Française. Il s'agit également du site de l'importante bibliothèque de l'ACA, abritant trente mille ouvrages dont beaucoup sont consacrés au fait français en Amérique.

Dans le contexte des lieux de mémoire de la Franco-Américanie, il importe d'évoquer aussi le Collège de l'Assomption, université située dans la ville de Worcester (Massachusetts) et fondée en 1904 par des religieux Français, les pères Augustiniens de l'Assomption. Il affiche son rôle de garant de la présence franco-américaine sous forme d'un Institut Français qui permet aux étudiants et aux chercheurs d'accéder à une importante collection de documents de recherche sur la Francophonie américaine. Par ailleurs, la bibliothèque universitaire de cet établissement héberge, depuis 2005, la Collection du Major Mallet, ancien combattant de la Guerre de Sécession, dont les ouvrages sur l'histoire des Français en Amérique appartiennent toujours à l'USJB. Les liens entre l'USJB, l'ACA et le Collège ont été renforcés en 1955 par la construction d'une Maison française et d'une Chapelle sur son campus grâce aux contributions des deux sociétés. Dans une région où la population immigrante s'est éparpillée sur une étendue géographique, sans cohésion entre ses diverses implantations urbaines, l'existence de tels centres est l'une des composantes majeures de tout effort de conservation du patrimoine.

Les sociétés d'entraide évoquées ci-dessus ne représentent que les plus importantes parmi beaucoup d'autres dans la Francophonie américaine. Leur mission originale n'existe plus, puisque la population cible, celle des immigrants canadiens français des premières générations, a disparu en tant que telle. Pourtant, la dimension spirituelle liée à la recherche de l'identité ethnique et culturelle demeure et connaît même une renaissance qui est le fait des descendants des premiers adhérents. Grâce aux œuvres de bienfaisance, les futures générations de Franco-Américains disposent d'une entraide qui demeure possible et nécessaire, sinon au niveau des besoins matériels et financiers essentiels, tout du moins sur le plan éducatif et culturel. Grâce au patrimoine moral ainsi préservé, la Francophonie mondiale a appris à mieux connaître une population de souche française trop longtemps ignorée. Invitée d'honneur aux Sommets de la Francophonie depuis 1991, la Nouvelle-Angleterre peut espérer promouvoir ses communautés francophones dans la sphère internationale. Elle répond ainsi aux objectifs fixés par la Charte de la Francophonie :

La Francophonie, consciente des liens que crée entre ses membres le partage de la langue française et souhaitant les utiliser au service de la paix, de la coopération et du développement, a pour objectifs : ... l'intensification du dialogue des cultures et des civilisations, le rapprochement des peuples par leur connaissance mutuelle ; le renforcement de leur solidarité par des actions de coopération multilatérale en vue de favoriser l'essor de leurs économies. (32)

À LA RECHERCHE DES IDÉES

1. Décrivez le caractère particulier des associations franco-américaines. Qu'est-ce qui les distingue d'autres sociétés américaines ?

2. Quel rôle a joué l'Union Saint-Jean-Baptiste d'Amérique dans l'évolution de la culture franco-américaine ?

3. Quelle était la mission de l'Association Canado-Américaine ?

4. Quels organismes contribuent aujourd'hui à la permanence de la culture franco-américaine ?

5. Est-ce que le but et le rôle des sociétés franco-américaines ont évolué au cours des années ? Dans quel sens ?

RÉFLEXION

A. Pourquoi les associations franco-américaines avaient-elles un lien avec la religion ?

B. Quel rapport peut-on établir entre les « Petits Canada » et les sociétés d'entraide ? Qu'est-ce qui explique l'importance de ces sociétés dans la culture franco-américaine ?

7 *Jack Kerouac, le Franco-Américain*

Jack Kerouac en 1958.

De prime abord, prendre Jack Kerouac pour l'incarnation du Franco-Américain peut paraître problématique. Son identification en tant que « roi de la *Beat Generation* » et grand aventurier, semble l'éloigner plutôt que de le rapprocher de la Franco-Américanie des villes industrielles de la Nouvelle-Angleterre. Pourtant, Ti-Jean, comme l'appelait sa famille, est bien né de parents d'origine canadienne française. Il a vécu à Lowell dans une région du Massachusetts à forte densité francophone. Il n'a appris à parler l'anglais qu'à l'âge de six ans. Il s'est exprimé, tant bien que mal, jusqu'à la fin de ses jours, dans son français natal. Il est vrai que l'anglo-américain est vite devenu sa langue usuelle, qu'il a fait ses études secondaires à l'école publique, et que sa réussite en tant que joueur de football américain lui ont valu une bourse d'études pour la prestigieuse Columbia University de New York. Au total, il s'est servi de cet éloignement par rapport à sa région natale comme d'un passeport pour pénétrer dans l'univers des lettres mondiales, où il vivra de sa plume. Quel rapport peut-il donc y avoir entre Kerouac et l'ensemble des Francos, ce peuple majoritairement ouvrier, coincé entre deux langues et circonscrit par les limites du Nord-Est des États-Unis et la région avoisinante du Canada ?

Un point de départ révélateur pour l'approfondissement de nos connaissances sur Jack Kerouac, le Franco-Américain, est l'entretien télévisé qu'il a accordé le 7 mars 1967 à Fernand Seguin. (33) Cet enregistrement se déroule entièrement en français. Deux ans avant sa mort, Kerouac, âgé de 45 ans, y réfléchit à sa carrière d'écrivain, mais commente également son passé en milieu franco-américain. Malgré quelques difficultés d'expression dues probablement à l'alcoolisme chronique dont il souffre, sa prestation télévisée jette toute la lumière non seulement sur son histoire personnelle, mais aussi sur la structure sociale du milieu où il a grandi. C'est ainsi que l'on apprend que son père, qui exerçait le métier d'imprimeur et possédait sa propre boutique, occupait un rang social plus élevé que les habitants des Petits Canada que Kerouac décrit comme des *tenements*, c'est-à-dire des appartements miteux. On soupçonne ici la transmission vers le fils, de certaines attitudes de sa mère, désireuse de gravir l'échelle sociale mais réduite à des conditions difficiles par la faillite financière de son mari. La mémoire sélective de Kerouac ne semble pas davantage faire état des multiples déménagements de la famille dans la ville, ni des difficultés économiques provoquées par le chômage du père. Kerouac préfère évoquer les activités sociales qui marquent le calendrier franco-américain ou les souvenirs qu'il a des « cretons », ces

sortes de rillettes que Kerouac prononce « gortons », et des « tourtières »
à la viande, prononcées « tourquières », des repas de fête dont les recettes
remontent à la vieille cuisine populaire canadienne française. C'est une
vie avec laquelle Jack Kerouac n'a jamais tout à fait rompu. Il retournera
même à Lowell sur la fin de ses jours, avant d'accompagner en Floride sa
mère, dont il est le soutien depuis la mort du père. C'est dans sa maison-
nette de St. Petersburg que la mort le délivrera d'une cirrhose du foie qui
le tourmente depuis longtemps. Le mal qui le ronge ne l'empêche guère de
travailler et il continuera d'écrire jusqu'à la fin, en bon ouvrier de la
parole qui exerce sa profession.

Jack Kerouac manifestait, à l'oral, une maîtrise suffisante de la langue
française pour se faire comprendre d'un public francophone.
À l'écrit, ses compétences s'avéraient moins solides, comme en témoigne
l'extrait de manuscrit cité par Michel Tétu :

> *Quand j'étais un enfant à Nouvelle-Angleterre j'mangai mon super*
> *s'a table et j'm'essuiai la gueule avec la génille de vaisselle-finis, et*
> *j'sortais. Pourqui les grands mots, les gros lyriques pour exprimé la*
> *vie ?*
>
> *Oui, j'ai dormi entour les arbres à pommes pareil comme*
> *Shakespeare. J'ai jamais eu une langue à moi-même. Le français*
> *patoi jusqu'à six angts, et après ça l'anglais des gas du coin. Et après*
> *ça, les grosses formes, les grands expressions de poète, philosophe,*
> *prophète. Avec tout ça, aujourd'hui, j'toute mélangé dans ma gum.*
> (34)

Le lecteur peut suivre la pensée de l'écrivain sans trop d'efforts. Les
transferts au français de cet « anglais des [gars] du coin » se remarquent,
certes, comme dans le discours des gens des quartiers populaires fré-
quentés par Kerouac à Lowell. S'il avait eu une formation classique
en français, comme celle des élites franco-américaines dans les collèges
et universités du Québec ou de la Nouvelle-Angleterre, Kerouac aurait
pu se perfectionner au point de publier dans cette langue. En fait, il se
moque quelque peu de la qualité de son français puisque celui-ci lui
permet de se faire comprendre. Ce qui fut le cas lorsqu'il entreprit en
France son célèbre voyage de retour aux sources généalogiques. C'est
ainsi que nous pouvons lire dans *Satori in Paris,* (35) un texte commenté
par Susan Pinette dans son article *Jack Kerouac : L'écriture et l'identité*
franco-américaine, (36) dans lequel l'attitude de Kerouac vis-à-vis de la

À LA RECHERCHE DES IDÉES

1. Décrivez les origines sociales et culturelles de Jack Kerouac.

2. Quels étaient, selon Kerouac, les éléments de sa culture franco-américaine ?

3. Comment Kerouac a-t-il essayé de remonter à ses « racines » françaises ?

RÉFLEXION

A. Pourquoi peut-on s'attendre à trouver chez Kerouac les traces d'un conflit potentiel entre les valeurs de son héritage et la vie qu'il avait choisie, dans les années 1960, à l'époque d'un certain « modernisme » ?

B. En quoi la vie de Kerouac est-elle typique de celle de beaucoup de Franco-Américains ?

langue française est sans ambiguïté. Elle fait partie de son identité, tout comme les ancêtres dont il voudrait retrouver les traces en Bretagne. On pourrait également ajouter qu'il pensait que l'héritage catholique faisait partie des valeurs transmises par ses ancêtres. En effet, la religion figure toujours en bonne place, et de façon tangible, dans la vie des émigrants canadiens français. Leurs villes sont parsemées d'églises, souvent d'imposantes basiliques, destinées à inspirer aux fidèles la fierté d'appartenir à l'Église catholique romaine et à une paroisse nationale francophone aux États-Unis. Au-delà de son rôle de lieu de culte, l'église a aussi vocation à être un centre essentiel de la vie sociale des paroissiens. Personne n'accuserait Kerouac d'avoir mené une existence d'enfant de chœur. Au cours de sa vie d'adulte, nous le savons, Kerouac s'est laissé attirer par plusieurs courants mystiques parmi lesquels le bouddhisme. Néanmoins, la religion de ses ancêtres a continué à exister sous la surface de croyances nouvelles, y compris celles qui l'éloignaient de la foi traditionnelle du peuple franco-américain. C'est un homme qui se cherchait et qui a été profondément marqué par le mysticisme d'un catholicisme de type médiéval, dont on trouve l'expression dans un texte au titre significatif de *Long poem in Canuckian patoit probably medieval*, écrit à Berkeley, le 10 octobre 1955. (37) Peu doctrinaire, Kerouac reste plutôt lié aux images religieuses et aux formules extraites des prières de son enfance pour évoquer un état mystique qui se prolonge dans sa quête du bouddhisme. Les « Om ! Amen ! » se côtoient dans le même vers. Et, comme pour la plupart des Franco-Américains de son époque, son baptême et la cérémonie des obsèques ont eu lieu à l'église catholique de son quartier. On l'inhuma à Lowell, la ville franco-américaine où il avait vu le jour. La biographie de Jack Kerouac a donc suivi dans ses grandes lignes, un cours parallèle à celle de beaucoup de ses concitoyens, enfants d'immigrés. Né au moment de la grande migration des Canadiens français vers le Nord-Est des États-Unis, il a grandi dans une ville industrielle, au sein d'une forte communauté francophone qui, par sa langue, sa foi et sa culture, affirme son ethnie. Petit à petit, il s'est éloigné de ce milieu conservateur contre lequel il s'est révolté sans pourtant le renier complètement. Vers la fin de sa vie, il a effectué un retour vers ses origines généalogiques sur la terre de ses ancêtres, les Québécois du Nouveau Monde et les Bretons du Vieux continent. Une grande partie de son œuvre est inspirée par une vie de Franco-Américain.

8 L'identité canadienne française retrouvée

Où en est, de nos jours, la population dite franco-américaine ? Citons d'abord quelques statistiques recueillies lors du recensement de 2000. (38) Pour la Franco-Américanie, soit les six États de la Nouvelle-Angleterre et celui de New York, sur une population totale de plus de 16 millions d'habitants, plus de 1,5 million s'identifient comme étant d'ascendance acadienne, canadienne française ou française. L'imprécision de ce dernier chiffre relève d'une ambiguïté dans la formulation de la question posée aux recensés et, selon Madeleine Giguère, de la tendance des Franco-Américains à se déclarer d'ascendance française. (39) S'agirait-il d'une simple confusion de leur part entre les termes, ou le signe d'une assimilation par laquelle les adjectifs canadien français et français sont considérés comme ayant le même sens ? Une deuxième question du formulaire de recensement, portant sur l'emploi du français au foyer, confirme que près de 283 000 personnes, à savoir 17% de ceux qui se disent d'ascendance française et 2% de la population totale, utilisent le français chez eux. Les chiffres détaillés sont légèrement plus élevés pour les trois États frontaliers que dans le reste de la région. Il semble donc qu'une partie significative de la population de la Franco-Américanie reconnaisse son appartenance à la communauté franco-américaine sans parler, ou peut-être même sans connaître, la langue française.

Dans quelle mesure est-il possible de déceler dans la population franco-américaine actuelle une identité canadienne française ? La question ne se serait pas posée il y a cent ans, car les liens entre les deux populations étaient encore très serrés. Les émigrants en provenance du Québec n'avaient jamais eu à traverser la mer pour arriver à destination et ont toujours pu rentrer au Canada pour rendre visite à leurs parents et amis restés au nord de la frontière. De plus, les journaux de langue française qu'ils lisaient, tenaient compte de l'actualité au Québec, et les nouvelles canadiennes se transmettaient facilement de bouche à oreille. Jusqu'en 1930, les rapports avec le Québec restent forts. Mais, pendant la Deuxième Guerre mondiale, où sont mobilisés plusieurs milliers de jeunes Franco-Américains, c'est un pourcentage considérable de la population des Petits Canada qui quitte brutalement ce milieu pour se disperser très loin au service de la patrie. Au retour, transformés par la guerre et complètement « américanisés » ils sont nombreux à rompre culturellement avec les Petits Canada de leur jeunesse. Par ailleurs, la situation économique des villes industrielles qu'ils habitent se détériore radicalement au cours de la décennie suivante et, sans travail, sans avenir, ils chercheront à partir pour gagner leur vie ailleurs. Les Petits Canada finissent par disparaître et, avec eux, le tissu culturel pourtant autrefois dense de l'église, de l'école et de la langue.

De l'autre côté de la frontière, depuis 1960, la société québécoise connaît d'importants bouleversements et se radicalise politiquement et culturellement. Elle durcit ses positions sur le statut et l'emploi de la langue française au Québec, notamment par la Loi 101 ou Charte de la langue française. De plus, les Québécois s'affranchissent à grands pas de la domination de l'Église catholique et de sa hiérarchie ecclésiastique qui n'auront plus leur mot à dire en matière politique. La Révolution tranquille, accompagnée d'un mouvement séparatiste qui s'empare du Québec ne correspondent plus à l'image nostalgique que les Franco-Américains se font de la Vieille Province. Tout à coup, ces deux sociétés semblent n'avoir plus rien à se dire. Que restera-t-il alors, chez les Franco-Américains, de cet héritage canadien français si tous les piliers de l'édifice s'écroulent ? Les élites franco-américaines continuent de défendre le point de vue qui veut que l'identité de leur communauté soit intimement liée à la langue française. De jeunes militants inspirés par le mouvement « racines » des années 1970 et 1980, luttent pour la survivance d'une conscience ethnique. C'est ainsi que furent fondés le FAROG (*Franco-American Resource and Opportunity Group*) et l'ActFANE (Action pour les Franco-Américains du Nord-Est) qui cherchent à promouvoir chez leurs adhérents une identification avec la culture des ancêtres canadiens français, sans pour autant insister sur le partage de la langue. Toutefois, ce mouvement ne paraît avoir eu que très peu d'influence sur la population.

Un siècle et demi après l'arrivée des premières vagues d'émigrants, la voix du peuple franco-américain dans le Nord-Est laisse entendre que sa communauté, au lieu de se focaliser sur une collectivité qui n'existe plus, les Petits Canada ayant complètement disparu, se concentre sur la recherche plus personnelle et individuelle de son identité. Les statistiques citées plus haut confirment, chez eux, le désir de se déclarer d'ascendance française, canadienne française ou acadienne. Cette tendance consciente et volontaire de s'identifier à des ancêtres parfois lointains se traduit par une passion pour la généalogie. Jack Kerouac et tous ceux de sa génération savaient de quels villages canadiens, même les plus isolés, venaient leurs familles. Il s'agit pour eux de véritables lieux de mémoire étroitement liés à leur histoire personnelle. Les grandes institutions qui avaient assuré la sauvegarde d'une culture et d'une langue n'existent plus, et « *ne font aujourd'hui que conserver une partie de la culture et de la langue pour une population vieillissante et cela, dans certaines communautés seulement* », comme le remarquent C. Fox et J. Smith. (40) Mais demeure vive la volonté de maintenir, au niveau de la personne ou de la famille, un lien avec ses origines francophones, ne serait-ce qu'en dessinant son arbre généalogique. Cela se traduira-t-il par un retour à la connaissance de leur langue ? Oui et non, peut-on répondre, car cela dépend de la variété de français dont il est question. Puisque les foyers francophones ne sont plus très nombreux dans la région, ce sont les écoles qui doivent assurer l'apprentissage du français en tant que langue étrangère, un français qui, selon la localité, est aligné sur la norme internationale du français standard ou sur le français québécois standard. Ni l'une ni l'autre de ces variétés ne se conforment aux différents patois pratiqués par les ancêtres des Franco-Américains. Si, donc, comme on pourrait le souhaiter, la langue française revient un jour à la mode dans le monde franco-américain, elle sera à l'image d'un peuple qui a évolué et qui est très différent de celui qui l'a devancé.

À LA RECHERCHE DES IDÉES

1. Combien de personnes habitant le nord des États-Unis s'identifient comme étant d'ascendance francophone ? Quel rôle joue la langue dans l'expression de leur identité culturelle ?

2. Quelle influence la Deuxième Guerre mondiale a-t-elle eue sur les communautés franco-américaines ?

3. Quelles missions se sont données les associations FAROG et ActFANE ?

RÉFLEXION

A. Comment expliquer la passion de la généalogie chez les Franco-Américains ?

B. Quel est le rôle des écoles dans la préservation de la langue ? Quel français s'enseigne à l'école ? Pourquoi le français franco-américain se perd-il ? Trouvez-vous ce phénomène normal ? Juste ?

Québec : Le château Frontenac et la terrasse Dufferin.

Liens francophones
Identités transfrontalières

Pour la communauté franco-américaine du Nord-Est des États-Unis, un lien francophone primordial a toujours existé avec le Canada français et plus particulièrement avec la Province de Québec et dans une moindre mesure l'Acadie, ces deux bastions de culture francophone en Amérique du Nord, d'où proviennent presque tous les Canadiens français qui se sont installés au sud de la frontière. Comprendre les Franco-Américains, leurs valeurs et leur langue ne peut se faire sans tenir compte de leurs origines canadiennes et du patrimoine culturel qui en découle.

1 *Le Québec et le Canada francophone*

Nous avons déjà souligné l'importance, pour ces immigrés, des trois piliers de la tradition canadienne française dans la transmission de l'idéologie de la survivance : la religion catholique, la langue française et les valeurs familiales. Dans la vie quotidienne, c'est d'abord au sein du foyer que l'on assiste à la transmission des valeurs et des comportements qu'ils influencent. En dehors du milieu familial, c'est à l'école que la jeunesse apprend le plus souvent à s'adapter à la vie sociale, puis à connaître les institutions qui garantissent l'exercice des vertus civiques du patriotisme. Dans une communauté où l'on enjambe deux cultures, peut-on être fidèle à deux nations ? Jusqu'aux années 1960 environ, les écoles paroissiales bilingues que fréquentent les jeunes Franco-Américains sont chargées de maintenir deux systèmes de valeurs, l'un canadien français, l'autre américain. Il convient donc, pour elles, de « ménager la chèvre et le chou » afin de ne pas manquer à ces deux impératifs moraux. La solution s'avère assez simple. La journée scolaire se divise en deux parties, chacune devant s'occuper de l'instruction dans les matières appartenant alternativement à deux domaines, le public et son apprentissage des connaissances qui permettent l'insertion à la vie aux États-Unis en anglais, histoire, géographie, maths, et le privé avec le catéchisme, l'histoire sainte, le français et, parfois, la musique ou le chant. Seul le premier domaine se conforme aux exigences des lois de l'État qui gouvernent la scolarité obligatoire. Ce partage, en somme assez classique dans la mesure où il vise d'une part la raison et d'autre part le cœur, s'effectue tous les jours de la même façon : les écoliers, avant d'aborder la partie anglophone du cursus, récitent le serment d'allégeance et chantent *la Bannière étoilée*. La partie francophone sera, par contre, précédée de quelques prières en français ainsi que de l'hymne *Ô, Canada*, en version française. À cette occasion, les enfants marmonnent le plus souvent des paroles qu'ils ne comprennent pas toujours. Il est vrai que l'expression « ton front est ceint de fleurons glorieux » dépasse le lexique d'un enfant de huit ans, mais le texte a été appris oralement et par cœur. Par ailleurs, il ne suscite plus aucun véritable sentiment de patriotisme envers le Canada pour de jeunes Américains de la deuxième ou troisième génération. Au mieux, il leur inspire une vague nostalgie de leurs origines culturelles et un respect pour la patrie de leurs ancêtres. Il s'agit donc de l'imaginaire de l'enfant qui se nourrit du symbole d'un bras canadien, guerrier et protecteur de la patrie et de la foi, qui « sait porter l'épée » et « sait porter la croix ».

L'affectivité du moment se trouve rehaussée par la mélodie entraînante de l'hymne. Tout comme l'heure de catéchisme qui le suit, ce chant en langue française alimente la mémoire collective d'une population en quête d'une assimilation sociale qui lui permette de préserver sa spécificité. La religion, la langue et la tradition culturelle jouent un rôle essentiel dans la construction d'une symbolique identitaire fortement marquée par le Canada francophone et surtout par le Québec. Pourtant, cette identité doit en même temps faire de la place à la culture ambiante, dans le Nord-Est des États-Unis et, bien entendu, à la langue anglaise. L'idéal de bilinguisme existe, bien qu'il soit très imparfait chez ceux qui parlent un anglais marginal et que l'on stigmatise du terme péjoratif de « canuck ». Force est de constater que, mis à part certaines personnes âgées dont la langue dominante est toujours un dialecte franco-américain, le phénomène de ce type d'anglais fustigé ne se rencontre plus en Nouvelle-Angleterre et que, parmi les descendants des Canadiens français, c'est plutôt la pratique de la langue française qui a disparu. De monolingue francophone, cette population a donc traversé le stade d'un certain bilinguisme avant de redevenir monolingue, cette fois-ci anglophone. Mais elle n'a pas abandonné ses racines culturelles. De visible et audible, sa « franco-américanité » se transforme en présence invisible. Cette évolution, qui n'est peut-être pas arrivée à terme chez ceux qui n'ont pas favorisé un retour à la langue française, soulève la question essentielle que se posent encore les Québécois, à savoir si une identité ethnique se dégrade nécessairement lorsque qu'elle est confrontée à la réalité du bilinguisme.

À LA RECHERCHE DES IDÉES

1. Pourquoi le lien francophone des Franco-Américains conduit-il toujours vers le Canada ?

2. De quelles valeurs ce lien est-il porteur ?

3. Décrivez le début de la journée dans les écoles franco-américaines du passé.

RÉFLEXION

A. Pourquoi et comment les communautés franco-américaines ont-elles été monolingues à leur début, puis bilingues, pour ensuite redevenir monolingues ?

B. Que représente le Canada pour les Franco-Américains d'aujourd'hui ?

2 *Le gouvernement fédéral du Canada et le bilinguisme*

Du côté canadien de la frontière, la langue française connaît depuis le XVIIIe siècle une fragilité qui n'a toujours pas disparu. La France, ancienne garante linguistique, cède l'Acadie aux Anglais en 1713 et le Canada en 1763. L'ancien territoire de la Nouvelle-France et, plus précisément le Québec, doit dorénavant lutter pour le maintien de la langue française dans la sphère publique. Au cours du XVIIIe siècle et surtout du XIXe, le gouvernement anglophone va tout faire pour instaurer le monolinguisme dans ce vaste pays. Ce n'est qu'avec l'Acte de l'Amérique du Nord britannique (1867), Constitution du Canada, qu'est reconnue la légitimité du français et de l'anglais dont l'emploi devient facultatif et obligatoire dans certaines conditions, au Parlement fédéral d'Ottawa et à l'Assemblée législative de Québec, ainsi que devant les tribunaux canadiens. (41) Mais le Québec, où habite la majorité des Francophones, reste un lieu privilégié par rapport au reste du Canada où le poids démographique modeste des Francophones ne leur garantit pas de protections étendues en matière linguistique. Même au Québec, il faudra attendre les années 1960 pour que des progrès décisifs soient enregistrés. Au plan fédéral aussi bien que provincial, plusieurs commissions d'enquête se succèdent et leurs efforts aboutissent, en 1969, à la Loi sur les langues officielles qui traduit les recommandations des commissions sur le bilinguisme et le biculturalisme. Celle-ci affirme l'égalité du français et de l'anglais au Canada dans toutes les emprises du gouvernement fédéral. (42) Elle sera suivie, en 1982, au moment où la constitution est « rapatriée » du parlement britannique à Ottawa, de l'inclusion dans la loi organique de la Charte des droits et libertés qui aborde le droit à l'enseignement dans la langue de la minorité française ou anglaise de chaque province. Cependant, c'est au sein de la province de Québec qu'auront lieu des changements fondamentaux lorsque sera votée, en 1977, la célèbre Loi 101, ou Charte de la langue française, qui prévoit les quatre éléments suivants : 1. L'usage exclusif du français dans l'affichage public et la publicité commerciale, loi modifiée en 1988 pour permettre la publicité bilingue dans les magasins. 2. L'extension des programmes de francisation à toutes les entreprises employant cinquante personnes ou plus. 3. L'accès à l'école anglaise est restreint aux seuls enfants dont l'un des parents a reçu son enseignement primaire en anglais au Québec, loi modifiée par la suite pour inclure le Canada dans son ensemble. 4. La version française de la Loi est la seule officielle au Québec. (43) Voilà donc protégés les droits linguistiques des Francophones du Québec. Comment réagit la minorité anglophone ou allophone, c'est-à-dire les résidents du Québec, les immigrés, parlant une langue maternelle autre que le français ou l'anglais ? D'abord, plus de 100 000 Anglophones quittèrent le Québec pour s'installer ailleurs. Mais cette réaction initiale n'a eu presque aucune suite. Au contraire, les Anglophones et Allophones qui étaient restés ont vite compris quels étaient les avantages sociaux et commerciaux que le bilinguisme pouvait leur apporter. Ils virent aussi la possibilité pour la génération montante d'une meilleure intégration personnelle et professionnelle. À Montréal, l'une des villes les plus cosmopolites d'Amérique du Nord, les écoles dites « anglaises » sont, en grande majorité, des écoles d'immersion française, c'est-à-dire des établissements où le français est utilisé, entièrement ou partiellement selon l'établissement, comme langue d'enseignement. Selon le rapport de la Commission des États généraux sur la situation et l'avenir de la langue française au Québec (2001) :

> *Plus de 90% des jeunes immigrants fréquentent l'école de langue française. Le français est généralement présent dans le commerce et l'affichage et son usage a progressé dans les entreprises. L'écart des revenus entre les Francophones et les Anglophones est pratiquement inexistant. Une forme de sécurité a gagné la population du fait que le français, langue officielle et commune, soit aujourd'hui entré dans les mœurs.* (p. 10)

Le bilan de l'expérience québécoise de refrancisation officielle est donc plutôt positif. Elle a imposé le français en tant que langue unificatrice au sein d'un Québec francophone de langue maternelle à plus de 80%. Mais seuls les secteurs publics et de l'éducation sont concernés. L'anglais ou les autres langues sont souvent utilisés dans les foyers anglophones et allophones. Les Québécois francophones, surtout les jeunes de moins de vingt-cinq ans, reconnaissent aussi qu'il est important de devenir bilingues, car posséder l'anglais et le français est une façon de mieux s'intégrer à un Canada majoritairement anglophone. À l'extérieur du Québec, le Nouveau-Brunswick se signale comme l'unique province officiellement bilingue. Le reste de l'Acadie fait respecter les droits de ses minorités francophones en assurant l'instruction des enfants dans la langue maternelle. Alors qu'il est relativement certain que le Québec, majoritairement francophone, renforcera le statut du français à l'intérieur de la province, peut-on en dire autant des provinces où la langue française est minoritaire ? Devant la force de l'anglais, il faudra plus que le bon vouloir des Francophones pour endiguer l'érosion de la langue française lorsqu'elle doit assumer les conséquences « des phénomènes sociaux comme la dénatalité, l'émigration, les transferts linguistiques, l'exogamie et l'urbanisation ». (44) Mais le bilinguisme et même le multilinguisme bénéficient d'une situation privilégiée à l'heure où la mondialisation met en valeur la compétence plurilinguistique. Le Canada reconnaît le français comme l'une de ses deux langues officielles. Les autorités constituées ont le devoir de fournir les ressources nécessaires à son maintien et à sa survie, du moins dans le secteur contrôlé par le pouvoir fédéral. En l'absence d'une telle politique linguistique, les communautés francophones minoritaires pourraient être vouées à la disparition, comme l'a bien montré le sort des Franco-Américains de l'autre côté de la frontière.

À LA RECHERCHE DES IDÉES

1. À quelle époque les Canadiens français sont -ils passés sous la loi britannique ?

2. Résumez les dispositions des lois promulguées en 1969, 1977, et 1982 à l'égard de l'usage du français au Canada.

3. Quelle a été la réaction de certains Anglophones du Québec quand le français est devenu langue officielle de la province ?

4. Décrivez la situation du Nouveau-Brunswick en matière d'usage du français.

RÉFLEXION

A. Quelle était la situation linguistique de la majorité francophone au Québec avant les lois des années 60, 70 et 80 ?

B. En quoi des compétences plurilingues représentent-elles un avantage dans le monde contemporain ?

Activités d'expansion

A. Repères culturels

Pour chacune des constatations suivantes se rapportant à la culture franco-américaine, ajoutez des explications et des détails supplémentaires.

1. Un concept clé de la préservation de la culture franco-américaine est celui de la « Survivance ».

2. C'est à partir de la Révolution industrielle que la plupart des immigrés canadiens français se sont installés dans les États de la Nouvelle Angleterre.

3. Les Franco-Américains avaient tendance à avoir des familles nombreuses.

4. C'est à la fin des années 1920 que l'immigration venant du Canada a cessé.

5. Les habitants des « Petits Canada » perpétuent le mode de vie qu'ils avaient connu au Canada.

6. Les Franco-Américains ont suivi une tradition faite de paternalisme et d'autorité.

7. Les Franco-Américains se référaient à trois expressions différentes de la langue française, ce qui ne manquait pas de provoquer des tensions.

8. La Deuxième Guerre mondiale a eu des effets importants sur la culture franco-américaine.

9. La question de l'emploi du français a posé pendant longtemps des problèmes au Canada, y compris au Québec.

10. Pendant longtemps, les Franco-Américains ont eu accès à une presse de langue française.

11. Certains auteurs franco-américains choisissent d'écrire en français et d'autres en anglais, même s'ils sont tous convaincus de l'importance de la culture franco-américaine.

12. Les buts des sociétés d'entraide franco-américaines ont évolué au cours des années.

B. Liens culturels

Sujets de discussion

1. Dégagez les différences essentielles entre l'immigration des Acadiens et celle des Franco-Américains vers les États-Unis.

2. Quelles conditions matérielles et morales prévalaient dans les « Petits Canada » ? Pourquoi les Franco-Américains ont-ils choisi d'habiter dans ce qui équivalait à des ghettos ?

3. Pourquoi la religion catholique a-t-elle joué un rôle si important dans la culture franco-américaine ?

4. Les écoles paroissiales ont d'abord contribué à la préservation de la culture franco-américaine, puis à sa disparition. Expliquez.

5. Nous avons noté que la préservation d'une culture est intimement liée à l'usage de la langue. Dans quelle mesure l'histoire des Franco-Américains apporte-elle un démenti à ce principe ? Quel problème se pose pour les personnes voulant s'identifier aujourd'hui comme « Franco-Américains » ?

6. Expliquez pourquoi il y a eu, historiquement, moins de pression en faveur de l'assimilation des Cadiens en Louisiane que des Franco-Américains de Nouvelle Angleterre.

C. Activités écrites

1. Choisissez une ville industrielle de la Nouvelle-Angleterre et retracez l'histoire des Franco-Américains dans cette ville.

2. Faites une recherche sur un écrivain franco-américain et son œuvre et dites en quoi ils sont symboliques de l'expérience des Franco-Américains.

D. Enquêtes interculturelles

A. La tendance récente aux États-Unis est de créer des termes doubles avec trait d'union qui désignent les racines des groupes ethniques (par exemple, *Asian-Americans, African-Americans,* etc.). Cette tendance indique-t-elle que l'assimilation culturelle est une notion qui perd de sa valeur par rapport à ce qu'elle a été pendant la plus grande partie de l'histoire américaine ?

B. L'élite franco-américaine a prisé l'éducation comme le moyen le plus sûr de s'assimiler à la population et de progresser dans la société américaine. Ce principe reste-t-il valable aujourd'hui ? L'éducation a-t-elle été remplacée par d'autres voies qui mènent à la « réussite » ?

C. Comment le concept de « lieu de mémoire » s'applique-t-il à la Franco-Américanie ?

Actualité et avenir : Pistes de recherche

1. Un goût certain pour la généalogie

Problématique : Les Franco-Américains nourrissent une passion pour la généalogie. Aimez-vous la généalogie ? Vous êtes-vous intéressés aux origines de votre famille et à vos ancêtres parfois lointains, venus aux États-Unis à partir d'autres continents ?

Question : Comparez votre expérience avec celles d'amis qui ont eu cette curiosité pour leur propre famille. Si vous connaissez des personnes qui revendiquent une identité franco-américaine, il serait préférable de commencer par eux. Comment ont-ils procédé ? A quels résultats sont-ils arrivés ? S'ils n'ont pas commencé cette quête, vous pourriez sans doute les aider, ne serait-ce qu'en cherchant avec eux.

Arrière-plan de la recherche : Plusieurs sites montrent comment les Franco-Américains s'intéressent à leur généalogie et donnent des informations précieuses lorsque l'on veut aborder sa propre généalogie, par exemple :
www.francoamericanarchives.org/FR%20files/homeFR.php (ou)
www.francogene.com/genealogie/

2. Y a-t-il une renaissance francophone en Nouvelle-Angleterre ?

Problématique : La renaissance de la culture franco-américaine est un phénomène récent qui passe souvent inaperçu, sauf dans les communautés intéressées. Ce manque de visibilité est-il une faiblesse ? Met-il en doute la crédibilité de cette renaissance ?

Question : Essayez de mieux comprendre comment s'exprime cette renaissance et dites ce que vous en pensez.

Arrière-plan de la recherche : Vous vous appuierez essentiellement sur des sites d'associations franco-américaines de la Nouvelle-Angleterre, comme ceux qui suivent. Il sera bon de vous intéresser également aux « festivals » qui, loin d'être des manifestations de type folklorique, vous apparaîtront peut-être comme les signes les plus tangibles d'un renouveau.

fanset8.blogspot.com/ • www.francoamerican.org/home.php
www.francoamericancentrenh.com • www.francoamericanheritage.org

Pour les festivals, voir : www.lakermessefestival.com

Références et repères bibliographiques

(1) On désigne généralement comme Canadiens français, les habitants de la Nouvelle-France et leurs descendants, après que le Canada soit devenu possession britannique. Dans ce cadre est officiellement créée en 1763 la Province de Québec (confirmée à la naissance du Canada moderne en 1867) qui concentre une importante population francophone. Le terme « québécois » par préférence à « canadien français » s'imposera dans les années 1960–1970.

(2) Chartier, A., *L'Histoire des Franco-Américains de la Nouvelle-Angleterre*, Silléry, Québec, Éditions du Septentrion, 1991, pp. 67–68.

(3) Roby, Y. *Les Franco-Américains de la Nouvelle-Angleterre : 1776–1930*, Silléry, Québec, Éditions du Septentrion, 1990 ; et *Les Franco-Américains de la Nouvelle-Angleterre : rêves et réalités*, 2000, chez le même éditeur.

(4) Voir la thèse de Ralph Vicero, *Immigration of French Canadians to New England, 1849–1900: A Geographical Analysis*, Madison, University of Wisconsin Press, 1968, p. 148.

(5) Silvia, P., « Neighbors from the North: French-Canadian Immigrants vs. Trade Unionism », dans Quintal, C., ed., *Steeples and Smokestacks, A Collection of Essays on the Franco-American Experience in New England*, Éditions de l'Institut français, Worcester, MA, Assumption College, 1996, pp. 158–159.

(6) Lire une synthèse fort intéressante de cette question dans l'article d'Armand Chartier, « The Spiritual and Intellectual Foundations of the Schooling of Franco-Americans », dans Quintal, C., *Steeples and Smokestacks*, pp. 233–266.

(7) Silvia, P. « Neighbors from the North », dans *Steeples and Smokestacks*, pp. 150-151.

(8) Roby, Y., *Les Franco-Américains de la Nouvelle-Angleterre : rêves et réalités*, p. 76.

(9) Chartier, A., « Foundations of Schooling », dans Quintal, C., *Steeples and Smokestacks*, p. 241.

(10) Brault, G., « The Achievement of the Teaching Orders in New England: The Franco-American Parochial Schools », dans Quintal, C., *Steeples and Smokestacks*, pp. 267-291.

(11) Voir le linguiste Calvin Veltman, *The Structure of Language Shift in the United States*, Berlin, Mouton, 1983, p. 141.

(12) Fox, C. A., « Franco-American Voices: French in the Northeastern United States Today », *The French Review* 80 (2007): p. 1291.

(13) Bellock, P., « Long-Scorned in Maine, French Has Renaissance », *New York Times*, 4 juin 2006, A1, 20, et Web à www.nytimes.com/2006/06/04/us/04french.html.

(14) Tétu, M., *Qu'est-ce que la francophonie ?*, Paris, Hachette-Edicef, 1997, p. 14.

(15) Hendrickson, D., *Quiet Presence: Dramatic, First-Person Accounts—The True Stories of Franco-Americans in New England*, Portland, Maine, Guy Gannett Publishing, 1980.

(16) À lire : Fox, C. A., « Franco-American Voices », *The French Review* 80 (2007): pp. 1278–1292.

(17) Perreault, R., « The Franco-American Press: An Overview », dans Quintal, C., *Steeples and Smokestacks*, pp. 315–341.

(18) Perrault, R., « The Franco-American Press », dans Quintal, C., *Steeples and Smokestacks*, pp. 329–330.

(19) Brault, G., « The Achievement of the Teaching Orders in New England », dans Quintal, C., *Steeples and Smokestacks*, p. 271.

(20) Deux ouvrages à consulter pour un aperçu limité du sujet : Miner, Horace. *St. Denis: A French-Canadian Parish*, Chicago, University of Chicago Press, 1939, rpt. 1967; Theriault, G. F. *The Franco-Americans in a New England Community: An Experiment in Survival*, New York, Arno Press, 1980.

(21) Brault, G., « The Achievement of the Teaching Orders in New England », dans Quintal, C., *Steeples and Smokestacks*, pp. 269–270.

(22) Chartier, A., « Toward a History of Franco-American Literature: Some Considerations », dans Quintal, C., ed., *Steeples and Smokestacks*, pp. 295–314.

(23) Pacini, P., « Présence visible et invisible de la langue française dans la littérature franco-américaine contemporaine », dans *Francophonies américaines*, Glottopol : Revue de sociolinguistique en ligne no. 9, 2007, pp. 138–150 ; www.univ-rouen.fr/dyalang/glottopol .

(24) Plante, D., « Tsi Gars », dans Quintal, C., *Steeples and Smokestacks*, p. 657.

(25) Lees, C., « Debunking the Myth of Ethnic Solidarity in Three Franco-American Texts », *The French Review* 80:6, 2007, pp. 1293–1302.

(26) Beaupré, N., *La Souillonne, Monologue sur scène*, 2006, p. 174.

(27) Pacini, P., « La langue française dans la littérature franco-américaine contemporaine », dans Glottopol, *Francophonies américaines,* p. 148.

(28) Beaupré, N., *Deux femmes, deux rêves,* Coral Springs, FL, Llumina Press, 2005.

(29) Dixon, J., *Les Franco-Américains immigrés en Nouvelle-Angleterre,* http://www.mtholyoke.edu/~jdixon/page1.html.

(30) ACA Assurance, http://www.aca-assurance.com.

(31) Nora, P. et al., *Les Lieux de mémoire,* I, p. 37, Paris, Éditions Gallimard, 1984.

(32) Signée à Antananarivo en 2005, texte sur le site : http://www.francophonie.org/doc/txt-reference/charte_francophonie.pdf

(33) Voir Seguin, F., Entrevue avec Jack Kerouac, le 7 mars 1967, à http://archives.radio-canada.ca/arts_culture/litterature/clips/126/

(34) Tétu, M., *Qu'est-ce que la francophonie ?* Paris, Hachette-Edicef, 1997, p. 66, en référence à *La Nouvelle Revue française,* juin 1996.

(35) Kerouac, J., *Satori in Paris,* New York, Grove Press, 1985, p. 46.

(36) Pinette, S., *Jack Kerouac : L'Écriture et l'identité franco-américaine,* Project MUSE, University of Maine at Orono, muse.jhu.edu/demo/francophonies_damerique/v017/17/1pinette.pdf

(37) Kerouac, J., « Long poem in Canuckian patoit probably medieval », Berkeley, CA, 10 octobre 1955, à *La République des lettres,* 1 août 1994. www.republique-des-lettres.fr/724-jack-kerouac.php

(38) Fox, C. A., et Smith, J. S., « La situation du français franco-américain : aspects linguistiques et sociolinguistiques », dans Valdman, A., Auger, J. et Piston-Halten, D., *Le Français en Amérique du Nord : État présent,* Presses de l'Université Laval, 2005, pp. 124–127.

(39) Giguère, M., « New England's Francophone Population Based upon the 1990 Census », dans Quintal, C., *Steeples and Smokestacks,* p. 569.

(40) Fox, C. A., et Smith, J. S., « La situation du français franco-américain », dans *Le Français en Amérique du Nord : État présent,* p. 128.

(41) Usage facultatif et obligatoire des langues française et anglaise (paragraphe 133) : Dans les chambres du parlement du Canada et les chambres de la législature de Québec, l'usage de la langue française ou de la langue anglaise, dans les débats, sera facultatif ; mais dans la rédaction des archives, procès-verbaux et journaux respectifs de ces chambres, l'usage de ces deux langues sera obligatoire ; et dans toute plaidoirie ou pièce de procédure par-devant les tribunaux ou émanant des tribunaux du Canada qui seront établis sous l'autorité de la présente loi, et par-devant tous les tribunaux ou émanant des tribunaux de Québec, il pourra être fait également usage, à faculté, de l'une ou de l'autre de ces langues. Les lois du parlement du Canada et de la législature de Québec devront être imprimées et publiées dans ces deux langues.

(42) *La Loi sur les langues officielles :*
a) d'assurer le respect du français et de l'anglais à titre de langues officielles du Canada, leur égalité de statut et l'égalité de droits et privilèges quant à leur usage dans les institutions fédérales, notamment en ce qui touche les débats et travaux du Parlement, les actes législatifs et autres, l'administration de la justice, les communications avec le public et la prestation des services, ainsi que la mise en œuvre des objectifs de ces institutions ;

b) d'appuyer le développement des minorités francophones et anglophones et, d'une façon générale, de favoriser, au sein de la société canadienne, la progression vers l'égalité de statut et d'usage du français et de l'anglais ;

c) de préciser les pouvoirs et les obligations des institutions fédérales en matière de langues officielles.

(43) Le texte intégral de la *Loi 101, Charte de la langue française,* 1977, est disponible en ligne : www.oqlf.gouv.qc.ca/charte/charte/index.html

(44) Dubois, L., « Le français en Acadie des Maritimes », dans Valdman, A., et al., *Le Français en Amérique du Nord,* Les Presses de l'Université Laval, 2005, p. 96.

ENQUÊTE TROIS

HAÏTIENS, NOS VOISINS, NOS FRÈRES EN LIBERTÉ

3

La vie de Toussaint L'Ouverture
Jacob Lawrence (1917–2000)

Haïti

SYMBOLE DE LIBERTÉ ET D'ESPOIR

L'avenir se souvient de son passé glorieux.

Première colonie française à se libérer en 1804, Haïti reste un symbole de liberté et d'espoir pour la Francophonie. Deux siècles de difficultés politiques et économiques n'ont rien enlevé à la fierté d'un peuple qui réconcilie créolité et francité aux portes de l'Amérique. Les communautés haïtiennes aux

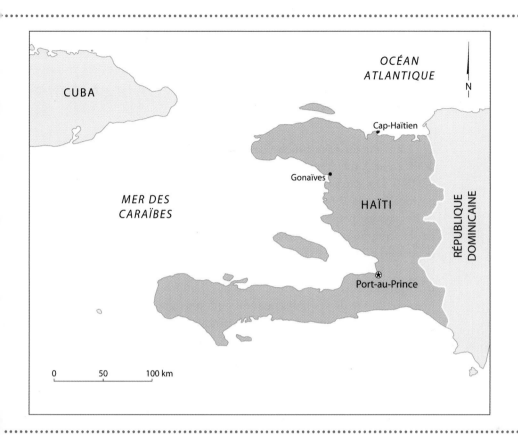

États-Unis témoignent de cet héritage et de cette conscience. Elles demeurent liées au pays et participent activement à son développement. La diaspora haïtienne dans le monde définit l'avenir d'Haïti en injectant les idées et les ressources qui lui font souvent défaut localement.

MISE EN ROUTE

En petits groupes, composez une liste de ce que vous savez sur Haïti. Résumez les impressions des différents membres du groupe.

Avez-vous rencontré des personnes d'origine haïtienne ? Où habitent-elles ? Que font-elles comme travail ? Quelle(s) langue(s) parlent-elles ?

Est-ce qu'il y a des éléments dans l'introduction à l'*Enquête trois* qui vous surprennent ?

Patrimoine : Les essentiels

1 *Les Haïtiens aux États-Unis et dans le monde*

Haïti est un pays proche des États-Unis par la géographie et par le cœur. Situé dans la Mer des Caraïbes, il occupe, sur une surface de 28 000 km carrés, la partie ouest d'une grande île des Antilles qu'il partage avec la République Dominicaine (Saint-Domingue).

Le pays est pauvre, malgré le travail de ses habitants et l'aide généreuse de la communauté internationale pour assurer son développement. Beaucoup d'Haïtiens vivent à la campagne (80%) et subsistent difficilement de l'agriculture et de l'élevage. La déforestation continue de l'île, très montagneuse et peu fertile, rend la situation écologique toujours plus fragile et la vie de ses habitants toujours plus précaire. Plus de deux siècles après sa naissance, Haïti ne peut nourrir tous ses citoyens qui sont parfois obligés de partir travailler à l'extérieur, et qui s'exilent à l'étranger, aux États-Unis, au Canada, en Europe ou dans la Caraïbe.

La situation politique souffre d'une très grande instabilité et a été souvent marquée par le mécontentement ainsi que par la violence. Il y a eu plus de quarante Chefs de l'État en deux cents ans. Ce chiffre montre l'instabilité des institutions et l'agitation de la vie politique. La fragilité politique explique également le départ de nombreux Haïtiens pour l'étranger.

Devant l'histoire, Haïti est fière de son passé de première république noire indépendante du monde et de sa libération exemplaire. Or, beaucoup d'Haïtiens se demandent encore aujourd'hui ce que le pays a fait d'une liberté qu'il avait si chèrement gagnée.

Haïti, c'est aussi un peu de l'Afrique en Amérique. Le pays reste très proche de la terre dont ont été enlevés ses premiers habitants, des esclaves, arrachés à l'Afrique de l'Ouest et obligés de venir travailler pour les colons européens dans les plantations et les champs de canne à sucre de cette île tropicale. De l'Afrique, Haïti conserve de nombreuses traditions culturelles que ses habitants ont adapté au monde américain, malgré l'interdiction que les colons faisaient aux esclaves de parler leurs langues originelles et de pratiquer leurs coutumes.

Haïti, c'est un pays où une grande partie de la population parle français et où les journaux et les livres sont publiés en français, bien que l'île se trouve géographiquement éloignée de la France et des Français. Cependant, la langue principale est le créole, une langue native de la Caraïbe, dans laquelle les Haïtiens aiment à exprimer, à côté du français,

leurs peines et leurs joies. Le créole serait-il la langue du cœur d'Haïti, alors que le français en serait la langue de raison ?

Haïti, c'est enfin l'un des meilleurs liens des États-Unis avec la Francophonie : un lien historique, naturel et vivant qui nous rapproche de la grande famille des cultures francophones dont la diversité s'exprime dans le partage de la langue française.

Toutes les sources statistiques confirment l'ampleur numérique des communautés haïtiennes aux États-Unis. Elles résultent d'une immigration qui a débuté dans les années 1950 et 1960. Il s'agissait d'abord d'une « fuite de cerveaux », d'intellectuels et de professionnels qui s'exilaient aux États-Unis pour des raisons politiques. À partir des années 1970 et dans les décennies qui suivirent, on vit surtout arriver des populations plus pauvres et économiquement défavorisées. Dans les deux cas, les immigrants sont très souvent restés fidèles à leur langue maternelle, le créole, et au français qu'ils parlent entre eux et à la maison. Environ 80% d'entre eux sont devenus citoyens américains. Des problèmes demeurent, car l'intégration des Haïtiens est souvent retardée par l'existence d'une immigration illégale. Elle est venue compliquer la question de l'immigration des réfugiés et des demandeurs d'asile.

À LA RECHERCHE DES IDÉES

1. Décrivez Haïti d'un point de vue géographique.

2. Quelle est la situation économique du pays ? Qu'est-ce qui pourrait expliquer cet état de fait ? En quoi l'émigration de la population peut-elle contribuer à résoudre la crise ?

3. L'aide internationale au développement est-elle souhaitable ? Quelles devraient être ses priorités ?

4. En quoi peut-on dire « qu'Haïti c'est un peu de l'Afrique » ? Quels traits, notamment culturels, lient Haïti et le continent ?

5. Le français d'Haïti est une langue en contact avec le créole. En quoi ressemble-t-elle au français parlé dans les Départements Français d'Amérique ?

RÉFLEXION

A. Comparez ce que vous avez appris de la situation économique et politique d'Haïti avec les observations des différents groupes pour l'activité de *Mise en route* à la page 105.

B. Quelle ironie existe-t-il entre l'histoire d'Haïti et la situation politique actuelle ?

C. Comment le phénomène de l'esclavage a-t-il influencé la culture haïtienne ?

2 *Révolutions*

Comme les États-Unis, Haïti est né d'une révolution coloniale. Mais la libération haïtienne est le fruit d'une révolte d'esclaves conduits par Toussaint Louverture, qui remettent en cause le système des plantations et l'exploitation de l'homme par l'homme. L'abolition de l'esclavage dans les colonies françaises, obtenue pendant la Révolution française, par un vote de la Convention nationale à Paris, le 4 février 1794, marque une pause dans la guerre d'indépendance des Haïtiens contre la France. Ce n'est que dix ans plus tard, le 1er janvier 1804, que les révoltés de l'île d'Hispaniola obtiendront définitivement l'indépendance de leur pays qu'ils nomment désormais Haïti ou *Ayti* (« le pays des montagnes »). Que s'est-il passé entre ces deux dates ? Comment une révolte d'esclaves s'est-elle transformée en une révolution qui a conduit ce pays à jouir d'une pleine souveraineté nationale ?

La nuit de la liberté

À la fin du XVIIIe siècle, la colonie française de l'île de Saint-Domingue ou Hispaniola est la plus grande et la plus riche colonie européenne des Antilles. En 1789, elle compte près de 500 000 esclaves et une large population métisse qui forme rapidement une classe sociale distincte. Cette dernière s'inspire du mouvement de décolonisation des colonies anglaises d'Amérique. Les esclaves, quant à eux, perçoivent les efforts des abolitionnistes français tels que l'Abbé Grégoire, dont les idées triompheront lors de la Révolution de 1789, comme un espoir. La nuit du 14 août 1791, des esclaves se réunissent au Bois Caïman sous la conduite du prêtre vaudou Boukman, pour danser et chanter leur soif de liberté. Quelques jours plus tard, la révolte débute dans le nord de l'île. Toussaint Louverture en prend la tête et l'organise. Il exige que les promesses de la nuit du 4 août 1789 en France, qui a aboli les privilèges féodaux, s'appliquent aussi aux esclaves. Il s'attaque aux intérêts anglais et espagnols qui restent esclavagistes et fait pression sur les représentants de la jeune République française pour obtenir l'émancipation du pays. Il triomphe en août 1793, lorsque le Commissaire Sonthonax accorde la liberté aux esclaves de Saint-Domingue.

La libération des esclaves par la République française

Suite au vote de la Convention sur l'abolition de l'esclavage, Toussaint Louverture apparaît dans la colonie de Saint-Domingue comme le héros d'une révolution exemplaire. Il est populaire et fort. Il installe un pouvoir contrôlé par ses troupes et ses généraux sur l'île, qui devient ainsi la première république noire de l'histoire. En 1798, il se proclame président à vie. Haïti jouit d'une indépendance de fait. En 1802, le Premier consul, Napoléon Bonaparte, qui a rétabli l'esclavage et trahi les idéaux abolitionnistes de la Révolution française, lance une expédition armée contre la République de Toussaint Louverture.

La guerre de libération nationale

Le Général Charles Victor Emmanuel Leclerc qui débarque en février 1802 au Cap haïtien avec 30 000 soldats a pour mission de reprendre le contrôle de la colonie pour la France et de rétablir l'esclavage. Il est d'abord victorieux. Mais la guerre continue pendant deux ans et fera de nombreuses victimes parmi les militaires des deux armées, dont Toussaint Louverture, le chef historique, qui est capturé et envoyé en prison au Fort de Joux dans le Jura français, où il mourra de froid en avril 1803. Ses deux principaux lieutenants, Jean-Jacques Dessalines (futur Jacques 1er) et Henri Christophe (dont l'histoire a été rendue célèbre par *La tragédie du roi Christophe* du Martiniquais Aimé Césaire) mènent le combat jusqu'à la victoire finale en novembre 1803. À Vertières capitulent les troupes françaises du Général Vicomte Donatien de Rochambeau (fils du Général Comte Jean-Baptiste de Rochambeau, Commandant du Corps expéditionnaire français pendant la Révolution américaine) qui a remplacé Leclerc, mort plus tôt de la fièvre jaune, comme nombre de ses soldats. La guerre est cruelle. Personne ne semblait accepter les réalités d'une situation désormais favorable à la libération nationale. La répression exercée par les troupes françaises, souvent en réponse aux massacres de colons perpétrés par les insurgés, fut implacable. La France n'accepta sa défaite sur le terrain que beaucoup plus tard, en 1825, et n'accepta de reconnaître l'indépendance du pays qu'à condition de recevoir quelque 150 millions de francs-or pour compenser les dommages subis par les colons pendant la guerre. Les Haïtiens continuèrent à payer cette dette jusqu'à la veille de la Deuxième Guerre mondiale.

L'Acte d'Indépendance

L'indépendance d'Haïti est proclamée au quartier général de l'Armée indigène aux Gonaïves le 1er janvier 1804 par Jean-Jacques Dessalines, le Commandant en Chef, devant ses principaux généraux et officiers. Le texte de cette proclamation, enregistré par son secrétaire Boisrond-Tonnerre, constitue la « déclaration » d'une indépendance conquise au prix d'une lutte acharnée. Elle entendait « ... faire connaître aux puissances étrangères la résolution de rendre le pays indépendant, et de jouir d'une liberté consacrée par le sang du peuple de cette île ». Le texte a pour titre : « La liberté ou la mort » qui rappelle la devise « Vivre libre ou mourir » (*Live Free or Die*) que l'État du New Hampshire adoptera en 1806 dans le même esprit révolutionnaire et anti-colonial. Le serment que Dessalines demanda à ses généraux de prêter constitue l'Acte d'indépendance. Ceux-ci, « pénétrés de ces principes sacrés, après avoir donné d'une voix unanime leur adhésion au projet bien manifesté d'indépendance, ont tous juré à la postérité, à l'univers entier, de renoncer à jamais à la France, et de mourir plutôt que de vivre sous sa domination ». La devise adoptée au moment de l'Indépendance ne doit pas être confondue avec celle des Armes d'Haïti (« L'union fait la force ») sur le drapeau national. (1)

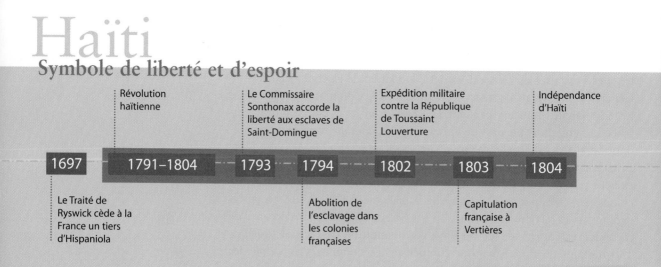

Haïti
Symbole de liberté et d'espoir

| 1697 | 1791–1804 | 1793 | 1794 | 1802 | 1803 | 1804 |

1791–1804 : Révolution haïtienne

1793 : Le Commissaire Sonthonax accorde la liberté aux esclaves de Saint-Domingue

1802 : Expédition militaire contre la République de Toussaint Louverture

1804 : Indépendance d'Haïti

1697 : Le Traité de Ryswick cède à la France un tiers d'Hispaniola

1794 : Abolition de l'esclavage dans les colonies françaises

1803 : Capitulation française à Vertières

À LA RECHERCHE DES IDÉES

1. Quelle est la différence importante entre les révolutionnaires américains et les révolutionnaires Haïtiens ?

2. Décrivez la situation d'Haïti vers la fin du XVIIIe siècle.

3. Quelle influence la Révolution française de 1789 a-t-elle eue sur la situation à Haïti ?

4. Qu'est-ce qui s'est passé le 14 août 1791 ?

5. Résumez le rôle de Toussaint Louverture dans la lutte d'Haïti pour son indépendance.

6. Comment Napoléon a-t-il trahi les promesses de la Révolution française ? Qu'a-t-il fait pour reprendre le contrôle de la colonie française ?

7. Décrivez la guerre menée par les Haïtiens contre les Français. Qu'est-ce que les Haïtiens ont dû payer à la France ? Était-ce justifié?

8. En quelle année, Haïti a-t-elle déclaré son indépendance ? Quel est le titre du document qui établit le principe de la liberté pour Haïti ?

RÉFLEXION

A. En quoi les Haïtiens sont-ils « nos frères en liberté » ?

B. À quel héros de la Révolution américaine pourrait-on comparer Toussaint Louverture ? Expliquez votre choix.

C. Pourquoi les Haïtiens ont-ils le droit d'être fiers de leur héritage politique ?

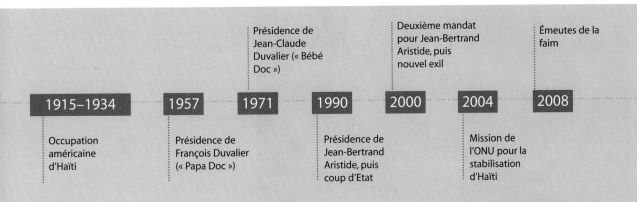

Présidence de Jean-Claude Duvalier (« Bébé Doc »)

Deuxième mandat pour Jean-Bertrand Aristide, puis nouvel exil

Émeutes de la faim

1915–1934 | **1957** | **1971** | **1990** | **2000** | **2004** | **2008**

Occupation américaine d'Haïti

Présidence de François Duvalier (« Papa Doc »)

Présidence de Jean-Bertrand Aristide, puis coup d'Etat

Mission de l'ONU pour la stabilisation d'Haïti

3 *Le créole*

L e créole est une langue américaine. Né du drame de l'esclavage dans les Antilles à l'époque de la colonisation, il est le symbole de l'émancipation d'un peuple et de la victoire sur le français et les Français au début du XVIIIe siècle. Mais aujourd'hui, les deux langues, le créole et le français, vivent en bonne harmonie. Le pays est officiellement bilingue : Haïti est aussi *Ayti*, son équivalent créole. Comme on le voit ici, les mots paraissent être une simple transcription phonétique du français. En fait, le créole est une langue distincte qui ne dépend d'aucune autre, mais qui nous permet, parce qu'elle constitue un lien avec la langue française, de nous sentir proche du monde francophone.

Le créole est aussi une langue africaine par ses origines qui sert de lien entre toutes les populations antillaises. L'influence africaine est perceptible dans la syntaxe, alors que le lexique est avant tout français. C'est une langue naturelle qui reflète bien l'amour des choses et la proximité des gens, et qui s'exprime souvent par onomatopée. Par exemple, la camionnette qui sert de taxi collectif sur les routes d'Haïti, et qui est décorée de motifs multicolores, s'appelle un *tap-tap*. Inutile de chercher le mot dans un dictionnaire… Il suffit d'écouter le bruit du moteur de la camionnette qui arrive, il fait… tap, tap, tap, tap… d'où son nom.

Le créole est une langue qui reste essentiellement orale, c'est la langue du cœur, alors que le français est la langue des actes officiels de la République. Ce qui ne veut pas dire que le français soit une langue plus importante… c'est peut-être même le contraire. Mais le français est la langue dans laquelle on publie les livres ; les écrivains haïtiens écrivent en français, alors qu'ils pensent en créole. Le créole et le français sont des langues sœurs, qui nous donnent un exemple de réconciliation souhaitable entre peuples et cultures. Les Haïtiens sont souvent bilingues. Leur bilinguisme natif leur ouvre les portes du monde francophone.

Un tap-tap haïtien.

Les proverbes créoles

Les proverbes créoles sont communs à toutes ces cultures dites créolophones. On les entend dans les Antilles (que les Créoles nomment *Banzil Kréyol* ou *l'Archipel créole*), de la Trinité et Tobago, jusqu'à Haïti, en passant par la Grenade, Sainte-Lucie, la Martinique, la Dominique, la Guadeloupe. Les proverbes parlent de nature, de vie simple. Ils décrivent un univers dans lequel la sophistication n'est pas toujours signe de bon sens. Jean de La Fontaine, le fabuliste français du XVIIe siècle, aurait aimé les évocations de la vie en créole, lui qui écrivait un français plus intellectuel. Comme dans ses *Fables*, les animaux des proverbes créoles sont porteurs de la sagesse des peuples. Ainsi la poule (*poul*) se sent forte devant le cafard (*ravet*). Le cafard sait que la poule est plus forte que lui : « *Ravèt pa janmé ni rézon douvan poul* » dit le proverbe. « *Le ravet (le cafard) n'a jamais raison devant la poule* » ! Bien sûr, la poule aura toujours le dernier mot et le mangera s'il insiste ! Devant une telle situation, La Fontaine a écrit : « *La raison du plus fort est toujours la meilleure* ». La langue française, comme on le voit, est très intellectuelle ; elle gagne en précision et en perfection formelle, mais elle a perdu la saveur des situations simples de la vie.

Les expressions parallèles ou « calques » sont pourtant nombreuses : par exemple, dans le proverbe « *Espwa fè viv* » on reconnaîtra « *L'espoir fait vivre* ». Seul l'article défini « le » a disparu. Le sens, universel, lui, reste le même.

Lajan fè chen danse.	L'argent fait danser les chiens.
Sa ki fèt, fèt.	Ce qui est fait est fait.
Chyen paka fè chat.	Les chiens ne font pas des chats.
Chat pa la, rat ka bay bal.	Quand le chat n'est pas là les souris dansent.
Bwè tout, manjé tout, pà di tout !	Toute vérité n'est pas bonne à dire.

Pierre Pinalie, *Dictionnaire de proverbes créoles*, Fort-de-France, Éditions Désormeaux, 1994.

À LA RECHERCHE DES IDÉES

1. Pourquoi un grand nombre d'écrivains antillais choisissent-ils de s'exprimer en français ? En quoi la littérature haïtienne nous donne-t-elle accès au monde francophone ?

2. Expliquez le concept de « Créolité ». En quoi illustre-t-il la naissance d'une civilisation caraïbe ?

RÉFLEXION

A. D'après ce texte, en quoi peut-on dire que le créole reste à la base de la culture de cette région ?

B. Pourquoi Haïti est-elle « officiellement bilingue » ? Dans quelles circonstances le créole s'emploie-t-il ? Dans quelles circonstances le français s'emploie-t-il ?

4 *La peinture*

Comme tous les arts, la peinture traduit l'âme d'un pays tout entier. La peinture haïtienne est l'exemple parfait d'une évocation qui mêle avec force, nature et culture pour exprimer une identité nationale. Elle est originale au sens premier du terme, car elle remonte aux origines d'une nation. Elle est originelle et native, car elle ne résulte pas de l'adaptation d'une peinture coloniale à un environnement nouveau. On la dit primitive mais elle est en fait, comme la langue créole, l'autre face de l'explosion culturelle qui caractérise les peuples des Antilles libérés de l'esclavage colonial.

L'histoire d'un art

La peinture haïtienne est née avec l'indépendance. Comme toute histoire qui se crée, elle aura d'abord la tentation de célébrer les héros et les dictateurs, Dessalines, Pétion, Christophe. C'est un art qui se veut d'abord documentaire et destiné à plaire aux puissants.

Cette tendance ne disparaîtra vraiment qu'au milieu du XXe siècle, moment où apparaît ce que nous avons coutume d'appeler la peinture haïtienne et que nous décrivons comme naïve ou primitive. Elle est représentée par l'École indigéniste, qui favorise un retour aux valeurs africaines, les arts du continent des origines et les idées des mouvements de renaissance africaine. Elle est influencée par des intellectuels tels que le Dr. Jean Price Mars. À partir de 1944, elle s'organise en mouvement artistique grâce au concours de l'Américain DeWitt Peters qui préside à la création du Centre des Arts de Port-au-Prince et s'illustre à l'Exposition internationale de 1949.

Elle s'exprime également dans des centres extérieurs à la capitale, sous forme d'échos à l'indigénisme originel et dans une forme moderne. Le Foyer des Arts Plastiques et la Galerie Brochette de Dieudonné Cédor expriment des tendances qui peuvent rappeler l'art occidental, comme le surréalisme, représenté par Préfète Duffaut.

Philomé Obin, l'un des muralistes de la Cathédrale de la Sainte-Trinité, fit évoluer l'école « primitive » dans son Centre des Arts de Cap-Haïtien vers une conception toujours plus naïve et intuitive que l'on a parfois comparée à la manière du peintre français Henri Rousseau.

L'expérience la plus intéressante de développement de la peinture haïtienne restera cependant la création de la communauté d'artistes-paysans de Saint Soleil, à Soisson-la-Montagne près de Port-au-Prince, dans les années 1960. L'écrivain-ministre français, André Malraux, y aurait vu l'une des références de son « musée imaginaire, » c'est-à-dire un lieu où on peut découvrir les origines multiples de l'art humain.

Spécificité et devenir

La peinture haïtienne résiste à l'analyse. Le critique peut, en effet, connaître la difficulté de traduire en termes usuels un art qui n'a rien d'habituel. Plus encore que la sculpture ou la musique, la peinture de ce pays se définit par une spécificité qui transcende les mots pour atteindre l'intemporel et l'universel. Trois mots lui sont parfois associés par ses admirateurs et ses détracteurs: violence, fusion et répétition. La violence est souvent contenue, mais toujours présente, qu'il s'agisse d'évoquer, comme dans les toiles de Frantz Zéphirin, la situation politique nationale et l'influence des puissances étrangères, tels les États-Unis pendant l'occupation de 1915–1930, ou la France, puissance colonisatrice mal aimée. La violence est aussi celle des couleurs et des formes anti-géométriques qui imposent des exagérations au monde

Erzuly Freda
André Pierre (1914–2005)

sensible. Mais c'est surtout la violence sociale qui prédomine dans l'évocation d'une paysannerie pauvre et des traumatismes résultant d'une instabilité politique chronique. La fusion des images produit une juxtaposition d'inspiration religieuse.

La juxtaposition exacerbe la violence, mais l'adoucit par des compromis mystiques. André Pierre, peintre et prêtre vaudou, comme son précurseur Hector Hippolyte, donna cette dimension essentielle à la représentation picturale haïtienne. Peu à peu, il nous fait passer du visible à l'invisible, pour mieux transcender une réalité quotidienne qui demeure invivable et injuste. Le spectateur est étonné de la répétition des thèmes et des teintes qui le fascine. Or, la répétition est éducation. Il n'est pas meilleur guide qu'une peinture haïtienne pour entrer dans la vie tropicale antillaise et pour comprendre sa douceur et sa dureté.

Coumbite, 1971
Gérard Valcin
(1923–1988)

L'avenir de cet art à l'état pur n'est pas assuré. Armée d'une tradition qu'elle a patiemment forgée en deux cents ans d'existence, la peinture haïtienne est en quête de sa modernité. Elle s'efforce de rester elle-même. Or, le tourisme et la consommation sont dangereux pour son avenir. Les galeries marchandes étrangères, en Amérique, en Europe ou en Asie, sont toujours à la recherche de nouveaux talents. Et l'art demeure une source financière qu'aucun pays pauvre ne peut ignorer. La peinture haïtienne peut rester fidèle à elle-même tout en rappelant au monde entier l'éclat de sa force primordiale. Mais elle a besoin de créateurs, marchands, critiques et publics qui lui donnent les moyens d'exprimer sa vérité. C'est devant l'œuvre, fut-elle la plus modeste et la meilleur marché, fut-elle la plus prisée par la critique, que chacun jugera de la véracité d'une peinture ou de la sincérité d'un talent d'Haïti. (2)

À LA RECHERCHE DES IDÉES

1. Quels sont les traits caractéristiques de la peinture haïtienne ?

2. Quels étaient les premiers sujets de la peinture haïtienne ?

3. Quel changement important a été introduit par l'École indigéniste au milieu du XXe siècle ?

4. Citez des centres dans lesquels la peinture haïtienne s'est développée.

5. Quels termes utilise-t-on presque universellement pour définir la peinture haïtienne ?

6. Quel danger le tourisme et la consommation représentent-ils pour l'évolution de la peinture haïtienne ?

RÉFLEXION

A. En quoi la peinture est-elle peut-être la meilleure représentation de la culture d'Haïti ?

B. Définissez le genre de « violence » qui s'exprime dans la peinture haïtienne ? Pourquoi est-il logique que ce thème domine dans la peinture d'Haïti ?

C. Consultez un site web pour trouver des exemples de l'œuvre des artistes mentionnés dans le texte. Choisissez une peinture et préparez une explication à faire en cours de la signification de la peinture que vous avez choisie.

Liens francophones
Au cœur des Caraïbes

En regardant une carte géographique, on voit très bien que Haïti se présente comme un lien parfait entre l'Amérique du nord, l'Amérique du sud et l'Amérique centrale. C'est aussi, avec la République dominicaine, le centre du monde antillais que les géographes divisent généralement en deux parties, « les Grandes Antilles » et « les Petites Antilles ». Elle est au cœur des premières, avec Cuba, la Jamaïque, la République dominicaine et Porto Rico. Les Petites Antilles vont des Îles Vierges (américaines et britanniques) à Trinidad et Tobago en formant un arc entre l'Océan Atlantique et la Mer des Caraïbes. Au nord, l'archipel des Bahamas forme un demi-cercle insulaire qui semble rapprocher Haïti de la Floride. Haïti est notre voisin francophone le plus proche, au sud des États-Unis. Il est entouré de pays hispanophones et anglophones, mais nous pouvons aussi l'imaginer comme un pont entre la Francophonie américaine et les Départements Français d'Amérique (DFA) : la Guadeloupe, la Martinique et la Guyane du Sud.

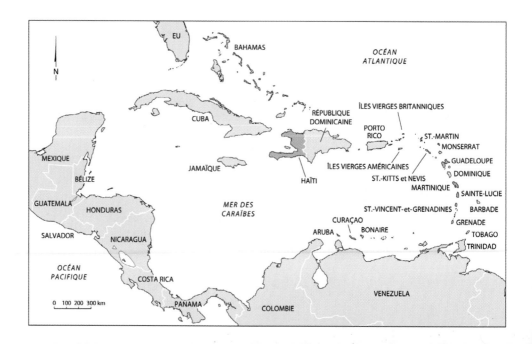

1 *La Créolité*

À Fort-de-France, Martinique.

Grâce à ses origines créoles et à son histoire de liberté, Haïti offre de nombreux liens francophones qui nous permettent d'accéder au vaste monde du français.

Un de ces liens majeurs est sa littérature qui se situe au carrefour des influences africaines, européennes et américaines. Il en est de même pour le créole et la « Créolité ». Ce n'est pas parce que la littérature haïtienne est majoritairement écrite en français que son inspiration est française. L'histoire a fait de la langue française le premier lien entre l'univers culturel haïtien et sa transposition à l'écrit. Certes, la plupart des écrivains haïtiens appartiennent souvent à une élite intellectuelle éduquée en français ou en anglais. Certes, écrire en français restait encore jusqu'à tout récemment le meilleur moyen d'être publié dans le monde, mais il s'agit là de phénomènes qui ne sauraient masquer la profonde vérité de l'univers créole haïtien et de son expression culturelle et artistique.

Par la littérature haïtienne, nous prenons contact avec la Négritude antillaise et avec la Créolité quand elle s'exprime en français par la production artistique et littéraire des Départements Français d'Amérique, la Guadeloupe (Simone Schwartz-Bart, Maryse Condé, Daniel Maximin), la Martinique (Aimé Césaire, Patrick Chamoiseau, Raphaël Confiant), la Guyane (Léon Damas).

Éloge de la Créolité

Trois intellectuels et écrivains martiniquais, Jean Bernabé, Patrick Chamoiseau et Raphaël Confiant publient en 1989 un manifeste intitulé *Éloge de la Créolité*, dans lequel ils définissent le concept de Créolité comme « *le vecteur esthétique majeur de la connaissance de nous-même et du monde* ». C'est ainsi que la Créolité éclaire la naissance d'une « civilisation caribéenne » bien installée dans un « espace américain ». Touchant aux domaines littéraire, linguistique et culturel de la vie créole, la Créolité rehausse les perceptions et les représentations de la réalité sociale antillaise, creuset ou *melting pot* du métissage caribéen.

L'Antillanité ne nous est pas accessible sans vision intérieure. Et la vision intérieure n'est rien sans la totale acceptation de notre créolité. Nous nous déclarons Créoles. Nous déclarons que la Créolité est le ciment de notre culture et qu'elle doit régir les fondations de notre antillanité. La Créolité est l'agrégat interactionnel ou transactionnel, des éléments culturels caraïbes, européens, africains, asiatiques et levantins, que le joug de l'Histoire a réunis sur le même sol. Pendant trois siècles, les îles et les pans de continents que ce phénomène a affectés, ont été de véritables forgeries d'une humanité nouvelle, celles où langues, races, religions, coutumes, manières d'être de toutes les faces du monde, se trouvèrent brutalement déterritorialisées, transplantées dans un environnement où elles durent réinventer la vie. Notre créolité est donc née de ce formidable « migan » que l'on a eu trop vite fait de réduire à son seul aspect linguistique ou à un seul des termes de sa composition. Notre personnalité culturelle porte tout à la fois les stigmates de cet univers et les témoignages de sa négation. Nous nous sommes forgés dans l'acceptation et le refus, donc dans le questionnement permanent, en toute familiarité avec les ambiguïtés les plus complexes, hors de toutes réductions, de toute pureté, de tout appauvrissement. Notre Histoire est une tresse d'histoires. Nous avons goûté à toutes les langues, à toutes les parlures. Craignant cet inconfortable magma, nous avons vainement tenté de le figer dans des ailleurs mythiques (regard extérieur, Afrique, Europe, aujourd'hui encore, Inde ou Amérique), de chercher refuge dans la normalité close des cultures millénaires, sans savoir que nous étions l'anticipation du contact des cultures, du monde futur qui s'annonce déjà. Nous sommes tout à la fois, l'Europe, l'Afrique, nourris d'apports asiatiques, levantins, indiens, et nous relevons aussi des survivances de l'Amérique précolombienne. La Créolité c'est le monde diffracté mais recomposé, un maelström de signifiés dans un seul signifiant : une Totalité. Et nous disons qu'il n'est pas dommageable pour l'instant, de ne pas en avoir une définition. Définir, ici, relèverait de la taxidermie. Cette nouvelle dimension de l'homme, dont nous sommes la silhouette préfigurée, mobilise des notions qui très certainement nous échappent encore. Si bien que, s'agissant de la Créolité dont nous n'avons que l'intuition profonde, la connaissance poétique, et dans le souci de ne fermer aucune voie de ses possibles, nous disons qu'il faut l'aborder comme une question à vivre, à vivre obstinément dans chaque lumière et chaque ombre de notre esprit. Vivre une question c'est déjà s'enrichir d'éléments dont la réponse ne dispose pas. Vivre la question de la Créolité, à la fois en totale liberté et en pleine vigilance, c'est enfin pénétrer insensiblement dans les vastitudes inconnues de sa réponse. Laissons vivre (et vivons !) le rougeoiement de ce magma.

Jean Bernabé, Patrick Chamoiseau et Raphaël Confiant, *Éloge de la Créolité*, Paris, © Éditions Gallimard, 1989.

À LA RECHERCHE DES IDÉES

1. En quoi peut-on dire que le concept de « Créolité » pose clairement les bases d'une civilisation à part entière, reflétant des valeurs caraïbes et universelles ?

2. En quoi, aux yeux des créateurs du concept, la Créolité méritait-elle un traitement particulier, sous forme d'éloge ?

RÉFLEXION

A. À partir des renseignements que donne la première partie du manifeste *Éloge de la Créolité,* formulez votre propre définition de la « Créolité ».

B. Que veulent dire les auteurs de ce texte lorsqu'ils constatent : « Nous sommes tout à la fois… » ?

C. Quel est le rôle de la littérature dans l'expression de la « Créolité » ?

2 *Haïti et le monde vus des Antilles*

Haïti reste pour beaucoup d'Antillais, qu'ils soient Francophones, Hispanophones ou Anglophones, une référence centrale, une « terre matrice » comme la définit Édouard Glissant. Poète écrivain, né à la Martinique en 1928, Glissant a donné dans son œuvre une impressionnante description de l'identité antillaise, au centre de laquelle il situe Haïti. (3) Pour lui, cette identité se fonde sur la « relation au monde ». Les identités se croisent et se métissent. Ainsi chaque culture se créolise en renforçant son appartenance au « Tout-Monde » et en tissant des racines et des feuilles nouvelles à la façon d'un « rhizome » (racine végétale multiple). Dans l'extrait ci-dessous, Glissant exprime l'ambivalence que chacun peut ressentir devant les succès et les échecs d'un pays qui est au cœur de l'imaginaire caribéen. Le « beau » cohabite avec le « terrible », et l'espoir avec la fatalité. Tout se passe comme si Haïti continuait de payer au monde le prix d'une liberté acquise dans la douleur, il y a plus de deux siècles.

À LA RECHERCHE DES IDÉES

1. Quels aspects de l'histoire d'Haïti illustrent l'ambivalence de ce pays comme représentant de l'identité antillaise ?

2. Qui est Édouard Glissant ? Dans quel sens offre-t-il une définition multiple de l'identité antillaise ?

RÉFLEXION

Résumez le poème d'É. Glissant. Quels sont les aspects positifs et négatifs concernant Haïti qui sont évoqués dans le poème ? Quel portrait global d'Haïti peut-on en concevoir ?

Traité du Tout-Monde, Édouard Glissant

La terre matrice des pays antillais, Haïti

Qui n'en finit pas d'acquitter l'audace qu'elle eut de concevoir et de faire lever la première nation nègre du monde de la colonisation.

Qui depuis deux cents ans a éprouvé ce que Blocus veut dire, chaque fois renouvelé.

Qui sans répit souffre ses campements et sa mer folle, et grandit dans nos imaginaires.

Qui a vendu son sang créole un demi-dollar le litre.

Qui s'est distribuée à son tour dans les Amériques, la Caraïbe, l'Europe et l'Afrique, refaisant diaspora.

Qui a consumé tout son bois, marquant de plaies arides l'en-haut de ses mornes.

Qui a fondé une Peinture et inventé une Religion.

Qui meurt à chaque fois de débattre entre ses élites nègres et ses élites mulâtres, tout aussi carnassières.

Qui a cru qu'une armée était faite de fils de héros.

Qui a charroyé des mots beaux ou terribles, le mot macoute, le mot lavalass, le mot déchouquer.

Édouard Glissant, *Traité du Tout-Monde*, Paris, © Éditions Gallimard, 1997.

3 À la recherche de l'identité noire haïtienne

Les poètes et littérateurs de la Caraïbe francophone ont consacré de nombreuses pages à la quête de l'identité noire haïtienne. Haïtiens, comme Léon Laleau, ou Martiniquais, comme Aimé Césaire, tous ont montré qu'il s'agissait de découvrir leur identité commune, la Négritude antillaise. Le chemin qu'ils empruntent est douloureux et provocateur. Définie par Aimé Césaire dans *Le cahier d'un retour au pays natal* (1939), la Négritude trouve son expression la plus forte et la plus ambiguë dans l'âme haïtienne. Laleau, diplomate et écrivain haïtien (1892–1979), en porte directement témoignage dans *Trahison*. (4)

Trahison, Léon Laleau

Ce cœur obsédant, qui ne correspond
Pas avec mon langage et mes coutumes,
Et sur lequel mordent, comme un crampon,
Des sentiments d'emprunt et des coutumes
D'Europe, sentez-vous cette souffrance
Et ce désespoir à nul autre égal
D'apprivoiser, avec des mots de France,
Ce cœur qui m'est venu du Sénégal ?

Léon Laleau, dans *Léopold Sédar Senghor: Anthologie de la nouvelle poésie nègre et malgache de langue française*, © PUF, Paris, 1958, 7ᵉ éd. 2005.

Homme politique (député à l'Assemblée nationale française, maire de Fort-de-France pendant un demi-siècle) et écrivain martiniquais, Aimé Césaire (1913–2008) a inventé, avec le Sénégalais Léopold Sédar Senghor, le concept de « Négritude », ou retour des peuples noirs, victimes de l'esclavage et du colonialisme, vers les valeurs fondamentales des civilisations africaines précédant la colonisation. (5) Le retour se fait avec fierté. Il permet au colonisé de se libérer des marques psychologiques de l'oppression et de la soumission, il lui ouvre les portes de la « civilisation de l'Universel ». Aimé Césaire a donné à la littérature une œuvre importante. Dans *La tragédie du roi Christophe*, pièce historique, il décrit l'obsession d'un des premiers dirigeants d'Haïti : briser l'image ancienne de l'homme noir et le faire émerger de la « fosse » dans laquelle l'a plongé

Aimé Césaire en 1982.

l'esclavage. Mais pour y parvenir, Christophe, héros de la lutte libératrice, est prêt à se transformer en tyran qui veut imposer sa vision de l'homme futur. Dans la scène qui suit, Madame Christophe qui a compris la volonté implacable de son mari à poursuivre son dessein, l'interroge pour savoir s'il n'en « demande pas trop aux hommes ». Il répond ainsi :

À LA RECHERCHE DES IDÉES

1. Qui est Aimé Césaire ? Quelle vision de la « Négritude » a-t-il exprimée ?

2. Quel est le sujet de la pièce *La tragédie du roi Christophe* ?

RÉFLEXION

A. Expliquez le titre du poème *Trahison* de Laleau. Dans quelle mesure peut-on dire que les Francophones, surtout les intellectuels, vivent une trahison perpétuelle ? Quel rôle joue la langue française dans cette trahison ?

B. Dans l'extrait tiré de la pièce *La tragédie du roi Christophe*, pourquoi Christophe ne croit-il pas à l'idée que tous les hommes sont semblables ? Quelle histoire sépare les Antillais d'origine africaine des autres hommes ?

La tragédie du roi Christophe, Aimé Césaire

Je demande trop aux hommes ! Mais pas assez aux nègres, Madame ! S'il y a une chose qui, autant que les propos des esclavagistes m'irrite, c'est d'entendre nos philanthropes clamer, dans le meilleur esprit sans doute, que tous les hommes sont des hommes et qu'il n'y a ni blancs ni noirs. C'est penser à son aise, et hors du monde, Madame. Tous les hommes ont les mêmes droits. J'y souscris. Mais du commun lot il en est qui ont plus de droits que d'autres. Là est l'inégalité. Une inégalité de sommations, comprenez-vous ? À qui fera-t-on croire que tous les hommes, je dis tous, sans privilège, sans particulière exonération, ont connu la déportation, la traite, l'esclavage, le collectif ravalement à la bête, le total outrage, la vaste insulte, que tous, ils ont reçu, plaqué sur le corps, au visage, l'omni-niant crachat ! Nous seuls, Madame, vous m'entendez, nous seuls, les nègres ! Alors au fond de la fosse ! C'est bien ainsi que je l'entends. Au plus bas de la fosse. C'est là que nous crions ; de là que nous aspirons à l'air, à la lumière, au soleil. Et si nous voulons remonter, voyez comme s'imposent à nous, le pied qui s'arc-boute, le muscle qui se tend, les dents qui se serrent, la tête, oh ! la tête, large et froide ! Et voilà pourquoi il faut en demander aux nègres plus qu'aux autres : plus de travail, plus de foi, plus d'enthousiasme, un pas, un autre pas, encore un autre pas et tenir gagné chaque pas ! C'est d'une remontée jamais vue que je parle, Messieurs, et malheur à celui dont le pied flanche !

Aimé Césaire, *La tragédie du roi Christophe*, Paris, Éditions Présence africaine, 1963.

4 *La femme antillaise : Courage et abnégation*

Au cœur de la famille et de la société antillaises se trouve la femme. Personnage discret ou flamboyant, elle enseigne le créole, la langue maternelle, dès le berceau. À Haïti, certaines femmes, même devenues célèbres, garderont leur simplicité et continueront à enseigner la vie aux hommes qui font la guerre et gagnent les révolutions. Marie-Claire Heureuse, la femme du Général Dessalines, lui apprend à lire et à écrire, mais elle ne l'a accepté en mariage que sous certaines conditions, qu'elle lui a dictées, comme reconnaître que « dans le mariage la femme reste libre de parler selon ses convictions, et d'agir en harmonie avec sa parole ». De même, Madame Christophe, qui est née pauvre, sait mettre en garde son mari, le roi, contre le danger de trahir ses origines modestes :

> *... Je ne suis qu'une pauvre femme, moi*
> *j'ai été servante*
> *moi la Reine, à l'Auberge de la Couronne !*
> *Une couronne sur ma tête ne me fera pas devenir*
> *Autre que la simple femme,*
> *La bonne négresse qui dit à son mari*
> *attention ! (6)*

Plus récemment, l'écrivaine guadeloupéenne Simone Schwartz-Bart (1938–), en compagnie de Maryse Condé (1939–), puis de Giselle Pineau (1957–), elles aussi natives de la Guadeloupe, a ouvert le monde de la littérature féminine antillaise et donné à la femme des îles un statut post-colonial propre, en évolution par rapport au rôle que lui avait attribué la société coloniale. (7) Dans son roman le plus célèbre, *Pluie et vent sur Télumée Miracle* (1972), S. Schwarz-Bart a peint le portrait de la plus modeste d'entre elles, son héroïne, Télumée Miracle, forte et sérieuse jusqu'à ses derniers jours.

> *Soleil levé, soleil couché, je reste sur mon petit banc, perdue, les yeux ailleurs, à chercher mon temps au travers de la fumée de ma pipe, à revoir toutes les averses qui m'ont trempée et les vents qui m'ont secouée. Mais pluies et vents ne sont rien si une première étoile se lève pour vous dans le ciel, et puis une seconde, une troisième, ainsi qu'il advint pour moi, qui ai bien failli ravir tout le bonheur de la terre. Et même si les étoiles se couchent, elles ont brillé et leur lumière clignote, encore, là où elle est venue se déposer : dans votre deuxième cœur. (8)*

À LA RECHERCHE DES IDÉES

1. Dans quel sens peut-on dire que la femme se trouve au cœur de la société antillaise ?

2. Quelle image de la femme certaines écrivaines antillaises cherchent-elles à promouvoir ?

RÉFLEXION

Si l'on compare le portrait de la femme antillaise telle que la dépeignent les écrivaines et celui des femmes brossé par les auteurs masculins, quel contraste peut-on noter entre la vision et les préoccupations des Antillais et des Antillaises ?

5 *À la rencontre des communautés haïtiennes dans le monde*

Il est important d'aller à la rencontre des Haïtiens, qu'ils vivent loin ou près de nous, car ils sont, comme leurs compatriotes « au pays », l'âme et l'avenir d'une nation qui ne demande qu'à être aimée et aidée dans son développement. Partout dans le monde on rencontre des individualités et des groupes qui sont fiers de leur intégration dans le pays d'accueil et de leur appartenance à leur pays, avec qui ils conservent des liens étroits, souvent par delà les générations.

Le nombre d'Haïtiennes et d'Haïtiens qui vivent en dehors de leur terre natale est très élevé. De plus, le nombre des candidats à l'émigration reste constant et conséquent (on enregistre de façon officielle environ 50 000 personnes par an qui quittent le pays). Cette diaspora haïtienne est un bien pour un pays qui, grâce à elle, entretient des liens solides avec l'étranger et lui permet de conserver une stature internationale. D'un autre côté, le départ vers l'étranger de certaines populations est un drame lorsqu'il s'apparente à une « fuite des cerveaux ». En effet, on estime souvent à près d'un quart de la population totale d'Haïti (près de 8 millions d'habitants), le nombre d'Haïtiens dans le monde (environ 2 millions), mais cette proportion serait presque essentiellement représentée par la classe moyenne dont de nombreux professionnels, entrepreneurs, et intellectuels.

Outre les communautés haïtiennes aux États-Unis, il en existe de très importantes au Canada, en France, dans les Départements Français d'Amérique, et en Suisse, très organisées et dotées de moyens de communication et d'échanges. Il serait trop long de présenter ici un panorama complet de tous les moyens dont disposent ces communautés. Miami possède une librairie dont les ouvrages sont aussi accessibles en ligne, (9) la presse publie dans deux ou trois langues, (10) et il y a bien sûr les stations de radio. (11) Dans les pays comme le Canada et la France, où le français est une langue officielle, le rapprochement des communautés avec la Francophonie est évident et leur intégration est facilitée par la présence d'une langue commune.

La situation de l'émigration haïtienne vers la Caraïbe, vers la République dominicaine, la Jamaïque, et Cuba est plus floue que dans les pays plus lointains. Les pays voisins sont les tout premiers à recevoir des immigrés souvent partis d'Haïti pour des raisons économiques ou à la suite de catastrophes naturelles comme les ouragans et les inondations.

Aux États-Unis, un million de personnes sont implantées dans plusieurs États, mais dans des proportions très différentes. Les recensements officiels (12) font apparaître l'existence des plus importantes communautés en Floride, dans les États de New York, du Massachusetts, du New Jersey, du Connecticut, du Maryland, de la Pennsylvanie, de la Géorgie, de l'Illinois et de la Californie. Ces communautés font de grands efforts d'information particuliers pour expliquer leur présence et leur intégration dans le pays hôte et ainsi tenter de réduire les chances d'incompréhension ou de conflit. (13) De plus, elles sont, à des titres divers, très souvent impliquées politiquement ou économiquement dans le développement de leur pays d'origine, Haïti, apportant ou renvoyant vers lui, idées, savoir-faire et argent.

Au Canada, la plupart des 80 000 résidents d'origine haïtienne vivent au Québec. Comme aux États-Unis, les communautés restent attachées à leur patrie d'origine tout en affirmant leur volonté d'intégration au Canada. En opposition au régime en place à Port-au-Prince ou au contraire favorables à sa politique, les expatriés vivent tous au service de leur pays et entendent contribuer à sa relation avec le reste du monde. Au total, comme le note Jean-Claude Icart dans l'*Encyclopédie canadienne* :

> ... *On peut parler d'une communauté haïtienne dynamique et qui va de l'avant. Elle a su mener à bien de nombreuses actions collectives, pour la régularisation du statut de ses membres, contre la discrimination raciale (notamment dans l'industrie du taxi), contre la brutalité policière, pour un meilleur accueil de ses jeunes dans les écoles, etc. Elle a pu se doter de centres communautaires, les plus anciens étant le Bureau de la Communauté chrétienne des Haïtiens de Montréal et la Maison d'Haïti, fondés en 1972. On note aussi plusieurs garderies, différents groupes culturels ou sportifs, une paroisse catholique (la Mission Notre-Dame d'Haïti), de nombreuses églises protestantes, diverses associations socio-professionnelles (médecins, ingénieurs, infirmières, artisans du taxi, etc. (14)*

En France, il existerait d'après le site de l'association des Haïtiens en France, (15) près de 300 associations pour 40 000 personnes. Beaucoup d'intellectuels et des opposants politiques depuis l'époque des Présidents Duvalier, père et fils, sont installés dans la région parisienne. Ils constituent un lien très fort entre Paris et Port-au-Prince et sont utiles aux deux pays encore marqués par la gestion ambigüe d'un passé colonial.

À LA RECHERCHE DES IDÉES

1. Quelles raisons expliquent le départ de tant d'Haïtiens vers d'autres pays de résidence?

2. À quelle classe sociale appartient la majorité des Haïtiens qui immigrent vers d'autres pays? En quoi la « fuite des cerveaux » y joue-t-elle un rôle?

3. Pour quelles raisons beaucoup d'Haïtiens choisissent-ils d'immigrer vers le Québec et la France?

4. Par quelles sortes d'associations les Haïtiens au Canada parviennent-ils à créer un sentiment de solidarité et de communauté?

5. Pourquoi certains Haïtiens de la région parisienne sont-ils considérés comme des réfugiés politiques?

RÉFLEXION

Expliquez les différents efforts des immigrants haïtiens pour améliorer leur situation dans leurs pays d'accueil ainsi que pour maintenir leur identité culturelle.

6 *Aider au développement d'Haïti*

Les communautés haïtiennes dans le monde contribuent de façon significative au développement de leur pays, mais elles ne sont pas les seules. En liaison avec les dirigeants de Port-au-Prince, la communauté internationale est particulièrement mobilisée en faveur de l'un des pays les plus pauvres du monde. Elle agit à travers des organisations internationales comme l'organisation des Nations-Unies et ses principales agences dont les activités sont coordonnées en Haïti par les Programmes des Nations-Unies pour le Développement. (16)

L'Union européenne (17) et l'Organisation des États américains sont également très actives, notamment pour cette dernière par son bureau en Haïti. (18) La CARICOM (*Caribbean Community*) reste très impliquée dans son soutien à l'une des nations voisines de la Caraïbe. (19) Enfin, le monde francophone, représenté par l'Organisation Internationale de la Francophonie (20) dont l'antenne pour les États de la Caraïbe se trouve à Port-au-Prince, est particulièrement intéressée par une action solidaire qui rapproche Haïti de ses partenaires francophones sur tous les continents. La société civile internationale assume également une part non négligeable du développement, grâce au travail des Organisations non-gouvernementales. Toutes les ONG internationales, transnationales ou nationales sont largement représentées sur place, sous toutes les formes opérationnelles courantes : l'urgence, l'appui au développement, le commerce équitable, le plaidoyer, l'éducation au développement et à la solidarité internationale. (21) De nombreuses nations, au premier rang desquelles les États-Unis, par son agence de développement international USAID, font de gros efforts pour apporter des solutions. (22)

L'aide internationale publique ou privée touche tous les domaines de la vie haïtienne, notamment par la lutte contre la pauvreté, la malnutrition et l'illettrisme. Elle s'adresse en priorité aux femmes et aux jeunes, et elle promeut la solidarité entre générations, le respect des droits de l'homme et de la démocratie. Elle entend permettre à Haïti de reconstituer son tissu économique et social, tout en favorisant l'accès de ce pays aux bienfaits de la mondialisation.

Aider Haïti par des voies politiques, économiques, culturelles et linguistiques, par des moyens humanitaires ou caritatifs, civils ou religieux, apparaît de plus en plus comme un devoir. Pourtant les obstacles sont nombreux. Les défis lancés au monde par la situation humaine d'une nation pauvre, par les conditions précaires de la vie de ses habitants et par l'épuisement de ses ressources matérielles, ne doivent pas nous faire oublier qu'il est essentiel, dans un même temps, de promouvoir un pays extrêmement riche du talent et de la vitalité de ses femmes et de ses hommes. Aider Haïti, c'est mesurer correctement l'enjeu du développement : la survie et la vie d'un pays qui a fêté son bicentenaire en tant que nation, mais qui ne participe pas suffisamment et de façon équitable à son propre développement dans un monde chaque jour plus ouvert. Dans la pratique, l'aide internationale se heurte souvent à des faits ou à des préjugés, enracinés dans les mémoires et les pratiques. Les aides seraient-elles intéressées et non pas seulement désintéressées ou poussées par des motivations altruistes ? Depuis l'occupation d'Haïti par les États-Unis (1915–1934), les interventions américaines ont, par exemple, pu être taxées de partisanes. Quant à la France, elle reste à la fois l'ancien colonisateur et l'une des « sœurs » francophones.

Un pays jeune et pauvre.

À LA RECHERCHE DES IDÉES

1. Quels types d'organisations aident au développement d'Haïti?

2. À quel titre l'Organisation Internationale de la Francophonie vient-elle en aide à Haïti?

3. Quels aspects de la vie haïtienne les ONG cherchent-elles à améliorer?

4. Quels sont les problèmes les plus graves auxquels Haïti doit faire face?

5. Pour quelles raisons les efforts humanitaires visent-ils en particulier les femmes et les jeunes?

RÉFLEXION

A. Pourquoi l'effort international d'aide à Haïti est-il si important?

B. Qu'est-ce qui explique le décalage entre les qualités du peuple haïtien et les conditions de vie en Haïti?

Activités d'expansion

A. Repères culturels

A. Dans la liste de droite, choisissez l'élément qui correspond le mieux avec l'un des termes de la liste de gauche. Expliquez chacun de vos choix.

1. 1804	a. la capitale d'Haïti
2. le créole	b. les réparations demandées par la France
3. Port-au-Prince	c. la devise d'Haïti
4. Toussaint Louverture	d. un abolitionniste français
5. Haïti et Saint-Domingue	e. l'indépendance d'Haïti
6. l'Abbé Grégoire	f. l'île d'Hispaniola
7. le vaudou	g. le chef de la Révolution haïtienne
8. *« La Liberté ou la Mort »*	h. la langue principale d'Haïti
9. Le Roi Christophe	i. le chef haïtien qui déclare l'indépendance
10. *« L'Union fait la force »*	j. le titre de la déclaration d'indépendance
11. Jean-Jacques Dessalines	k. une croyance religieuse
12. 150 millions de francs-or	l. l'un des premiers rois d'Haïti

B. Expliquez la signification des éléments suivants par rapport à la peinture et à la littérature haïtiennes.

1. Philomé Obin
2. Simone Schwartz-Bart
3. Patrick Chamoiseau
4. le Centre des Arts de Port-au-Prince
5. Frantz Zéphirin
6. Aimé Césaire
7. l'École indigéniste
8. André Pierre
9. Saint Soleil
10. Édouard Glissant

B. Liens culturels

Sujets de discussion

1. Décrivez la situation économique actuelle d'Haïti. Pourquoi tant d'Haïtiens manifestent-ils le désir de partir aux États-Unis ?

2. Quelles ressemblances culturelles y a-t-il entre l'emploi du créole à Haïti et l'emploi de l'espagnol parmi les personnes d'origine hispanique aux États-Unis ?

3. Comparez la Révolution haïtienne et la Révolution américaine. Quelles similarités, quelles différences notez-vous ?

4. Expliquez l'influence de chacun des éléments suivants sur la peinture haïtienne : la révolution, la naïveté, la violence, la fusion, le mysticisme, le tourisme.

5. Quel rôle ont joué les concepts de « Créolité » et de « Négritude » dans la formation de l'identité haïtienne ?

6. Dans quelle mesure pourrait-on dire que l'identité de l'homme haïtien relève de la violence alors que celle de la femme relève plutôt de la paix ?

7. Résumez l'état de l'immigration haïtienne et la situation des communautés haïtiennes dans le monde.

8. Par quels moyens les Haïtiens qui immigrent peuvent-ils maintenir des liens avec leur pays d'origine?

9. Vu l'histoire des débuts d'Haïti en tant que nation, en quoi ses difficultés politiques et économiques actuelles sont-elles paradoxales?

10. Pour quelles raisons les interventions humanitaires des États-Unis ne sont-elles pas toujours accueillies favorablement par les Haïtiens?

C. Activités écrites

1. Faites une brève recherche sur George Washington puis comparez ce personnage-clé de la Révolution américaine à Toussaint Louverture, lui-aussi surnommé le « père de son pays ».

2. Recherchez sur Internet un article sur un aspect de la culture contemporaine d'Haïti, et résumez les informations trouvées.

D. Enquêtes interculturelles

A. En quoi pourrait-on dire que la naissance d'Haïti et celle des États-Unis d'Amérique se ressemblent ?

B. À partir de vos connaissances personnelles et de vos recherches, faites le portrait des Haïtiens qui ont immigré aux États-Unis.

C. Discutez des effets de l'héritage esclavagiste à Haïti et aux États-Unis. Quelles similarités et quelles différences voyez-vous entre cet héritage chez les Africains-Américains et chez les Haïtiens ?

Actualité et avenir : Pistes de recherche

1. Connaissance d'Haïti

Problématique : Les Américains connaissent-ils Haïti ? De quels moyens disposent-ils pour obtenir des informations éclairées et critiques ?

Question : Établir une liste des travaux sur Haïti présentés par le monde universitaire et celui de l'édition aux États-Unis. Identifier spécialistes, chercheurs et leurs publications dans les collèges et universités. Porter un regard critique sur la diffusion des œuvres et des produits culturels.

Arrière-plan de la recherche : On pourra partir de sites de référence comme : http://research.ucsb.edu/cbs/xsite/journal/journalcall.htm pour les études universitaires et de www.librerimapou.com/french.html pour l'édition et la diffusion des produits culturels.

2. Représentations politiques et programmes de développement

Problématique : Aider au développement d'Haïti demande foi en l'avenir du pays. Discours et programmes internationaux tentent de réconcilier imagination et réalité.

Question 1 : Célébrant à Port-au-Prince le Bicentenaire de l'indépendance d'Haïti, l'ancien Président sud-africain Thabo Mbeki prononce un discours de solidarité. Quels sont les points forts de son discours ? En quoi l'Afrique du Sud contemporaine peut-elle se déclarer proche d'Haïti ?

Question 2 : Comment les programmes de développement internationaux tiennent-ils compte de la réalité socio-économique d'Haïti ?

Arrière-plan de la recherche : Le discours de Thabo Mbeki peut être consulté à l'adresse : www.anc.org.za/ancdocs/history/mbeki.
Un prêt pour Haïti par la Banque Inter-américaine de Développement détaillé à l'adresse : www.iadb.org

Références et repères bibliographiques

(1) Sur l'histoire et pour des références utiles sur Haïti, consulter : www.haiti-reference.info.

(2) Sur la peinture, voir : *Gérald Alexis, Peintres Haïtiens*, Paris, Éditions Cercle d'art, 2001.

(3) Glissant a publié en particulier : *La Lézarde*, roman (1958), *L'intention poétique* (1969), *Le discours antillais*, essai (1981), *La case du Commandeur*, roman (1981), *Poétique de la relation*, essai (1990), *Poèmes complets* (1994), *La Cohée du Lamentin*, essai (2006). La bibliographie des œuvres d'Édouard Glissant (depuis 1983) est disponible sur le site des Éditions Gallimard, Paris : www.gallimard.fr.

(4) Laleau a publié en particulier : *Musique nègre* (1931), *Le choc : chronique haïtienne des années 1915–1918* (1932), *Apothéoses* (1952), *Œuvre poétique* (1978).

(5) Césaire a publié en particulier : *Cahier d'un retour au pays natal* (1939), *Soleil cou coupé* (1948), *Discours sur le colonialisme* (1950), *La tragédie du roi Christophe*, théâtre (1963), *Une saison au Congo*, théâtre (1965), *Une tempête*, théâtre (1969). On trouvera en ligne, une brève interview donnée en 1969 au *Magazine Littéraire* sous le titre de *Un poète politique* qui reprend les principaux thèmes de son action et de son œuvre. (www.magazine-litteraire.com).

(6) Césaire, A., *La tragédie du roi Christophe*, Paris, Éditions Présence africaine, 1963.

(7) Schwarz-Bart a publié en particulier trois romans : *Un Plat de porc aux bananes vertes*, en collaboration avec André Schwarz-Bart (1967) ; *Pluie et vent sur Télumée Miracle* (1972) ; et *Ti Jean l'horizon* (1979).

(8) Schwarz-Bart, S., *Pluie et vent sur Télumée Miracle*, Paris, Éditions du Seuil, 1972.

(9) www.librerimapou.com

(10) voir world-newspapers.com/haiti.html

(11) www.haiti-reference.com

(12) www.census.gov

(13) voir par exemple : www.haiti-usa.org/index.php

(14) www.thecanadianencyclopedia.com

(15) http://haitiensenfrance.online.fr

(16) www.ht.undp.org

(17) http://europa.eu

(18) www.oashaiti.org. On peut voir à l'adresse : www.worldbank.org/ht un descriptif des programmes que la Banque mondiale met en œuvre pour soutenir économiquement ce pays en difficulté.

(19) www.caricom.org

(20) www.francophonie.org

(21) nomenclature : www.coordinationsud.org

(22) www.usaid.gov

ENQUÊTE QUATRE

LES VIETNAMIENS, UNE FRANCOPHONIE ASIATIQUE ÉPROUVÉE PAR LES GUERRES

4

En baie d'Along, Vietnam, site classé
au patrimoine mondial de l'UNESCO.

La Francophonie indochinoise

CONSTRUCTION INTELLECTUELLE ?

À Hanoï aujourd'hui :
une histoire transcendée ?

P artie géographiquement la plus lointaine de l'empire français, les trois colonies françaises de la péninsule indochinoise, le Vietnam, le Laos, et le Cambodge, ont conquis leur indépendance après la Deuxième Guerre mondiale. Leur histoire postcoloniale a été marquée par des conflits qui ont conduit de larges parties des populations à l'exil, notamment vers l'Amérique du Nord et l'Europe. Bien que largement « défrancisées », elles se réclament toujours d'une Francophonie plus culturelle que linguistique.

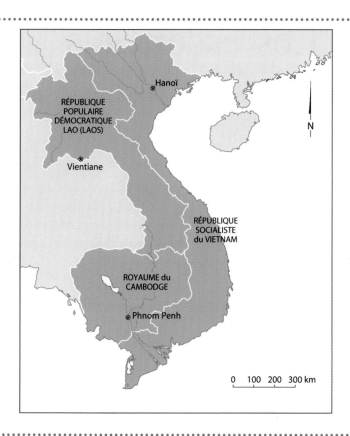

Aux États-Unis, les Vietnamiens-Américains forment la communauté la plus nombreuse, d'un million de personnes. Elle est sans commune mesure avec celle des Cambodgiens-Américains et des Laotiens-Américains qui représentent chacune un peu moins de 200 000 personnes. L'intégration rapide de ces populations à la communauté nationale américaine a accéléré leur « anglicisation » au détriment de leur langue maternelle et du français, autrefois langue du colonisateur, devenue simple langue de culture pour une petite élite éduquée.

MISE EN ROUTE

Que savez-vous de l'histoire des anciennes colonies françaises d'Indochine ?

Quel est le rôle et le statut du français parlé par les populations asiatiques aux États-Unis ?

Y a-t-il des gens d'origine vietnamienne dans votre région ? Quelle est leur profession ? Quelle est l'attitude de la population envers ces immigrés ?

Que savez-vous de la cuisine vietnamienne ?

Patrimoine : Les essentiels

1 *Les Vietnamiens aux États-Unis et dans le monde*

Qui sont-ils ?

Quand on considère les chiffres, les Vietnamiens aux États-Unis représentent un faible pourcentage de la population totale. De plus, il existe un déséquilibre numérique avec les communautés cambodgiennes et laotiennes. Mais aucune des trois communautés ne représente de pourcentage significatif de la population américaine. (1)

Communauté	*Population en chiffres*	*Pourcentage dans la population américaine*
Vietnamiens	1 120 000	0,39
Cambodgiens	178 000	0,06
Laotiens	168 000	0,06

TÉMOIN

CAO H.

« J'espère que mes enfants vont continuer d'apprendre le français et d'autres langues aussi... »

Écoutez l'interview de Cao sur le site www.yalebooks.com/heritages

L'image globale la plus troublante donnée par ces communautés est celle de leur niveau économique et social. Alors qu'en 1999 le taux de pauvreté de la nation était de 12,4%, la situation des Vietnamiens (16,0 %), des Laotiens (18,5%) et des Cambodgiens (29,3%) était nettement plus mauvaise. Elle parait refléter un malaise que les observateurs attribuent d'habitude au profil social du groupe au moment de son arrivée en Amérique. D'autre part, le taux de réussite scolaire, comparativement faible, semble indiquer que, dans l'ensemble, ces populations n'ont pas encore tiré un complet bénéfice de leur intégration. Alors que 19,6% de la population des États-Unis n'a pas de diplôme de fin d'études secondaires (*high school*), le chiffre était en 2000 de 38,1% pour les Vietnamiens, de 49,6% pour les Laotiens et de 53,3% pour les Cambodgiens. Le retard était confirmé à tous les niveaux de l'échelle éducative avec par exemple, 19,4% de Vietnamiens obtenant un diplôme équivalent à la Licence (*bachelor's degree*), alors que dans cette même catégorie, les Japonais atteignent 41,9% et les Chinois 48,1%. On ne sera pas surpris de constater que ces populations exercent des professions libérales ou d'encadrement dans des proportions toujours inférieures à la moyenne nationale (33,6%). Le déficit est particulièrement évident chez les Cambodgiens (17,8%) et les Laotiens (13,4%) que l'on va retrouver, à l'inverse, présents dans des proportions élevées dans des emplois de production, de transport et de manutention.

Immigration et résidence

Les chiffres représentant la qualité de vie des populations vietnamiennes, cambodgiennes et laotiennes peuvent être interprétés bien autrement. Cela permet de corriger les impressions souvent négatives en termes sociaux et économiques qui peuvent se dégager des chiffres officiels. L'immigration des populations indochinoises est un phénomène relativement récent. Les Vietnamiens sont arrivés sur le sol américain essentiellement pendant les trois dernières décennies du XXe siècle. La moitié d'entre eux est arrivée avant 1990, mais l'autre moitié s'est implantée dans la dernière décennie. La première vague correspondait aux conséquences des guerres, alors que la deuxième vague a bénéficié de l'ouverture des relations entre le Vietnam et les États-Unis et de leur normalisation, au milieu des années 1990. Pour les Cambodgiens et les Laotiens, le mouvement principal d'immigration s'est arrêté en 1990. Peu d'élites ont échappé aux massacres du régime khmer rouge du Cambodge, alors que ce sont les élites éduquées du Sud Vietnam qui ont commencé à tracer la voie d'une immigration économique.

Les Vietnamiens ont commencé à émigrer régulièrement dans le monde entier à partir des années 1960. Le principal lieu d'accueil en dehors des États-Unis a été l'Europe. Près de 300 000 personnes ont afflué vers l'ancienne URSS et ses satellites d'Europe de l'Est. Un quart de million d'émigrés s'est dirigé vers la France (où ont eu lieu des regroupements familiaux) et vers l'Allemagne ou la Grande-Bretagne (150 000 personnes). Leur présence est beaucoup plus discrète dans les autres pays de l'Union européenne, à l'exception des pays de l'Est. Après 1975 et la chute du Sud Vietnam, un demi million de réfugiés craignant des représailles communistes, a été accueilli à la fois en Thaïlande voisine et dans les deux grands pays d'immigration du Pacifique, l'Australie et le Canada. Au total, on voit que les Vietnamiens sont désormais bien représentés dans les pays occidentaux. Leur diaspora facilite les relations que leur pays d'origine, devenu la République socialiste du Vietnam, entretient avec le reste du monde, notamment à l'extérieur de la zone asiatique.

Aux États-Unis, des communautés vietnamiennes se sont formées dans de nombreuses villes. Ces implantations sont récentes, mais les chiffres donnés par le recensement de 2000 montrent la stabilité de ces implantations et leurs destinations préférées. Les dix communautés qui comptent le plus de Vietnamiens sont les suivants :

1. Los Angeles-Riverside-Orange County, Californie : 233 573
2. San Francisco-Oakland-San Jose, Californie : 146 613
3. Houston-Galveston, Texas : 63 924
4. Dallas-Fort Worth, Texas : 47 090
5. Washington D.C. et environs : 43 709
6. Seattle-Tacoma-Bremerton, Washington : 40 001
7. San Diego, Californie : 33 504
8. Boston-Worcester-Lawrence, Massachusetts : 31 325
9. Philadelphia-Wilmington-Atlantic City : 24 779
10. Atlanta, Georgia : 23 996

Un héritage asiatique

Les « Petits Saigon » est une expression qui n'est pas sans rappeler des formes semblables pour décrire les lieux où se concentrent, où se concentraient, des minorités nationales aux États-Unis : La Petite Haïti des Haïtiens, les Petits Canada des Franco-Américains. Si on a assisté à la formation de Petits Saigon dans des endroits bien identifiés, tels que l'Orange County et Sacramento en Californie ou Houston au Texas, on a vu également les populations de l'Indochine se rapprocher des lieux (Chinatowns) et des intérêts (surfaces commerciales) animés par les communautés chinoises les plus anciennes. Ces regroupements participent de deux principes : Dans le premier cas les Vietnamiens, « réimplantés » par les lois américaines de regroupement de communautés réfugiées, ont cherché à échapper à des regroupements qui ne correspondaient pas à leurs propres attentes. La Californie du Sud ou le Golfe du Texas leur paraissaient certainement plus propices, ne serait-ce que pour des raisons climatiques, aux villes du Nord-Est et des Grands Lacs. En deuxième lieu, leurs goûts et leurs intérêts socioéconomiques les poussaient à s'allier avec des

Asiatiques déjà installés suivant leurs règles et leurs critères. Ce qui leur permettrait à terme, tout en gardant leur spécificité vietnamienne, de peser économiquement d'un poids que leur nombre relativement restreint ne leur permettait pas d'envisager à leur arrivée. L'appellation « Petit Saigon » est peu à peu devenue comme une marque déposée de l'identité vietnamienne américaine. En refusant le nom à une partie de la communauté de San Jose et en lui préférant « Quartier d'affaires Saigon », le Conseil municipal de cette ville a provoqué contre lui une très grande animosité.

L'adoption du drapeau du Vietnam du Sud (fond jaune traversé de trois bandes rouge horizontales) comme bannière identitaire par les Vietnamiens-Américains procède du même désir de ne pas perdre une culture ancienne et une histoire qui ne s'est pas arrêtée avec l'exil. Son nom, « le drapeau de la liberté et du patrimoine vietnamien », explique les intentions de ses promoteurs et la revendication qu'il porte. Ce n'est pas la marque d'une nostalgie du passé. Il s'agit de conserver l'emblème de l'ancienne République du Sud en hommage aux victimes des persécutions qui ont suivi sa chute, et à tous ceux qui ont fui pour conserver leur liberté. Pour cela, il était essentiel de faire pression sur des communautés locales et certains États américains afin qu'ils reconnaissent la légitimité de l'évocation d'un passé tragique auquel les États-Unis ont été associés. Beaucoup de Vietnamiens-Américains ont ainsi obtenu (par exemple auprès des législatures de Californie et du Texas) qu'une page d'histoire ne soit pas oubliée. S'ils ont accepté la fin de leur ancien pays, ils ont également transcendé cette défaite. De même, Saigon, dont le nom a été changé en Hô Chi Minh Ville après la réunification du pays par le régime communiste victorieux, restera Saigon dans l'esprit des expatriés, avec le secret espoir que le nouveau nom soit un jour effacé à son tour pour en revenir au nom original.

Site de construction d'une « Vietnam Town » à San Jose, Californie.

Parmi les traditions et les valeurs importées par les communautés d'origine indochinoise aux États-Unis, on retrouve le sentiment de fidélité à la famille et aux ancêtres mais aussi un attachement à la religion et à l'Église catholique dont les origines remontent à la colonisation européenne. Déracinés par les guerres, ces communautés ont pu, grâce à des valeurs fortes, préserver une certaine cohésion tout en s'intégrant à la communauté d'accueil. Sans perdre de leur spécificité et sans renoncer à parler leurs langues, les générations nées aux États-Unis ont cependant perdu du rapport que leurs prédécesseurs entretenaient avec le pays d'origine. Au total, trente ans ont fait de ces « réfugiés, des Américains » qui ont tracé la voie d'une intégration réussie. (2) La rapidité de leur adaptation à des conditions nouvelles de vie a surpris, tout comme la façon de reprendre et de « donner une nouvelle impulsion » à des secteurs bien particuliers de l'activité économique et commerciale. Ils en ont fait parfois leur domaine quasi-exclusif, comme dans le cas des « salons de manucure et la pêche à la crevette ». (3) Or, toutes ces avancées n'ont pas toujours été du goût de certains habitants des régions où les Vietnamiens-Américains installaient leurs activités. Pour preuve les attaques et la violence dont furent victimes les crevettiers d'origine vietnamienne du Golfe du Mexique, coupables selon leurs détracteurs, de voler le travail des pêcheurs locaux. Les scènes de violence auxquelles fut mêlé le K.K.K à la fin des années 1970, rappelaient tragiquement les attaques racistes dont les ouvriers franco-américains avaient été la cible dans les années 1920 en Nouvelle-Angleterre.

Les Cambodgiens et les Laotiens (parmi lesquels on trouve des montagnards Hmong) installés aux États-Unis ont suivi à des degrés divers des modalités d'implantation similaires. Bien que venus d'horizons socioéconomiques très divers, les Cambodgiens ont en commun d'être presque tous des réfugiés ou des descendants de réfugiés ayant échappé au génocide khmer rouge de la fin des années 1970. Ils restent profondément marqués par cette mémoire. (4) Parce ce qu'ils sont moins nombreux que les Vietnamiens, les Cambodgiens et Laotiens sont des minorités peu

La Francophonie indochinoise
Construction intellectuelle?

visibles, intégrées aux grandes communautés urbaines (surtout en Californie). Elles sont en revanche regroupées autour de leurs familles directes. Ici, la pratique du bouddhisme domine la vie quotidienne et marque les relations intergénérationnelles. Ce qui n'empêche pas chaque membre de la famille de travailler à l'extérieur du foyer et par ailleurs de s'intégrer aux modes du travail américain.

À LA RECHERCHE DES IDÉES

1. Qu'indiquent le taux de pauvreté et le taux de réussite scolaire des Vietnamiens, des Laotiens, et des Cambodgiens vis-à-vis de leur situation aux États-Unis ? Dans quels secteurs du monde du travail les trouve-t-on généralement ?

2. Quand les immigrés indochinois sont-ils venus aux États-Unis ?

3. Que symbolise le drapeau du Vietnam du Sud pour les Vietnamiens-Américains ?

4. Quelles valeurs sont importantes pour les immigrés vietnamiens ? À quelles traditions religieuses se réfèrent-ils ?

5. Pourquoi la plupart des immigrés cambodgiens sont-ils venus aux États-Unis ? Comment leur situation est-elle à la fois similaire et différente de celle des Vietnamiens-Américains ?

RÉFLEXION

A. En quoi le regroupement des immigrés indochinois dans des « Petits Saigon » rappelle t-il l'expérience des immigrés haïtiens et franco-américains ? Que représente le terme « Petit Saigon » pour les immigrés ?

B. Comment expliquer la violence dirigée contre les pêcheurs de crevettes vietnamiens du Golfe du Mexique? Cet épisode violent vous rappelle-t-il une situation semblable dans l'histoire des Franco-Américains de Nouvelle-Angleterre ?

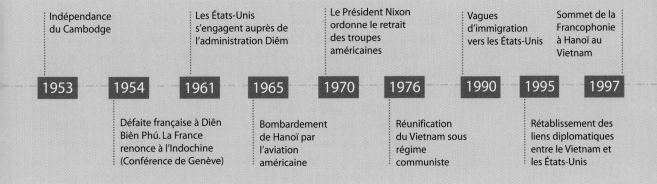

1953	Indépendance du Cambodge
1954	Défaite française à Diên Biên Phú. La France renonce à l'Indochine (Conférence de Genève)
1961	Les États-Unis s'engagent auprès de l'administration Diêm
1965	Bombardement de Hanoï par l'aviation américaine
1970	Le Président Nixon ordonne le retrait des troupes américaines
1976	Réunification du Vietnam sous régime communiste
1990	Vagues d'immigration vers les États-Unis
1995	Rétablissement des liens diplomatiques entre le Vietnam et les États-Unis
1997	Sommet de la Francophonie à Hanoï au Vietnam

2 *Les racines coloniales : La Guerre d'Indochine*

Les populations de la péninsule indochinoise ont été, peut-être plus que toutes autres, marquées par des guerres. Au cours des siècles, de nombreuses guerres civiles ont tragiquement rythmé leur destin. Mais ces conflits internes ont souvent été la conséquence d'interventions extérieures, d'abord par l'irruption d'idées et d'idéologies nouvelles comme le nationalisme ou le communisme. Ils ont été le plus souvent provoqués par des forces étrangères venues pour conquérir ou pacifier. Ainsi, à des degrés divers, les trois nations du Vietnam, du Laos et du Cambodge, ont été les victimes d'interventions directes sur leur territoire, de la part du Siam (Thaïlande), de la Chine (impériale, nationaliste ou communiste), du Japon, de la France et des États-Unis. Ces interventions, notamment au XXe siècle, ont contribué à façonner, en les bouleversant profondément, les cultures et les langues de ces civilisations millénaires.

La présence coloniale française et ses conséquences

La France a joué dans la péninsule indochinoise un rôle de colonisatrice qui a eu principalement pour effet de regrouper sous une même administration cinq régions séparées par les langues, les cultures et les traditions : le Tonkin au nord, l'Annam au centre et la Cochinchine au sud (qui forment aujourd'hui le Vietnam), le Laos et le Cambodge (au nord-ouest et à l'ouest du précédent). Comme presque toujours en pareil cas, la puissance coloniale a réalisé cette fusion pour protéger ses propres intérêts et imposer des conditions de paix et de sécurité qui les garantissaient. Mais elle a, dans un même mouvement, créé des rapprochements ou des antagonismes artificiels qui ont exacerbé les différences, plus qu'ils ne les ont gommées. Ainsi ont été regroupés, d'un côté le Tonkin et l'Annam qui se raccrochent par leur civilisation au grand ensemble chinois, et d'un autre côté la Cochinchine qui avait un contact avec le Siam et l'Inde. La répartition des intérêts français eux-mêmes, contredisait l'apparente cohérence de la nouvelle structure administrative : le charbon du Tonkin ne présentait pas les mêmes intérêts économiques que les plantations d'hévéa du Cambodge et les deux ressources échappaient à un modèle commun de gestion. Néanmoins, toute l'activité d'exploitation des ressources reposa sur un puissant instrument financier : la Banque d'Indochine créée en 1875, dont la base principale se situait à Saigon. Elle avait pour objet de faire la liaison financière entre Paris et les intérêts locaux. Elle fut au centre de l'affaire de corruption dite L'affaire des Piastres qui mina un peu plus la crédibilité du régime colonial après la Deuxième Guerre mondiale.

La France s'était peu à peu emparée de l'Indochine à partir de la Cochinchine, en mettant sous tutelle la Monarchie vietnamienne de Hué (Annam) qui régnait directement ou indirectement sur toute la péninsule. En 1862, le Traité de Saigon permit à l'Empereur français Napoléon III de poser les bases d'une colonie dans le delta du Fleuve Mékong et de faire garantir une liberté de culte qui allait favoriser l'implantation de la religion catholique. La Troisième République paracheva, à la fin du XIXᵉ siècle, la présence française au Tonkin où elle vainquit les alliés chinois des Annamites ; au Cambodge, qui devint protectorat en 1873 ; enfin au Laos (protectorat en 1893). Elle rassembla les régions et territoires en une Union indochinoise administrée par la France. Le Gouverneur général Paul Doumer mit en place entre 1897 et 1902 une étatisation du pays qui laissera d'importantes marques coloniales dans les domaines de l'administration, de la langue et de la culture. Il imposa un système d'éducation et de santé à l'européenne, lança la construction de grands projets routiers et ferroviaires, dans un esprit de modernité qui contrastait avec les traditions mandarinales des anciens royaumes. Comme à leur habitude, les administrateurs coloniaux français de la Troisième République accélèrent la « francisation » des classes supérieures du pays, sans la collaboration desquelles l'Indochine ne pouvait être gérée par le colonisateur. Il en était autrement des classes jugées inférieures, dont on n'attendait que le fruit d'un travail de production servile et qui ne bénéficièrent jamais d'une éducation en français. Ainsi, malgré les oppositions et les révoltes de paysans et de lettrés, l'ancienne Indochine se fondit rapidement dans une nouvelle entité nationale gérée par l'étranger.

Mais après la Révolution bolchévique en Russie qui leur servit de référence, les nationalistes indochinois se rangeront peu à peu sous la bannière communiste et trouveront dans la révolution de masse une des voies de leur libération du joug colonial. En 1941, Hô Chi Minh (pseudonyme de Nguyen Sinh Cung) lança le mouvement politique viet minh à la reconquête nationale. D'abord confronté aux Chinois nationalistes et aux Japonais, il s'opposera ensuite par les armes et une armée de libération nationale à l'occupation coloniale française (1946–1954). Puis, entraînant derrière lui Laos et Cambodge, il se lancera à la reconquête de toute la péninsule. Il mourut en 1969, quelques années avant la défaite, par ses troupes et ses partisans, du régime du Sud Vietnam pourtant puissamment aidé par une intervention américaine d'un demi million d'hommes (1961–1973).

La Guerre d'Indochine et la fin de la présence française

La guerre de huit ans (1946–1954) qui oppose les Vietnamiens communistes aux Français a ses racines dans la défaite de la France face à l'Allemagne nazie en 1940 et l'occupation de l'Indochine française par les Japonais. Entre 1940 et 1945, l'occupant japonais ne fera que confirmer aux yeux des Vietnamiens la faiblesse du pouvoir politique colonial français qu'il dissout dans la violence en mars 1945. Les Français humiliés vont pourtant s'engager dans une tentative de récupération néo-coloniale de leurs possessions indochinoises dès la capitulation de Tokyo en septembre 1945. Or, le 2 septembre 1945 est le jour que choisit Hô Chi Minh pour déclarer l'indépendance du Vietnam. Le choc entre le Vietnam et la France est désormais inévitable. La guerre coloniale se transformera en un épisode de la guerre froide entre l'Ouest et l'Est, en particulier après la victoire des Communistes de Mao Tsé Toung en Chine (1949) et pendant la Guerre de Corée (1950–1953). Les Français, aidés matériellement dans leur reconquête par les États-Unis d'Amérique, remportent quelques victoires pendant cette période, sans mettre fin à la résistance qui, de son côté, est de plus en plus soutenue par le camp communiste. En 1954, après une série d'erreurs stratégiques (dont l'enfermement dans le camp retranché de Diên Biên Phú), la France renonce à ses possessions indochinoises à la Conférence de Genève (mise en place pour régler les affaires de Corée). La présence française va disparaître et s'estomper, mais le Vietnam se retrouvera divisé en deux pays (comme la Corée d'ailleurs) qui ne tarderont pas à s'affronter dans une nouvelle guerre.

Les troupes coloniales françaises se retirent du Tonkin après la défaite de Diên Biên Phú, 1954.

Aide-Mémoire

Les principales étapes de la colonisation française en Indochine

1862	Traité de Saigon. Occupation de la Cochinchine.
1863	Protectorat français sur le Cambodge.
1882	Prise du Tonkin (Hanoï).
1885	L'Indochine devient colonie française.
1893	Protectorat français sur le Laos.
1945	L'occupant japonais met fin à la présence française en Indochine. Hô Chi Minh proclame l'indépendance le 2 septembre (jour de la capitulation japonaise).
1946	Début de la Guerre d'Indochine contre la France.
1954	Siège et chute de Diên Biên Phú (février–mai).
1954	Accords de Genève (juillet). Le pays est divisé autour du 17e parallèle entre un État du Nord (capitale Hanoï) et un État du Sud (capitale Saigon).

À LA RECHERCHE DES IDÉES

1. De quelles interventions étrangères les Indochinois ont-ils été victimes ?

2. Quelles régions faisaient partie de ce que la France nommait « Indochine » ? En quoi peut-on dire que ce regroupement était artificiel ?

3. Retracez les différentes étapes de la présence française en Indochine.

4. Pour quelle classe sociale indochinoise la langue et la culture françaises étaient-elles importantes ? Quelle influence a eu la colonisation sur les différentes classes sociales ?

5. Pourquoi la France était-elle déterminée à récupérer ses colonies d'Indochine à la fin de la Deuxième Guerre mondiale ?

6. Décrivez le rôle de Hô Chi Minh dans la lutte pour l'indépendance du Vietnam. Quelle a été l'importance de la bataille de Diên Biên Phú en 1954 ?

RÉFLEXION

A. Quels projets ont marqué la présence de la France en Indochine ? En quoi cette présence représentait-elle un choc entre le monde moderne et la culture traditionnelle de l'Indochine ?

B. En quoi les conflits qui ont affecté l'Indochine ont-ils fait partie de la « guerre froide » entre les États-Unis et l'Union soviétique ? Que représentait le communisme aux yeux des Indochinois ?

3 *La Guerre du Vietnam, l'accueil des populations asiatiques émigrées*

L a Guerre du Vietnam est en grande partie responsable de l'émigration des populations vietnamiennes vers les pays du monde occidental, dont les États-Unis. La défaite et le retrait français de 1954 avait entraîné un mouvement de refuge, en particulier vers l'Europe, de tous ceux qui n'avaient pas pu ou voulu regagner le Vietnam du Sud. Ce flot de populations sera sans commune mesure avec celui que provoquera, en 1975, la défaite du Vietnam du Sud abandonné militairement par son allié américain, et la réunification du pays sous un régime communiste en 1976.

Les États-Unis s'engagent en Indochine

Pourquoi les États-Unis se sont-ils engagés en Indochine peu de temps après la fin de la colonisation française qu'ils avaient pourtant constamment dénoncée, des années 1930 à la fin des années 1940 ? La guerre froide qui prend un tour dramatique en Asie du Sud tout autant qu'en Europe, avant de s'étendre bientôt indirectement à l'Afrique et à la Caraïbe, a changé les esprits aux États-Unis et chez leurs alliés qui voient dans la menace communiste grandissante un défi urgent à relever pour la survie de la démocratie dans ces parties du monde. Le paradoxe de cette situation étant que l'Amérique pourra aider des régimes autoritaires ou dictatoriaux, pour qu'ils ne cèdent pas devant Moscou ou Pékin. L'administration républicaine du Général Eisenhower (1953–1960) resta mal à l'aise devant les événements dans la péninsule coréenne et la péninsule indochinoise. Néanmoins, dans les deux cas, deux régimes autoritaires seront aidés pour éviter qu'ils ne succombent à la subversion ou aux attaques communistes. Deux présidents démocrates, John F. Kennedy et Lyndon B. Johnson, engageront les États-Unis dans la Guerre du Vietnam. Le président républicain Richard M. Nixon finira par les en dégager.

À la fin de 1961, les États-Unis se portent directement au secours du gouvernement de Ngô Dinh Diêm qui combat contre la guérilla communiste sur le territoire de la République du Vietnam, mais qui doit surtout faire face aux mouvements d'opposition contre son régime dictatorial. Ce catholique, anti-bouddhiste (des moines iront jusqu'à s'immoler par le feu pour signifier leur révolte contre son pouvoir) est renversé par ses généraux en novembre 1963. L'administration Kennedy (le Président sera assassiné quelques jours plus tard) perd un allié de plus en plus encombrant dont la corruption et la faiblesse politique rendent inévitable une intervention militaire directe des États-Unis. Bientôt, les conseillers militaires seront remplacés par des forces armées qui soutiennent, jusqu'à se substituer à elles, les troupes vietnamiennes dans leur combat contre la guérilla viet minh. L'administration Johnson renforcera considérablement le dispositif militaire américain puis bombardera directement le Nord Vietnam et les pays voisins (sur le territoire desquels passe la piste de ravitaillement dite Piste Hô Chi Minh). Devant l'opposition intérieure et internationale, et malgré la victoire remportée contre l'offensive communiste dite du Têt (nouvel an lunaire vietnamien), le gouvernement américain commence à envisager la fin des bombardements et son propre engagement, et se tient prêt à des négociations avec le régime de Hanoï.

Les États-Unis se désengagent du Vietnam

Dès son élection, le Président Nixon envisage d'amorcer un retrait complet du Vietnam, tout en continuant à agir militairement. Il poursuivra également la perspective de pourparlers de paix qui aboutiront aux accords de Paris en 1973. Le gouvernement du Président Thieu se voit contraint de faire face à la guérilla du Nord alors que l'aide directe des États-Unis diminue sur le terrain. En deux ans, il cèdera progressivement aux forces communistes. La guerre est perdue bien avant la chute de Saigon le 30 avril 1975. Les forces armées du Sud sont depuis longtemps démoralisées et de nombreux éléments de la population songent à l'exil, notamment vers les États-Unis, où ils transfèrent des capitaux. Après la réunification du Vietnam sous gouvernement communiste, les nouveaux dirigeants organisent répression et « ré-éducation » dans la société vaincue. Fuir deviendra de plus en plus difficile. Commence alors la tragédie de l'exil connue sous le nom de fuite des *boat people* qui tentent de s'échapper, au péril de leur vie et de celle de leur famille. On estime à plus d'un demi million le nombre de personnes qui s'embarqueront ainsi dans des conditions maximales d'insécurité, rejoignant des rivages plus hospitaliers comme ceux de l'Australie, ou sauvés en mer par des bâtiments étrangers. Lorsque les États-Unis se sont dégagés du Vietnam, les dirigeants ont convaincu l'opinion publique qu'ils n'avaient pas « perdu » cette guerre, malgré les énormes pertes humaines et en matériel subies. Or, la destruction du pays et la chute du Sud aux mains du Nord créaient pour les États-Unis de nombreuses responsabilités liées à leur engagement passé. Il leur revenait en particulier un devoir d'humanité qui consistait à aider d'anciens alliés, en accueillant légalement des réfugiés et en proposant des compensations aux populations déplacées. La plus grande partie des communautés vietnamiennes aujourd'hui établies sur le territoire des États-Unis peut être considérée comme le résultat de ce mouvement d'accueil et de « réimplantation ».

Aide-Mémoire

L'engagement américain et les principales étapes de la Guerre du Vietnam

1961   Le Président J. F. Kennedy envoie des conseillers militaires aider le gouvernement du Sud.

1964   Le Président L. B. Johnson intervient militairement au Sud et envisage de bombarder le Nord.

1965   Bombardements massifs de Hanoï et son port Haïphong par l'aviation américaine.

1966   Offensive du Têt.

1970   Le Président R. M. Nixon commence un retrait des troupes américaines.

1973   Début des pourparlers de paix entre le Vietnam du Nord et les États-Unis. Retrait américain.

1975   Chute de Saigon aux mains des Communistes. Réunification du Vietnam sous l'égide de Hanoï.

1994   Levée de l'embargo économique américain.

1995   Rétablissement de liens diplomatiques entre le Vietnam et les États-Unis.

À LA RECHERCHE DES IDÉES

1. Pourquoi de nombreux Vietnamiens sont-ils arrivés aux États-Unis en 1975 ?

2. Décrivez le régime de Ngô Dinh Diêm. Pourquoi les États-Unis l'ont-ils soutenu ?

3. Lorsqu'un régime militaire remplaça celui de Diêm, pourquoi les États-Unis se virent-ils forcés de le soutenir ?

4. De quelle manière les accords de Paris de 1973 ont-ils créé « deux Vietnams » ?

RÉFLEXION

A. À partir des années 1930, les États-Unis ont régulièrement dénoncé la colonisation française en Indochine. Comment explique-t-on alors, que le gouvernement américain se soit engagé au Vietnam peu après le départ des Français ?

B. Pour quelles raisons, à la suite de la chute de Saigon, les États-Unis ont-ils éprouvé une sorte d'obligation humanitaire et ont accueilli des immigrants du Vietnam ?

RUINES D'ANGKOR-WAT

GRAND HOTEL D'ANGKOR
et HOTEL DES RUINES
à Siemréap-Angkor (Cambodge)

GRAND HOTEL D'ANGKOR

UNE DES TOURS DU BAYON

Directeur-Concessionnaire
A. MESSNER

HOTEL DES RUINES

Liens francophones
Unicité et diversité asiatiques

Les Vietnamiens et le Vietnam sont la force centrale d'un mouvement qui relie leur ancien pays, et dans une moindre mesure, leur pays d'accueil, les États-Unis, à la Francophonie mondiale. Les ressortissants du Cambodge et du Laos font aussi partie de cet ensemble culturel et linguistique, pour des raisons à la fois géographiques et humaines. Tous viennent de la péninsule indochinoise marquée par la colonisation et les guerres occidentales. Mais chacun a gardé une spécificité qui peut se traduire par des différences d'attitude entre groupes ethniques ou nationaux, entre générations et classes sociales. Tous se fondent plus ou moins rapidement dans la société américaine, sans renoncer aux origines et aux traditions de leur communauté.

1 *Le Cambodge*

L e Cambodge, autrefois Empire khmer, a connu une histoire récente mouvementée qui a, d'une certaine façon, empêché son retour en force sur la scène mondiale et asiatique. Indépendant depuis 1953, il se débarrasse de la colonisation française pour entrer dans des guerres intestines qui ont pour cause sa proximité avec des voisins, Chine et Vietnam, dont l'idéologie communiste va à contre-courant de ses pratiques monarchiques modérées et du soutien apporté par les États-Unis à la cause du Vietnam du Sud. Les maquisards maoïstes cambodgiens, connus sous le nom de Khmers rouges et universellement condamnés pour les crimes qu'ils ont perpétrés contre leur propre population à partir de 1975, sont aussi, une fois au pouvoir à Phnom Penh, entrés en conflit avec le voisin vietnamien qui occupa le pays pendant dix ans (1979–1989). La communauté internationale réussit à imposer le retour d'une paix fragile et le retour d'un gouvernement d'obédience monarchique constitutionnelle. Le génocide auquel s'est livré le régime du Kampuchéa démocratique (dirigé par Pol Pot) contre son propre peuple a laissé le pays exsangue et en ruines. Tout le monde a en mémoire son évocation dans le film britannique de 1984, *La déchirure* (*The Killing Fields*). (5) L'exil des Cambodgiens, notamment vers les États-Unis, a été très irrégulier avant 1975 et n'a repris qu'après la chute du régime Khmer rouge, puis le retour à la monarchie en 2004.

À LA RECHERCHE DES IDÉES

1. Quand le Cambodge est-il devenu indépendant ? Par la suite, quelle sorte de gouvernement s'est installé au Cambodge ?

2. Quelle est la tendance politique des Khmers rouges ?

3. De quels crimes le régime de Pol Pot s'est-il rendu coupable ?

4. À quelle époque y a-t-il eu une émigration de Cambodgiens vers les États-Unis ?

RÉFLEXION

Visionnez le film *La déchirure* (*The Killing Fields*) et dressez le portrait du régime Khmer qu'il en fait.

2 *Le Laos*

À la différence de ses voisins, le Vietnam et le Cambodge, le Laos n'a pas de contact avec la mer. C'est un pays de montagnes et de plateaux qui jouit d'une culture ancienne et qui distingue un peuple éprouvé par les guerres modernes. Sa monarchie n'a pas résisté aux pressions communistes de la deuxième moitié du XXe siècle. Le Laos reste une république démocratique et populaire qui garde de nombreux contacts avec la Chine, la Russie et l'ancien bloc soviétique. L'exil de ses populations vers l'occident a débuté dès la fin de la domination française après la Deuxième Guerre mondiale. Il s'est renforcé au moment où les États-Unis, dans les années 1960, commencent à armer certaines tribus locales tels que les Hmong contre les maquis communistes du Pathet Lao et au moment où l'aviation américaine essayera de couper sur le territoire laotien, la « piste Ho Chi Minh », empruntée par les forces nord-vietnamiennes pour intervenir au Sud. Les Hmong sont devenus le symbole des victimes de guerres étrangères menées sur le sol national. Leur exil et les essais d'implantation ou de réimplantation menés par des autorités étrangères se sont souvent soldés par des échecs. Il existe toujours une importante communauté d'exil Hmong dans le nord de la Thaïlande voisine, ses membres étant divisés entre le retour volontaire ou la déportation vers le Laos.

À LA RECHERCHE DES IDÉES

1. Quelle différence géographique distingue le Laos de ses voisins sur la péninsule indochinoise ?

2. Quel est le régime politique du Laos ?

3. Pourquoi les États-Unis ont-ils armé les Hmong ?

4. Pourquoi y a-t-il eu des bombardements américains au Laos ?

RÉFLEXION

Pourquoi les Hmong ont-ils dû quitter le Laos ? En quoi ont-ils été les victimes des guerres entre leurs voisins et des pouvoirs étrangers ?

3 *La réalité de la Francophonie asiatique*

Sur le terrain

Le spectateur réaliste de la Francophonie dans le sud-est asiatique et dans les communautés du sud-est asiatique aux États-Unis peut conclure à la disparition probable et rapide de la langue française. Le phénomène est plus évident dans le second cas que dans le premier. Des chiffres montrent que le français a une présence discrète au Vietnam (moins d'un demi million de locuteurs), au Cambodge et au Laos (quelques dizaines de milliers). Cette Francophonie peut surprendre, compte tenu du temps qui s'est écoulé depuis la colonisation par la France, mais pourrait en revanche s'expliquer par le rattachement récent de ces pays à la Francophonie. Pour les immigrants d'Asie du sud-est installés aux États-Unis, le lien originel avec le français se distend au fur et à mesure que passent les générations. Les plus jeunes qui ont du mal à garder la langue du pays d'origine face à la nécessité envahissante de maîtriser l'anglais et de vivre dans cette langue en dehors du foyer, retrouvent parfois le français comme langue étrangère dans le système éducatif. C'est en fait tout le lien linguistique entre le pays et les communautés émigrées (le terme de « Viêt-Kiêu » décrit les émigrés vietnamiens) qui tend à se distendre ; le français en est la première victime. La littérature et le cinéma au Vietnam ou dans les communautés d'immigration ne s'expriment plus dans la langue de l'ancien colonisateur. (6) Pour l'écrit notamment, les prévisions les plus optimistes reflètent bien la décroissance de la production en français. Les figures littéraires les plus emblématiques, tels que Do Kh ou Nguyen Huy Thiep (*Un général à la retraite*, 1987) se retrouvent désormais en traduction. Seules des écrivaines de la diaspora comme Kim Lefèvre (*Métisse blanche*, 1989), Linda Lê (*Calomnies*, 1993), Anna Moï (*Riz noir*, 2004) ont repris le flambeau de l'écriture féminine francophone, porté très haut, en souvenir du temps de la colonie française par des grandes devancières tell que Marguerite Duras (*L'amant*, 1984, *L'amant de la Chine du Nord*, 1992). Pourtant l'âme populaire du Vietnam, représentative d'une riche culture millénaire, qui a traversé des siècles de périls, de guerres et de féodalité n'est jamais très loin, comme en porte témoignage les deux courts extraits de contes publiés à Hanoï.

Conte populaire : Tentation

L'âme courroucée du cochon porte plainte devant Diem Vuong, le Roi de l'Enfer.

— *Sire, on m'a assassiné !*

— *C'est grave, ça ! dit le monarque. Raconte comment cela s'est passé.*

— *Ils m'ont ligoté et égorgé.*

— *Aïe ! Et puis ?*

— *Ils m'ont versé de l'eau bouillante sur tout le corps.*

— *Les barbares ! Ensuite ?*

— *Ensuite ils m'ont dépecé en petits morceaux, m'ont jeté dans une marmite, y ont ajouté de la graisse parfumée...*

— *Ca suffit ! Ca suffit ! L'eau déjà me vient à la bouche.*

Conte populaire : Toutes les places sont prises

Un mendiant décharné et dépenaillé vient chez un gros richard demander la charité. Ce dernier le tance vertement :

— *Disparais de ma vue, espèce de fainéant crasseux ! Il est clair que tu arrives de l'enfer !*

À ces paroles le mendiant de répondre :

— *C'est juste, je reviens de l'enfer.*

Le richard demande :

— *Puisque tu étais descendu dans l'enfer, pourquoi n'y es-tu pas resté ?*

Le mendiant répond :

— *C'est bien simple. Je n'ai pas pu y rester, il n'y a plus de place pour moi. Les riches les ont déjà prises toutes.*

Contes populaires du Vietnam, Hanoï, Éditions The Gioi, 1997.

À LA RECHERCHE DES IDÉES

1. Quel décalage existe, par rapport à l'usage du français, entre les plus âgés et les plus jeunes des immigrants d'Indochine aux États-Unis ?

2. Qu'est-ce qui pourrait pousser les jeunes à apprendre le français à l'école ?

3. Pourquoi y a-t-il de moins en moins d'œuvres littéraires et de films en français ?

4. Citez des auteurs indochinois qui ont choisi d'écrire en français.

5. Comment s'exprime l'humour populaire dans les extraits de contes reproduits à la page 155?

6. Pourquoi le Vietnam, le Laos et le Cambodge sont-ils membres de l'Organisation internationale de la Francophonie ? Pourquoi comptent-ils rester membres ?

RÉFLEXION

Examinez le rôle joué par la langue française dans la création de liens entre les communautés d'exil.

L'importance de la Francophonie institutionnelle et des liens francophones

Le Vietnam, le Laos et le Cambodge sont membres à part entière de l'Organisation Internationale de la Francophonie. Ce n'est pas le nombre de Francophones, ni l'usage du français (le français n'y est pas langue officielle) qui dictent ce choix, mais bien l'intérêt que les gouvernements ont gardé pour des relations avec le monde, par la Francophonie, et les avantages qui peuvent découler de cette fréquentation. L'intérêt était compréhensible à l'époque où, dès la fin des années 1980, ces trois pays voyaient dans l'association naissante des pays « ayant le français en partage », l'occasion de figurer sur la scène internationale et de faire contrepoids, à cette époque, à l'opposition par les États-Unis aux échanges avec le reste du monde non-communiste. L'attrait a été essentiellement économique et certainement plus fort que la volonté de participer à la promotion de la diversité culturelle dans le monde sous l'égide de la Francophonie. Comment ne pas justifier par des motifs essentiellement politiques le souhait prononcé du Vietnam d'organiser en 1997 à Hanoï un Sommet de la Francophonie ? En rassemblant dans sa capitale des participants officiels venus de tous les continents, le Vietnam marquait sa propre influence sur le monde asiatique en dehors des canaux et des regroupements économiques et de développement habituels. Il donnait à voir ses propres efforts dans les sphères socio-économiques tout en affirmant sa volonté d'emprunter des chemins transnationaux dans la recherche et le développement. On remarquera que grâce à la Francophonie, le Vietnam, le Cambodge et le Laos, soucieux de voir leurs communautés d'exil (quelles que soient les raisons de leur départ initial) participer à l'édification du pays, ont pu très tôt entrer en contact avec les diasporas en Europe (France, Belgique) et en Amérique du Nord (Canada, Québec).

4 *Les Hmong de Guyane*

Vendeuse de fleurs Hmong sur un marché américain.

Une large partie des émigrés Hmong du Laos a été acceptée aux États-Unis, notamment après 2005. C'est alors que le gouvernement des États-Unis se rendit compte que, d'abord exilées en Thaïlande, ces populations (300 000 personnes) essentiellement rurales devaient bénéficier d'une reconnaissance spéciale. En effet, si leur exil après 1975 semblait définitif, c'est qu'ils étaient considérés comme ayant collaboré avec les États-Unis d'Amérique et leur soutien, le Général Vang Pao, exilé aux États-Unis, figure centrale de la communauté Hmong. À ce titre, ils étaient menacés de mort ou d'emprisonnement. Leur sort et leur extraction du pays ne fut pas sans rappeler celui des soldats algériens, les « Harkis », qui, engagés dans les troupes françaises contre les nationalistes algériens, avaient dû être « rapatriés » en France métropolitaine après l'indépendance de 1962, en même temps que les colons européens, pour échapper aux représailles du nouveau pouvoir. L'installation des Hmong aux États-Unis n'a pas non plus été sans poser de problèmes. Les quelque 25 000 personnes vivant dans la région de Minneapolis-St. Paul et ayant formé des communautés dans le Wisconsin furent victimes de manifestations racistes après que l'un des leurs (le propre fils du Général Vang Pao) fut impliqué, apparemment en position d'auto-défense, dans le meurtre de plusieurs chasseurs de daims dans le Comté de Sawyer, Wisconsin, en 2004. Cette tragédie marqua la fragilité de l'entente présumée entre cultures importées et cultures natives dans un contexte où le sentiment anti-immigrant ne tarda pas à faire surface. (7)

En 1977, le gouvernement français propose aux émigrés Hmong de s'établir en Guyane, département de la République aux confins du *Nordeste* brésilien. Plusieurs communautés villageoises se développeront tout en restant en relation avec leurs concitoyens établis en France (notamment dans la région de Nîmes). Cette implantation dans un milieu multiethnique et officiellement de langue française reste un exemple intéressant du chemin parcouru par ces populations victimes de conflits et privées de racines. (8) On retiendra la qualité de la mise en valeur des terres qui leur ont été attribuées dont ils ont fait des centres de production de fruits et de légumes, et leur intégration par l'école. Mais leurs rapports avec les communautés d'accueil ont précipité une acculturation vis-à-vis du mode de vie français qui se fait parfois au détriment des traditions ancestrales importées. (9)

À LA RECHERCHE DES IDÉES

1. Pourquoi les États-Unis ont-ils reconnu les Hmong ?

2. Qui est le général Vang Pao ?

3. Pourquoi, à votre avis, les Hmong du Minnesota ont-ils été victimes de manifestations racistes ?

RÉFLEXION

A. Comparez la situation des Hmong avec celle des Harkis d'Algérie.

B. Est-ce qu'à votre avis les Hmong pourront s'adapter à la vie de la Guyane, département d'outre-mer de la France ? Quels sont les risques qui menacent leur culture et leurs traditions ?

5 *La cuisine vietnamienne*

La cuisine vietnamienne s'est installée aux États-Unis avec les communautés d'Asie du sud-est. Connue en Europe depuis le temps de la colonisation française, la cuisine vietnamienne montre toutes ses différences avec ses voisines et rivales géographiques proches, la cuisine cantonaise et la cuisine thaïlandaise. (10) Les experts reconnaissent généralement trois types de cuisine vietnamienne qui se distinguent les uns des autres en fonction de leur situation géographique : le nord, le centre et le sud. On a coutume de dire à cet égard que la cuisine du nord est plus salée, celle du centre plus épicée et celle du sud plus sucrée. Les types de cuisine ont néanmoins un bon nombre de traits communs, comme l'utilisation de légumes, cuits de façon craquante plutôt que bouillis, une tendance à privilégier les fruits de mer et poissons aux viandes de poulet et de porc, un recours fréquent au *nuoc man* (sauce de poissons), assaisonnement qui donne aux mets une saveur inimitable. Légère et diététique par définition, comme montre le recours aux plats à la vapeur, la cuisine vietnamienne n'a pas eu à faire beaucoup d'efforts pour s'adapter aux tendances modernes des sociétés occidentales qui accueillent les communautés sud-asiatiques. C'est pourquoi on la retrouve facilement hors des frontières du Vietnam dans toute son originalité. De plus, en empruntant à la tradition, aux menus de fêtes comme aux circonstances les plus simples (restauration rapide par exemple), elle peut satisfaire tous les budgets sans renoncer à ses qualités intrinsèques. Plusieurs plats remontant aux origines rencontrent l'adhésion croissante des amateurs. On peut citer parmi les plus connus :

La soupe Phô servie dans un café-restaurant de la région de San Jose, Californie.

La *soupe Phô* : À base de riz et faisant appel à la viande de bœuf en fines tranches, elle est considérée comme le plat vietnamien par excellence qui se déguste à toutes les heures de la journée.

L'*omelette Banh Khoai*, au porc, crevettes et soja, relevée de *nuoc mam*.

Les *Cha Gio* ou « pâtés impériaux » ou « nems » dont les rouleaux frits sont composés de viandes et de légumes.

Les *gâteaux Banh* ou le riz gluant *Xoi* permettent de découvrir sur le mode sucré tout un monde d'herbes et de fruits tropicaux comme la papaye ou la carambole.

À LA RECHERCHE DES IDÉES

1. Pourquoi est-il logique que la cuisine vietnamienne soit connue depuis longtemps en France?

2. Décrivez les différentes tendances de la cuisine vietnamienne.

RÉFLEXION

Expliquez pourquoi la cuisine vietnamienne a pu s'adapter facilement aux tendances modernes de la société occidentale.

6 Assimilation et langues

Dans une rue de Berkeley, Californie.

À LA RECHERCHE DES IDÉES

1. Dans quels pays les immigrants indochinois ont-il préservé l'emploi du français comme langue courante ? Expliquez le phénomène.

2. Quel est le lien, quelque peu ironique, entre la langue française et la culture ancestrale que les immigrants indochinois désirent préserver ?

RÉFLEXION

Pourquoi, à votre avis, le restaurateur à Berkeley (voir la photo ci-dessus) a-t-il choisi de donner un nom français à un restaurant vietnamien ?

Si l'on ne possède pas de chiffres sur les Vietnamiens américains francophones, on peut estimer qu'ils sont très peu nombreux. La Francophonie vietnamienne de la diaspora n'a vraiment été maintenue qu'en Europe et, dans une certaine mesure, au Canada. Aux États-Unis, une fois disparus les derniers témoins de l'époque coloniale française, il est à penser que le français ne fera plus partie de la sphère patrimoniale et familiale. La langue française ne sera plus qu'une langue étrangère apprise à l'école. Or, dans ce cas, le rappel d'une culture ancestrale qui comportait souvent le français, langue aujourd'hui en voie de disparition, peut prendre tout son sens pour les héritiers. La situation décrite ici pour le français est semblable à celle des enfants ou adultes qui apprennent en tant que langue étrangère une langue patrimoniale, appartenant à un héritage familial parfois ancien. On remarquera aussi que le ré-apprentissage du français par des descendants de populations asiatiques de la péninsule indochinoise présente des ressemblances avec, par exemple, les chemins que doivent emprunter les jeunes Cadiens de Louisiane. Enfin, si l'on présuppose qu'une langue est au cœur d'une identité culturelle, la restauration de liens culturels anciens ne peut se faire sans un retour à la langue qu'ils véhiculaient. Même si le retour vers cette langue suit des procédés qui appartiennent à un apprentissage éloigné des enseignements d'une langue maternelle proche, il n'en est pas moins à encourager en mettant en avant la réalisation d'un désir : faire corps avec un héritage qu'on ne veut pas voir disparaître.

Enfin, si la langue subsiste à travers la présence de signes linguistiques appauvris, parce qu'isolés d'un contexte complexe et vivant, comme dans l'enseigne d'un restaurant dont on comprend que c'est le seul mot que l'on rencontrera dans ce lieu, la langue utilisée n'est pas à ranger dans la catégorie des langues mortes. Dans la photo ci-dessus, on peut imaginer, entre autres raisons, que le propriétaire a choisi, dans un contexte totalement anglophone, le seul mot français qui donne un goût particulier à la cuisine vietnamienne dont il a fait sa spécialité et qui appartient à son héritage.

Activités d'expansion

A. Repères culturels

Mettez en parallèle les éléments de la première liste avec les définitions de la seconde liste qui semblent le mieux leur convenir.

1. Les Hmong
2. L'Union indochinoise
3. 1954
4. Ngô Dinh Diêm
5. Les Khmers rouges
6. 1975
7. Le Traité de Saigon
8. Le Tonkin, l'Annam, la Cochinchine
9. Hô Chi Minh
10. Les « Petits Saigon »

a. Permet à la France d'établir des colonies en Indochine
b. Défaite des Français à Diên Biên Phú
c. Militants communistes au Cambodge
d. Groupements d'immigrants indochinois aux États-Unis
e. Tribu rurale du Laos qui a collaboré avec les forces américaines
f. Chute de Saigon
g. Pays que les Français ont appelé du nom d'Indochine
h. A lutté pour la libération de la péninsule indochinoise
i. Chef du gouvernement du Sud Vietnam au début des années 1960
j. Territoire administré par les Français

B. Liens culturels

A. Sujets de discussion

1. Pourquoi les immigrants venus d'Indochine peuvent-ils être considérés comme des victimes ? Comparez leur situation à celle des Cadiens et Acadiens et à celle des Haïtiens aux États-Unis.

2. Pourquoi beaucoup d'Indochinois ont-ils choisi d'immigrer en France ? Pourquoi d'autres ont-ils fait le choix de s'installer aux États-Unis ?

3. Pourquoi les « Petits Saigon » se trouvent-ils souvent à proximité de quartiers habités par des Chinois ?

4. Pourquoi les immigrants indochinois se sont-ils aussi vite assimilés à la société américaine ?

5. Expliquez les ressemblances et les différences qui caractérisent les immigrants indochinois.

6. En quoi le fait que la langue française semble parfois aider les immigrants indochinois à préserver leur culture et le sens de la communauté, est-il ironique ?

7. Expliquez la violence qui s'est manifestée contre les Vietnamiens dans le sud des États-Unis et contre les Hmong au nord. La violence a-t-elle des causes semblables dans les deux cas ?

8. À votre avis, pourquoi une attitude « anti-immigrants » se manifeste-t-elle parfois aux États-Unis ? En quoi l'esprit d'opposition aux immigrants serait-il peut-être plus prononcé aujourd'hui que pendant les années 1970 ?

C. Activités écrites

1. Visionnez le film *Indochine* et décrivez la façon dont les colons vivaient l'expérience coloniale.

2. Faites des recherches sur Internet concernant les populations indochinoises aux États-Unis. Où habitent-elles ? Semblent-elles bien s'intégrer à la culture américaine ?

D. Enquêtes interculturelles

A. Comment le rapport à la langue française chez les jeunes Vietnamiens ressemble-t-il à celui des jeunes d'origine cadienne en Louisiane ?

B. Comparez le rôle du français dans les communautés vietnamiennes à celui de certaines communautés arabo-américaines.

C. Comparez la situation des immigrants vietnamiens et celle des Latinos aux États-Unis. Quelles sont les similarités ou les différences en matière d'arrivée aux États-Unis et de présence dans la société américaine ? Comment le gouvernement et la population américaine ont-ils réagi face à cette immigration ?

Actualité et avenir : Pistes de recherche

1. Motivations francophones

Problématique : Quelles sont les motivations vietnamiennes dans la Francophonie officielle ?

Question : En 1997 le VIIe Sommet de la Francophonie a eu lieu à Hanoï. Peut-on imaginer l'importance de ce retour du Vietnam sur la scène internationale ? Quelles pouvaient être les motivations du pays ? Sont-elles différentes de l'opinion de l'écrivaine dissidente Dong Thu Huong ?

Arrière-plan de la recherche : Interview de Dong Thu Huong : www.rfi.fr/lffr/articles/087/article_1480.asp?pc=1

2. Vu du Vietnam, en français

Problématique : Rôle et position des médias francophones dans les pays où l'usage de la langue française est fortement minoritaire.

Question : Comment le seul quotidien vietnamien de langue française voit-il le monde ? Le français au Vietnam ? La Francophonie ?

Arrière-plan de la recherche : Le Courrier du Vietnam en ligne. Éditeur Agence Vietnamienne d'Information peut-être consulté à l'adresse : http://lecourrier.vnagency.com.vn/

Références et repères bibliographiques

(1) Reeves, T.J., et Bennett, C.E., *We the People: Asians in the United States,* U.S. Census Bureau, 2004.

(2) Campi, A., *From Refugees to Americans,* Immigration Policy Brief, American Immigration Law Foundation, 2004.

(3) Campi, A., *From Refugees to Americans.*

(4) Voir à ce sujet l'étude de Sucheng Chan, *Survivors: Cambodian Refugees in the United States,* Champaign, IL, University of Illinois Press, 2004.

(5) Depuis le début des années 2000, cette partie de l'histoire cambodgienne est commémorée par le *Cambodian Cultural Museum and Killing Fields Memorial* établi par la *Khmer TV of Seattle* (Washington). Réf : www.killingfieldsmuseum.com

(6) Voir en particulier, l'article de Jean-Claude Pomonti, « Amour, guerre et religion », *Le Monde diplomatique,* décembre 2007. www.monde-diplomatique.fr/2007/12/POMONTI/15424

(7) Une vue de l'adaptation des générations Hmong à la culture des Etats-Unis est fournie par le film de Clint Eastwood *Gran Torino* (2008).

(8) Voir à ce sujet le livre de Michel Marceaux, *Les Hmong de Guyane,* Guyane Française, Éditions Ibis Rouge, 1996.

(9) Un bon exemple des avantages et des contraintes de l'intégration est donné par le site de l'école de Cacao (village initial de la réimplantation en Guyane) : http://ecoledecacao.free.fr/village.html

(10) Il existe de nombreux livres en français sur la cuisine vietnamienne. On pourra consulter par exemple : *La cuisine vietnamienne de Pham Minhky et Gia-Thai,* Édisud, 2000, ou *La cuisine du Vietnam de Trieu Thi Choi,* Paris, Éditions du Pacifique, 2003.

ENQUÊTE CINQ

LES FRANCOPHONES DU MACHREK
ET DU MAGHREB : LE DIALOGUE DES CULTURES

Une cour à Tanger, 1832
Eugène Delacroix (1798–1863)

Machrek et Maghreb

DES ARABES-AMÉRICAINS

Une Marocaine pendant le Ramadan à Austin, Texas.

L a présence aux États-Unis de populations immigrées venues du Machrek, ou « levant » du monde arabe, ou du Maghreb, son « couchant », est le résultat de l'attraction de ce pays pour des millions d'hommes et de femmes qui y voient la possibilité de donner un avenir à leurs cultures, tout en participant au « rêve américain ». Les communautés « arabes-américaines », terme qui est apparu à la fin du XXe siècle, souvent mal connues et mal comprises,

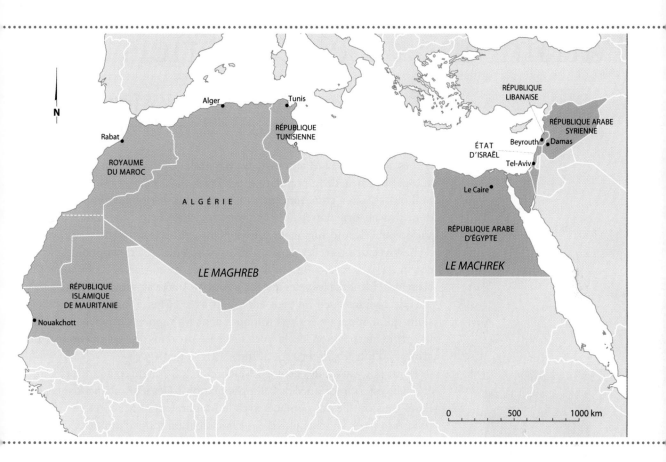

constituent pourtant un point de rencontre exemplaire entre les cultures des États-Unis. La Francophonie des gens du Machrek et du Maghreb en résidence aux États-Unis n'est ni un accident de l'histoire, ni le fondement d'une culture particulière. Mais n'est-elle pas une façon de contribuer, en toute liberté et en toute conscience, à créer un « axe de compréhension », fondé sur la connaissance et le respect d'autrui?

MISE EN ROUTE

Pourquoi le terme « arabe-américain » est-il apparu aussi récemment aux États-Unis ?

Comment certains Américains, utilisant bien souvent des stéréotypes, représentent-ils les « Arabes-Américains » ?

Patrimoine : Les essentiels

1 *Gens du Machrek et du Maghreb aux États-Unis et dans le monde*

L es gens issus du Machrek et du Maghreb ne représentent qu'une toute petite partie de la population des États-Unis. Leur nombre (près de 1 million) est sans commune mesure avec celui des populations des pays dont ils sont originaires (185 millions environ). Leur importance dans la société américaine augmente sur les plans culturels et religieux, à mesure de l'arrivée de nouvelles générations. La présence de Francophones parmi eux n'est pas rare, sans qu'il soit possible de parler de communautés clairement identifiables telles que des « Arabes-Américains francophones ». De plus, le contact que l'on peut entretenir avec celles-ci amène à des précisions qui n'apparaissent pas toujours dans les rapports officiels, (1) dans les prises de position de la société civile ou dans les commentaires de groupes d'intérêts arabes spécifiques. (2)

Pourquoi y a-t-il des gens du Machrek et du Maghreb aux États-Unis, et quelle est l'importance de cette population ? Dès leur indépendance, les États-Unis ont lié des contacts avec le Maghreb et le Machrek. En 1787, John Adams et Thomas Jefferson négociaient un traité d'amitié et de commerce avec l'Empereur du Maroc pour tenter de protéger les vaisseaux de commerce contre les pirates de la Côte de Barbarie (Maroc, Algérie, Tunisie et Libye actuels). De bons contacts avec l'Empire ottoman (la Turquie d'aujourd'hui) étaient nécessaires à la jeune République américaine pour faire avancer ses intérêts sur le bord oriental de la Méditerranée. Or, malgré ces rapprochements politiques il n'y eut aucun flux humain notable entre les deux régions avant le XXe siècle. Les recensements fédéraux, dont celui de l'année 2000, ont commencé à mettre en lumière les contours de populations qui se réclament d'une origine commune dite « arabe », ethnique et nationale, sans qu'il soit toutefois possible de préciser leur appartenance religieuse ou linguistique. Une approche quantitative de la question a ses limites. Ces appartenances sont évidentes quand on regarde la carte de synthèse proposée à la page suivante.

Tous les pays ne sont pas représentés. Les personnes qui viennent des pays qui ne sont pas représentés ne sont pas comptabilisées. Il est vrai que les termes de Palestinien (72 000 personnes s'y réfèrent) ou de Berbère (1 300 personnes) peuvent être pris en compte, mais que signifient-ils par rapport au critère national adopté pour la majorité des populations

TÉMOIN

DRISS C.

« *La langue arabe a ses racines profondes dans sa culture... la classe aisée utilise la langue française comme une sorte d'identité.* »

Écoutez l'interview de Driss sur le site www.yalebooks.com/ heritages

Place de l'Étoile, Beyrouth.

immigrées ? D'autres nationalités telles que les populations originaires de la République islamique de Mauritanie ne sont pas mentionnées, alors que les personnes rapportant leurs origines à la Grande Jamahiriya arabe libyenne populaire et socialiste (Libye) sont mentionnées dans une catégorie de moins de 3 000 personnes. Il ne faut pas non plus oublier Israël qui bénéficie d'une « double particularité ». En effet, dans cet environnement essentiellement arabe, l'État hébreu, créé en 1948, a toute sa place dans la présente analyse. Il fait géographiquement partie du Machrek, alors que son origine et son destin semblent s'inscrire à l'opposé des problèmes traités ici. C'est probablement le seul pays de la région qui bénéficie d'une immigration américaine, alors que son émigration vers les États-Unis est faible (moins de 100 000 personnes). De plus, le nombre de Francophones résidant en Israël en fait un pays francophone bien réel, mais officieux. À ce titre, son caractère propre nous invite à lui réserver un traitement particulier. Enfin, le Royaume hachémite de Jordanie compte le plus petit nombre de personnes aux États-Unis qui se réfèrent à ce pays du Machrek comme celui de leurs origines (40 000).

Immigration et résidence

Grâce aux chiffres officiels américains, il est possible de mettre en évidence les origines géographiques de populations se réclamant d'un héritage « arabe ». On voit, sur ce seul critère national, que les immigrés venus de la République arabe syrienne, de la République libanaise et de la République arabe d'Égypte, sont près de huit fois supérieurs en nombre à ceux originaires de la République tunisienne, de la République d'Algérie démocratique et populaire et du Royaume du Maroc. Sans préjuger de la présence exacte de Francophones parmi eux, on peut conclure provisoirement que la population arabe-américaine des États-Unis est majoritairement d'extraction « syro-libanaise ». Les communautés arabes-américaines sont essentiellement originaires du Machrek. La part des individus et des groupes venus du Maghreb est inversement proportionnelle à la situation de l'immigration et de l'implantation que connaissent en Europe les pays francophones, la Belgique et la France notamment. Tous les pays du Machrek et du Maghreb mentionnés ici ont eu des rapports de colonisation et d'occupation plus ou moins forts avec la France. Or, sans cette domination, ils n'auraient que peu de liens avec la Francophonie. Le portrait des gens du Machrek et du Maghreb aux États-Unis, immigrants récents ou d'une immigration bien plus ancienne remontant parfois au début du XIXe siècle, n'est pas simple à tracer. La représentation faite aux États-Unis de ces communautés, depuis 2001, a ajouté un sentiment de suspicion, voire d'hostilité envers la façon dont leur participation à la nation américaine s'opérait depuis des décennies.

Quelques constantes se dégagent de toutes les sources d'information. Le chiffre total de ces populations sur le sol des États-Unis est modeste (à peine plus d'un million), mais ne cesse de croître dans une proportion relativement élevée. Leur histoire aux États-Unis semblait, jusqu'à la fin du XXe siècle, attirer peu l'attention, peut-être parce que le critère religieux n'était pas pris en considération. La notion ethnique d'« arabe » n'était que très rarement associée à la notion de « musulman », à juste titre, d'ailleurs, puisque la majorité de ces populations n'était pas de confession musulmane, et que les chrétiens d'Orient (coptes d'Égypte, maronites du Liban, chaldéens de Mésopotamie) étaient les plus nombreux. Leur installation et leur intégration ont suivi des schémas classiques. Elles mettaient en jeu la qualité d'une origine socio-économique favorisée par un bon niveau d'éducation, des perspectives d'emploi rendues certaines grâce à des niveaux de qualification dans le secteur tertiaire, ainsi qu'un goût poussé pour l'entreprenariat et le commerce. Enfin, les communautés arabes-américaines forment un tissu social et citoyen cohérent. Il est plutôt de nature urbaine et concentré géographiquement sur les pointes du triangle que forment les villes de Detroit, Los Angeles et New York.

Plus de 80% des Arabes-Américains sont citoyens des États-Unis, ce qui peut signifier que leur immigration n'est pas récente. La majorité de ces populations s'est établie après la Deuxième Guerre mondiale, dans les années 1950, et s'est rapidement intégrée à la société américaine. Nombreux sont les observateurs qui voient la fin des années 1960 et la montée du conflit palestinien des années 1970, ou la guerre civile du Liban (1975–1989), comme le tournant qui changea le visage de ces communautés. Les musulmans, qui ne représentaient pourtant que 24% en 2002 (d'après l'*Arab American Institute Foundation*) forment les plus forts contingents de l'immigration récente. Leurs prédécesseurs, qui constituent la communauté arabe-américaine originelle, étaient plutôt des catholiques, maronites, melkites se réclamant de l'Église romaine, ou des Orthodoxes comme les Antiochiens, Syriens, Grecs, coptes, se réclamant de l'Église byzantine. Le visage des premières communautés arabes-américaines se trouva forcément modifié par les arrivées récentes. Elles devinrent « visibles » en introduisant des valeurs fondées sur la religion musulmane. Les succès d'intégration des Arabes-Américains sont bien réels. Ils sont liés à une forte productivité, à des revenus et à un niveau d'éducation souvent supérieurs à la moyenne nationale américaine. Ils sont bien intégrés à la société, ce qui les rend plutôt « invisibles » mais reconnus et respectés. Or, depuis le début des années 2000, leur forte concentration dans cinq États (Californie, Floride, Michigan, New Jersey et New York) et aussi dans une certaine mesure dans l'Illinois, le Massachusetts, l'Ohio, la Pennsylvanie et le Texas (3) leur a conféré dans le reste du pays une « visibilité » qui n'est pas toujours vue comme positive. Les attentats du 11 septembre 2001 ont eu, à cet égard, un effet direct sur la perception des Arabes-Américains aux États-Unis.

Le *U.S. Census Bureau* donnait, en 2000, les dix localités où l'on trouve les nombres les plus élevés de personnes d'origine « arabe » (lieu, nombre, pourcentage de la population arabe-américaine par rapport à la population de la localité) :

New York, NY	69 985	0,87
Dearborn, MI	29 181	29,85
Los Angeles, CA	25 673	0,69
Chicago, IL	14 777	0,51
Houston, TX	11 128	0,57
Detroit, MI	8 287	0,87
San Diego, CA	7 357	0,60
Jersey City, NJ	6 755	2,81
Boston, MA	5 845	0,99
Jacksonville, FL	5 751	0,78

La représentation fluctuante de l'Arabe-Américain est devenue, au tournant du XXIe siècle, plus religieuse qu'ethnique. On a commencé à parler de musulmans-Américains. Des études, comme celles de la *Pew Foundation*, ont contribué a faire basculer l'image historique de ces communautés en mettant elles aussi l'accent sur l'appartenance religieuse. (4)

Machrek et Maghreb
Des Arabes-Américains

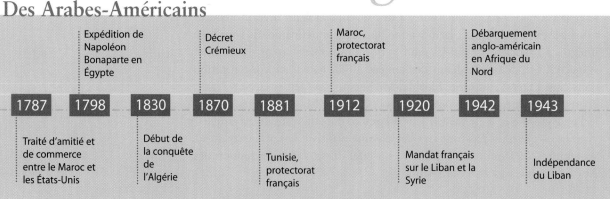

| 1787 | 1798 | 1830 | 1870 | 1881 | 1912 | 1920 | 1942 | 1943 |

Expédition de Napoléon Bonaparte en Égypte

Décret Crémieux

Maroc, protectorat français

Débarquement anglo-américain en Afrique du Nord

Traité d'amitié et de commerce entre le Maroc et les États-Unis

Début de la conquête de l'Algérie

Tunisie, protectorat français

Mandat français sur le Liban et la Syrie

Indépendance du Liban

Si l'on rapproche les chiffres de la présence des gens du Machrek et du Maghreb aux États-Unis, de ceux de la Francophonie des populations de ces zones, on peut provisoirement conclure que le Francophone ou la Francophone dans un entourage américain sera probablement un Libanais ou une Libanaise, une Marocaine ou un Marocain. Mais les chiffres ne sont que des approximations par rapport à une réalité qui ne prend toute sa signification que sur le terrain du dialogue et de l'échange entre personnes.

À LA RECHERCHE DES IDÉES

1. Quels contacts le nouveau gouvernement des États-Unis avait-il établis avec le Maghreb et le Machrek au XVIIIe siècle ?

2. À quelle époque les gens du Maghreb et du Machrek ont-ils émigré en grand nombre vers les États-Unis ?

3. Pour quelles raisons la plupart des pays du Maghreb et du Machrek ont-ils un lien avec la Francophonie ?   De quelle époque date ce lien ?

4. Comment peut-on expliquer que 80% des Arabes-Américains sont citoyens des États-Unis ?

5. Dans quels États résident principalement les Arabes-Américains ?

RÉFLEXION

A. Existe-t-il un « immigrant arabe-américain type » ? Quels stéréotypes s'attachent à sa description ?

B. Quel aspect de la culture arabe-américaine attire l'attention de la grande majorité des Américains aujourd'hui ?

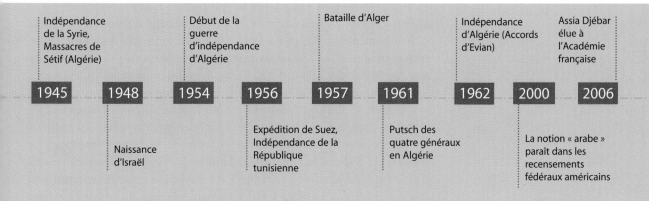

1945	Indépendance de la Syrie, Massacres de Sétif (Algérie)
1948	Naissance d'Israël
1954	Début de la guerre d'indépendance d'Algérie
1956	Expédition de Suez, Indépendance de la République tunisienne
1957	Bataille d'Alger
1961	Putsch des quatre généraux en Algérie
1962	Indépendance d'Algérie (Accords d'Evian)
2000	La notion « arabe » paraît dans les recensements fédéraux américains
2006	Assia Djébar élue à l'Académie française

2 *Le poids du Proche-Orient francophone*

Quel est l'état de la Francophonie et le statut de la langue française au Machrek et au Maghreb ? La réponse à cette question peut permettre d'en comprendre la nature chez les gens du Machrek et du Maghreb aux États-Unis. Les Francophones sont numériquement les plus nombreux dans la deuxième région, le Maghreb. La proportion des Francophones par rapport à la population nationale y est la plus élevée : 29% en Algérie, 37% en Tunisie, 24% au Maroc. Seul, le Liban avec 25% de Francophones, représente au Machrek une proportion semblable à celle que l'on trouve dans les trois principaux pays du Maghreb.

Comment peut-on expliquer la présence du français dans un monde essentiellement arabo-musulman ? Le destin du Machrek (*mashriq*) et du Maghreb (*maghrib*) s'affirme au VIIIe siècle qui voit l'expansion de l'Islam à partir de la péninsule arabe. Dominés par l'Empire ottoman, ils ne retrouveront une autonomie relative qu'avec la sécularisation et la chute de celui-ci au début du XXe siècle. La gestion de certaines anciennes provinces ottomanes par la Grande-Bretagne (Palestine, Irak) et la France (Syrie, Liban) sous le régime des mandats, que ces puissances acceptent de la Société des Nations (*League of Nations*) après 1920, accentueront leur désir d'indépendance. La montée des nationalismes, souvent inspirés et démultipliés par des idéologies européennes comme le marxisme, ouvrira ensuite la voie à la décolonisation. Après la deuxième guerre mondiale, la France sera contrainte d'abandonner ses protectorats sur la Tunisie (1881–1956) et le Maroc (1912–1956) et s'engagera dans une guerre qui verra la fin de sa colonisation en Algérie (1830–1962).

On tente souvent d'expliquer la Francophonie dans ces régions par la colonisation ou la présence impériale de la France, surtout au Maghreb. (5) De la même façon, pense-t-on à la présence de la Grande-Bretagne, puissance impériale, comme facteur d'implantation de l'anglais, notamment au Machrek. Aujourd'hui, aucun des pays de la zone n'a le français comme langue officielle, alors que beaucoup comptent un nombre relativement élevé de Francophones utilisant le français comme langue occasionnelle. Il est vrai que la présence et l'influence françaises y ont toujours été déterminantes pour le sort et l'avenir de la langue française. Le français est d'abord la langue dans laquelle le colonisé va se décoloniser. C'est ensuite la langue dans laquelle les nouveaux régimes indépendants continueront, avec l'arabe, à voir le véhicule de leur autorité à l'intérieur et de leur présence sur la scène internationale.

Aide-Mémoire

Les principales étapes de la colonisation et de l'occupation française au Machrek et au Maghreb

1830–1962	Conquête et colonisation de l'Algérie
1881–1956	Occupation et protectorat de la Tunisie
1912–1956	Occupation et protectorat du Maroc
1920–1943	Mandat sur le Liban
1920–1945	Mandat sur la Syrie

De la Syrie au Liban

La France, vecteur de la culture et de la langue françaises, s'est implantée fortement sur la côte de l'ancienne Phénicie, territoire antique de l'ère préchrétienne couvrant le Liban, la Syrie et la Palestine contemporains, dès le milieu du XIXe siècle, alors que l'Empereur Napoléon III, neveu de Napoléon Ier et Empereur de 1852 à 1870, cherchait à favoriser l'installation des chrétiens maronites sur les pentes du Mont Liban.

En 1916, l'accord franco-anglais dit Picot-Sykes, du nom des diplomates français, François Georges-Picot, et anglais, Mark Sykes, prévoit de confier à la France la gestion de cette portion de l'Empire ottoman vaincu. Le territoire de la Syrie lui est proposé pour les mêmes raisons. L'accord ratifié par la Société des Nations transforme cette occupation en « mandat » par lequel la puissance mandataire doit préparer les populations locales à une indépendance nationale par voie d'auto-détermination. Cette idée de mandat est proposée pour répondre aux souhaits du Président américain Woodrow Wilson qui voulait engager la « décolonisation » des empires coloniaux européens. Par le mandat, la France va renforcer sur ces territoires une présence culturelle et linguistique très organisée. Cette présence ne prendra pas fin au moment où la France rendra leur indépendance complète au Liban (1943) et à la Syrie (1945). Elle ne sera pas non plus remise en cause par la présence américaine qui va s'amplifier et s'étendre après la Deuxième Guerre mondiale sur toute la région du Moyen-Orient (comme l'a nommée dès le début du siècle le géopoliticien américain Alfred Mahan, 1840–1914). La « doctrine » du

Président américain Dwight D. Eisenhower, à partir de 1956, consacrera une emprise américaine stratégique, politique et économique qui se substituera, sans tout à fait la remplacer, à l'influence française. On peut ainsi expliquer comment le français reste vivant au Liban et, dans une certaine mesure, en Syrie, mais aussi comment les populations immigrées aux États-Unis ont pu le transporter avec elles et continuer à lui donner une réalité dans le pays d'accueil.

De la Palestine à l'Égypte et à Israël

La situation des populations venues de Palestine et d'Égypte est semblable au cas syro-libanais, mais différente de la question de la Francophonie en Israël, qui mérite une attention séparée. Les communautés palestiniennes et égyptiennes aux États-Unis ont conservé des attaches avec le monde francophone dès les origines des migrations vers l'Amérique, à l'époque où elles n'étaient pas majoritairement de confession chrétienne. Les coptes sont un bon exemple de la survivance de la Francophonie égyptienne en Amérique du Nord (une forte proportion d'entre eux s'étant établis au Canada). Cette partie occidentale du Moyen-Orient, toujours considérée comme « Proche-Orient » par les Francophones, s'étend de la Palestine historique (dans laquelle a été créé l'État d'Israël en 1948) jusqu'au Nil et peut encore expliquer sans trop de difficulté son appartenance à la Francophonie, y compris dans sa dimension historique. Le XXe siècle a vu essentiellement l'Empire britannique, puis la puissance américaine mettre leur marque sur la région, sans substituer complètement une présence anglophone à une modeste influence francophone. L'empreinte du français, comme d'ailleurs celle de l'anglais, a pour caractéristique d'avoir avant tout concerné les élites. De l'expédition de Napoléon Bonaparte en Égypte (1799) au conflit franco-anglo-israélien avec le régime du Colonel égyptien Nasser (1956), la France, à l'instar de la puissance britannique dans ces deux pays, a su préserver la confiance des hautes couches de ces sociétés, souvent tournées vers l'étranger, et facteur de modernité dans de très anciennes cultures orientales. Les années nationalistes ont aussi vu le départ vers l'Europe, puis les États-Unis, des communautés étrangères, juive, grecque, italienne qui, sous les monarchies locales à l'époque ottomane, s'étaient solidement implantées dans des centres portuaires et marchands tels qu'Alexandrie en Égypte. Des écoles et lycées français laïcs ou d'affiliation chrétienne, des associations telles que l'Alliance française ou l'Alliance israélite universelle (toutes deux créées à Paris), ont longtemps répondu aux désirs de formation de générations liées à l'occident par leur relation à la Francophonie.

De la Monarchie marocaine à la République tunisienne

Le poids du Maghreb francophone est quant à lui directement lié à l'emprise coloniale et impériale française, soit de façon directe en Algérie, seule grande colonie de peuplement de l'Empire, ou de façon indirecte à travers la tutelle exercée par Paris sur le Maroc et la Tunisie. La Francophonie y est ancrée à la fois par l'utilisation vernaculaire du français, langue de contact avec l'arabe, imposée par le colonisateur et par son statut véhiculaire, comme langue courante, sinon officielle des nations nouvellement indépendantes. Après la séparation de leur pays d'avec la France, des communautés ont commencé à émigrer vers l'Europe et vers l'Amérique du Nord. La rencontre avec l'anglais, langue des États-Unis et l'une des deux langues fédérales du Canada, n'a que rarement effacé dans les esprits et les cultures marocaine ou tunisienne immigrées, la présence coloniale ou post-coloniale du français. Au Maroc, le Maréchal Lyautey (1854–1934), Résident général de France de 1912 à 1925, et Commissaire de l'Exposition coloniale de Paris en 1931, va systématiser le principe du protectorat. Le représentant de Paris installe des modes de fonctionnement qui superposent des pratiques et des valeurs françaises, véhiculées en français à celles du régime local « protégé ». Bien que n'étant pas conquis et colonisé au sens où le sera l'Algérie, le Maroc sera profondément marqué par une francité dont il devra s'accommoder. Celle-ci atteint tout particulièrement la cour, les grandes familles, la bourgeoisie, qui néanmoins souhaitent pour leurs enfants une éducation en français. Ambiguë dès l'époque coloniale, la relation du Maroc avec la langue française restera tout aussi spéciale et complexe à l'époque post-coloniale. La relation du Maroc avec la langue anglaise, qui s'est bâtie peu à peu dans la seconde moitié du XXe siècle, n'a en rien déstructuré le rapport historique au français. Ainsi, la Francophonie reste bien présente, y compris, parmi les jeunes générations marocaines-américaines. En Tunisie, le protectorat imposé par la France par le Traité du Bardo en 1881, va donner des résultats similaires pour l'implantation et la survivance du français. Dès sa naissance en 1957, la République tunisienne de Habib Bourguiba (1903–2000) s'affirmera comme l'une des voix les plus convaincantes du mouvement francophone international. L'association de la Tunisie avec la France et ses valeurs républicaines, de la république laïque de Jules Ferry (1832–1893), Ministre de l'Instruction publique et partisan actif de l'expansion coloniale à la fin des années 1880, à une indépendance sans heurt majeur avec la IVe république, puis avec la Ve république, a renforcé la présence culturelle, et peut-on croire pérenne, de la langue française sur la rive sud de la Méditerranée.

À LA RECHERCHE DES IDÉES

1. Qu'est-ce qui explique historiquement la présence et le rôle de la France au Maghreb et au Machrek ? Laquelle de ces deux régions compte le plus grand nombre de Francophones ?

2. À quelle époque la France s'est-elle établie au Liban et en Syrie ?

3. Expliquez le concept des « mandats » créés par la Société des Nations. À quel moment ces mandats ont-ils pris fin ?

4. Quelle partie de la population du Machrek a été la plus influencée par la langue française ?

5. Quelles institutions ont servi à étendre et à préserver la langue française en Égypte ?

6. Expliquez la présence et le rôle de la langue française au Maroc et en Tunisie.

RÉFLEXION

A. Expliquez la phrase suivante : « Le français est d'abord la langue dans laquelle le colonisé va se décoloniser ».

B. Dans quel sens la doctrine du Président Eisenhower aura-t-elle un effet sur les immigrants venus aux États-Unis de Syrie et du Liban ?

C. Comment peut-on expliquer que, malgré la décolonisation du Maroc et de la Tunisie, la langue française y reste bien présente et relativement importante, tant pour les résidents des deux pays que pour ceux qui ont émigré aux États-Unis ?

3 *La centralité de l'Algérie*

Le fleuron de la colonisation française en Méditerranée

Toute la force implacable de la colonisation française du XIXe et XXe siècles s'est exprimée en Algérie dès le début de la conquête en 1830. Les populations locales emmenées par des chefs courageux tel que l'Émir Abd El-Kader (1808–1883) offriront une résistance opiniâtre aux Français parmi lesquels, le Maréchal Bugeaud (1784–1849), Gouverneur général de l'Algérie après 1840 qui, après avoir négocié avec le chef arabe, lui déclarera une guerre totale qui préfigure celle qui verra la fin de l'Algérie française (1954–1962).

Un « choc de civilisations » s'engage qui ne connaîtra que peu de répit. Pour la France, c'est un peu le retour de l'Europe qu'elle dit installer sur cette rive nord de l'Afrique, en faisant œuvre de « mission civilisatrice ». Or, celle-ci ne s'entendrait qu'avec le concours des populations locales qui, dans ce cas, minorées et maltraitées, passeront de l'humiliation à l'opposition et à la révolte. Exclues des villes sauf dans la Casbah (vieille ville), chassées des terres les plus fertiles, les populations arabe et berbère subissent une situation peu enviable et propice aux antagonismes. Les divisions ethniques et religieuses seront de plus en plus marquées, chacun se repliant sur sa communauté, qu'elle soit dominante ou dominée.

Aide-Mémoire

Les principales étapes de l'Algérie française

1843	Prise par les troupes françaises de la smala (camp) d'Abd El-Kader.
1871	Les juifs d'Algérie sont déclarés citoyens français (Décret Crémieux).
1880	La population arabe est placée sous le régime de l'indigénat. Création de trois départements français.
1942	Débarquement anglo-américain en Afrique du Nord.
1945	Massacres de Sétif contre la population arabe locale qui réclame l'indépendance.
1954	Début de la guerre d'indépendance dite « guerre d'Algérie ». (6)
1956	Capture des principaux dirigeants de la rébellion algérienne par les Français.
1957	Bataille d'Alger. L'armée française semble prendre le dessus de la rébellion.
1958	Coup d'État avorté de militaires français en Algérie contre la IVe République.
1961	Putsch de quatre généraux français en Algérie contre la Ve République du Général de Gaulle.
1962	Accords de paix franco-algériens d'Évian. Indépendance de l'Algérie.

N° 110. ALGER — Le Square Bresson

Alger, ville européenne en 1900.

La colonisation républicaine n'empruntera que très peu et surtout trop tard, aux valeurs de liberté, fraternité et égalité de la République. Des rapports de force inégaux entre le colonisateur et le colonisé s'installeront et se figeront, accentuant les clivages et les injustices. L'Algérie française, qui naît d'une colonisation par l'exploitation et le peuplement, mêle des populations musulmanes avec des populations non-musulmanes (dont les descendants des juifs sépharades expulsés d'Espagne par les Rois catholiques après 1492). Ces dernières finiront par s'imposer elles aussi comme « algériennes » au détriment des populations plus anciennes et elles mèneront leur aventure identitaire jusqu'aux bords de la séparation et de l'affrontement avec la mère-patrie. L'histoire de la guerre d'Algérie, guerre d'indépendance pour les nationalistes, est aussi l'histoire d'un conflit où s'affrontent plusieurs identités algériennes, celles issues des communautés musulmanes et celle imaginée par les communautés non-musulmanes. On retiendra de ces années de violence et de vengeance, deux épisodes principaux de la division du pays en deux : la « Bataille d'Alger » (1957), au cours de laquelle les militaires français pensent avoir définitivement débarrassé la ville des insurgés nationalistes, et le « Putsch des généraux » (1961), qui amène l'Algérie française au bord de l'affrontement avec la France métropolitaine du Général de Gaulle.

Chroniques algériennes, Albert Camus

S'interrogeant sur la nature du conflit algérien en 1958, le philosophe Albert Camus, lui-même Français d'Algérie, donne son interprétation des effets de la colonisation sur les communautés :

... Depuis la conquête, il n'est pas possible de dire que la doctrine française coloniale en Algérie se soit montrée très cohérente. J'épargnerai au lecteur l'historique de ses fluctuations depuis la notion de royaume arabe, chère au second Empire, jusqu'à celle d'assimilation. C'est cette dernière idée qui, en théorie, a fini par triompher. Depuis une cinquantaine d'années, le but avoué de la France en Afrique du Nord était d'ouvrir progressivement la citoyenneté française à tous les Arabes. Disons tout de suite que cela est resté théorique. La politique d'assimilation a rencontré en Algérie même, et principalement auprès des grands colons, une hostilité qui ne s'est jamais démentie.

Il existe tout un arsenal d'arguments, dont certains d'apparence convaincante, qui ont suffi jusqu'à présent à immobiliser l'Algérie dans l'état politique où nous l'avons trouvée. Je ne songerai pas à discuter ces arguments. Mais il est possible de dire qu'en cette matière, comme en d'autres, il faut un jour choisir. La France devait dire clairement si elle considérait l'Algérie comme une terre conquise dont les sujets, privés de tous droits et gratifiés de quelques devoirs supplémentaires, devaient vivre dans notre dépendance absolue, ou si elle attribuait à ses principes démocratiques une valeur assez universelle pour qu'elle pût les étendre aux populations dont elle avait la charge.

Chroniques algériennes, 1939–1958, Paris, Gallimard, 1958.

Nationalisme, indépendance et langue

Les États-Unis ont observé et suivi de très près la montée du nationalisme algérien, partagés entre le sentiment de voir l'indépendance l'emporter et la crainte que ne s'installe à Alger des nationalistes formés à l'école du marxisme. Les intérêts américains en Algérie et les intérêts algériens aux États-Unis (souvent développés et poussés par les communautés algériennes-américaines) n'ont pourtant jamais semblé bénéficier d'une situation historique apparemment favorable aux échanges. Les relations politiques n'ont pas connu de période éclatante, même si dans la crise des otages de l'Ambassade américaine en Iran de 1979, le gouvernement et la diplomatie algériens ont exercé un rôle d'intermédiaire entre les États-Unis et l'Iran. La montée de l'islamisme en Algérie et la guerre contre le terrorisme de l'administration américaine après 2001, ont cependant fourni quelques occasions de rapprochement. La présence culturelle et linguistique des États-Unis en Algérie est restée modeste pendant toute cette période à la fin des années 1980 où l'apprentissage de l'anglais était préconisé, par Alger, comme outil destiné à pondérer la domination du français, langue jugée par certains comme néo-coloniale et incapable de rivaliser avec l'anglais dans le monde des sciences et de la technologie. Sous Chadli Bendjedid, trois fois Président de la République algérienne de 1979 à 1992, on envisagea de substituer l'anglais au français en quatrième année du second cycle de l'école élémentaire. Ici encore, les réalités sociologiques furent plus fortes que les décisions politiques. Si l'anglais est toujours considéré en Algérie comme un moyen d'accéder à des formations supérieures de haut niveau, comme celles souhaitées par exemple par les étudiants algériens qui se rendent à cet effet aux États-Unis, il reste le choix d'un nombre modeste d'élèves dont les familles continuent à voir le français, à côté de l'arabe, comme l'un des supports de la modernisation du pays et de son ouverture internationale.

L'Algérie et la Francophonie

C'est numériquement le pays le plus important de la Francophonie, c'est aussi le plus discret dans le concert des nations et des communautés qui ont le français en partage. L'histoire coloniale terminée par une guerre farouche contre le colonisateur, les plaies restées ouvertes depuis son indépendance, expliquent en partie cet anonymat francophone. La nature du nationalisme algérien qui a conquis chèrement sa liberté avant d'imposer sa propre présence sur cette région du Maghreb, est également à l'origine de ce paradoxe. Ne voulant plus rien devoir à la France et exigeant d'elle des compensations pour son occupation coloniale, l'Algérie, après son indépendance en 1962, fournit l'un des rares exemples d'une colonie française qui a voulu faire table rase des marques de son annexion, et a continué à voir la langue française comme un instrument impérialiste à rejeter. L'exact opposé se retrouvera notamment en Tunisie où le Président Habib Bourguiba utilisera le français comme l'un des outils qui contribuera à édifier la république indépendante et à la placer favorablement sur la scène internationale. Les migrations des populations vers la France ont, pour leur part, contredit la volonté politique du gouvernement algérien. L'installation des Algériens en France, les regroupements familiaux, la binationalité des nouvelles

La Casbah d'Alger, vue par les Européens en 1900.

générations ont imposé dans les faits une utilisation massive du français dans les échanges quotidiens, dans les programmes de télévision et dans la communication en général. Les chaînes satellitaires du Maghreb ou d'Europe croisent des messages dans lesquels le français n'a jamais eu autant d'importance. Seule, l'apparition des chaînes arabophones du Moyen-Orient est venue, à son tour, contrebalancer une situation largement favorable à la langue française. Les observateurs du monde francophone se demandent régulièrement pourquoi l'Algérie n'est pas membre de l'Organisation Internationale de la Francophonie et à quel moment elle choisira d'y faire son entrée pour y occuper une place de choix ? La réponse est politique et tient à l'évolution des relations franco-algériennes. La Francophonie institutionnelle n'a pu prendre corps avant que la France décide, dans les années 1980, d'y jouer son rôle. La Francophonie institutionnelle du futur ne pourra être parachevée sans la présence active de l'Algérie.

À LA RECHERCHE DES IDÉES

1. Quand la France a-t-elle entrepris la conquête de l'Algérie ? Quels groupes ethniques existaient en Algérie à l'époque de la colonie ? Quelle était leur situation civique et sociale ?

2. Pourquoi la politique d'« assimilation » reste-t-elle « théorique » selon Albert Camus dans l'extrait ci-dessus ?

3. Pourquoi à l'ère moderne, le gouvernement de l'Algérie a-t-il voulu substituer l'anglais au français ? Pourquoi cette politique n'a-t-elle pas réussi ?

4. Quels phénomènes sociaux peuvent expliquer la présence continue de la langue française en Algérie ?

RÉFLEXION

A. En Algérie, la France croyait accomplir une « mission civilisatrice ». Quelles étaient les implications pour les populations indigènes ? Quelle ironie peut-on relever dans le contraste entre cette « mission » et les réalités sociopolitiques de l'Algérie à l'époque coloniale ?

B. Approfondissez vos recherches sur les deux principaux épisodes de la guerre d'Algérie, la Bataille d'Alger et le Putsch des généraux.

Liens francophones
Les éléments d'un dialogue au pluriel

Le lien francophone post-colonial, quand il survit chez les citoyens des pays du Machrek et du Maghreb, ou dans les populations immigrées, confirme une relation avec la France et ses valeurs faite d'acceptation et de rejet, d'équilibres et de déséquilibres. La colonisation, aux temps de la République, a notamment fait intervenir la laïcité comme valeur susceptible d'influencer les sociétés colonisées.

On se souviendra que la République française a séparé l'Église de l'État en 1905 et installé un modèle de laïcité qui entend assurer la liberté de conscience du citoyen en dehors de toute contrainte religieuse. La laïcité n'a pourtant réglé dans les colonies ni les affrontements entre les groupes nationaux ou les catégories sociales, ni l'accès inégalitaire à la justice et à la liberté des consciences. Le contact entre les langues locales et la langue du

Un café à Tanger, Maroc.

colonisateur a installé un rapport de force majeur que la décolonisation a tenté d'apurer en le présentant comme une chance pour le dialogue des cultures. Nombreux sont les liens qui unissent les populations du Machrek et du Maghreb à la Francophonie. Ils soulignent l'importance de pays, comme l'Algérie, de communautés, comme les Berbères, et plus généralement de la femme, dont on verra la centralité au cœur du dialogue des cultures.

1 *La Francophonie et les cultures musulmanes*

Chrétienté et Islam

Le rapport entre des sociétés en majorité musulmane a tout à la fois enrichi et exacerbé le dialogue millénaire entre la Chrétienté et l'Islam. L'expansion coloniale française a pu être considérée comme un épisode des luttes entre deux Religions du Livre. Néanmoins, dans ce cadre colonial, à la domination culturelle de l'Orient arabe par l'Occident européen, la France a ajouté la dominante laïque qui, à partir de la IIIe république (1871–1940) viendra éclairer d'une manière nouvelle l'expansion et les conflits qui, jusque là, avaient été menés au nom de la Royauté et de la Chrétienté pendant tout le premier Empire colonial français (1604–1783). En effet, jusqu'à la conquête de l'Algérie en 1830, le mouvement colonial français n'est jamais en contact avec des puissances et des pays musulmans et arabes. Or, au XIXe et XXe siècles ces puissances, vaincues et dirigées indirectement ou directement par la France, verront dans leur défaite l'effet du retour sur leurs territoires d'un Occident conquérant. Dès lors, elles ne manqueront pas de dénoncer la « mission civilisatrice » des colonisateurs, comme une imposition forcée sur les préceptes de l'Islam. Bien que démographiquement minoritaire, le colonisateur se verra reprocher d'imposer sa loi et ses valeurs à la majorité musulmane subjuguée ou occupée. Il est à souligner que, dans une perspective américaine, c'est essentiellement dans ces communautés non-musulmanes du monde musulman que se recruteront les premiers candidats à l'immigration vers les États-Unis. L'arrivée postérieure d'immigrants musulmans du Machrek et du Maghreb, vers l'Europe et les États-Unis, principalement après la

Aide-Mémoire

Islam et Chrétienté sur les bords de la Méditerranée

VIIIe siècle	Les invasions arabes atteignent le continent européen. Chute du Royaume mérovingien d'Espagne.
1095	Première croisade des Européens pour reconquérir les Lieux Saints en Orient.
1099	Prise de Jérusalem par les Croisés.
XIIIe–XIVe siècles	Reconquête de l'Espagne par les Rois catholiques.
1453	Chute de l'Empire byzantin. Prise de Constantinople par les Turcs.
1683	Échec du siège de Vienne par les Turcs.
1798	Expédition française de Napoléon Bonaparte en Égypte.
1830	Les Français débarquent en Algérie, début de la conquête.
1919	Fin de l'Empire ottoman.

Deuxième Guerre mondiale et les décolonisations européennes, reposera à sa façon la question du dialogue entre Chrétienté et Islam, même dans des pays à régime républicain et laïque comme la France qui ont séparé officiellement l'Église de l'État. En émigrant vers l'Occident, le musulman composera avec ses coreligionnaires issus de minorités ethniques et religieuses qui auront à s'intégrer dans des sociétés marquées par leur héritage chrétien.

Laïcité et religion

La laïcité n'est pas seulement une importation de la colonisation française, elle fait aussi partie de l'héritage postcolonial. Dans presque tous les pays du Machrek et du Maghreb, les nationalismes du XXe siècle ont amené des régimes inspirés par des idéologies laïques, co-habitant avec les préceptes de l'Islam. Avant sa disparition, l'Empire ottoman a vu s'implanter dans sa société musulmane le mouvement des Jeunes Turcs qui, sous l'impulsion de Moustafa Kemal, dit Atatürk (1881–1938), premier Président de la République turque en 1923, a tenté d'introduire une forme native de laïcité sur des terres de l'Islam. Son initiative demeure une référence obligée lorsque l'on évoque l'évolution contemporaine de l'Orient musulman. Les partis nationalistes tels que le Néo-Destour de Habib Bourguiba en Tunisie ont repris à leur compte, comme base de leurs régimes politiques issus de l'indépendance, des préceptes républicains et ont trouvé une voie politique qui n'empruntait plus au mariage strict du pouvoir et de la religion. Le Front de Libération Nationale, parti de résistance et de combat en Algérie, a mené sa guerre de décolonisation au nom d'un anti-impérialiste marxiste, mais sans jamais, cependant, rejeter ses références à l'Islam, creuset historique de la nation algérienne. Ainsi l'indépendance a donné naissance à la République algérienne démocratique et populaire, dont on voit dans son titre se dessiner des contours où l'Islam n'est pas mis officiellement en avant comme base du régime, à l'inverse de la République islamique de Mauritanie, l'une de ses voisines géographiques. Ainsi, les ferments nationalistes qui ont contribué à la naissance de républiques indépendantes, ont eu aussi pour effet de bloquer un processus qui associait jusqu'à les confondre le pouvoir politique temporel et le pouvoir religieux. Au Machrek, la République arabe syrienne et la République arabe d'Égypte montrent, comme on peut le comprendre dans la lecture du nom qu'elles se sont donné, une référence à l'appartenance ethnique. Or, ce signe conforte avant tout l'adhésion de la nation au modèle républicain qui, de surcroît, plonge ici ses racines dans le grand ensemble arabe et sunnite. Dans la plupart des cas, la référence à la laïcité devrait plutôt être comprise comme l'introduction, dans la vie politique et le gouvernement du pays, d'une valeur qui enrichit le confessionnel sans le dénaturer ou l'exclure. Dans le cas de la République libanaise, régime multiconfessionnel par excellence, la tolérance qui s'impose pour les communautés nationales, gouvernées sans injustice et sans sectarisme, est souvent mise en avant comme garante d'un équilibre et d'une neutralité entre les religions. Cette vertu, souvent bien théorique, est celle que l'on attribue d'habitude aux régimes laïcs. On notera enfin, que tous les rapports, forts ou moins visibles, que les cultures du Machrek et du Maghreb entretiennent entre religion et laïcité, vont se retrouver chez les individualités ou dans les groupes qui, ayant choisi l'immigration vers des sociétés non-musulmanes et laïques, auront à ouvrir une page nouvelle du dialogue entre religion et laïcité, celle-ci présidant au fonctionnement de la culture dominante dans le pays d'accueil.

À LA RECHERCHE DES IDÉES

1. Comment la nature du conflit entre l'Occident et l'Orient évolua-t-elle pendant la IIIᵉ République française ?

2. Expliquez l'attitude des premiers mouvements nationalistes vis-à-vis de la religion.

3. Sur quels principes politiques se fondait, à ses débuts, Le Front de Libération Nationale en Algérie ?

4. La République libanaise est-elle fondée sur un idéal de tolérance ?

RÉFLEXION

A. Expliquez pourquoi la « mission civilisatrice » de la France pouvait être mal comprise par les populations musulmanes.

B. Quels conflits modernes ont fait surgir un extrémisme islamiste et ont marqué un retour au choc entre les civilisations de l'Occident et l'Orient ?

2 *La femme au cœur du débat culturel et linguistique*

Le rôle et la place de la femme au Machrek et au Maghreb sont tout aussi centraux que ceux que d'autres civilisations extérieures à l'Orient arabe leur ont attribués au cours des siècles. La colonisation et la décolonisation ont eu une influence qui est loin d'être négligeable sur les comportements et parfois même sur les valeurs séculaires de la tradition méditerranéenne et musulmane. Les périodes récentes de domination extérieure non-musulmane ont été le théâtre d'une évolution double, vers la modernité et vers le monde extérieur. Des décennies de contact et de présence étrangers à la culture locale ont provoqué un débat culturel et linguistique inédit. Une forme d'acculturation s'est introduite qui a touché la cellule familiale du colonisé. La femme en a été souvent la première affectée en tant que traditionnelle gardienne du foyer et dépositaire de la langue maternelle. Que reste-t-il de cette rencontre forcée entre les civilisations, en période post-coloniale où la femme a souvent recréé un nouveau foyer et tissé des nouveaux liens dans des pays où elle a émigré avec les siens, souvent précédée par l'époux, le fils ou le frère ? (7)

Femmes d'Alger dans leur appartement, 1834
Eugène Delacroix (1798–1863)

Claustration et émancipation

L'Orientalisme, ou représentation fantasmée et réductrice de l'Orient et de l'Oriental, est une théorie occidentale dont les pratiques ont leur origine dans le colonialisme et l'impérialisme. (8) Elle fait une grande place à la femme en exagérant, souvent jusqu'à la caricature, son rôle dans la société colonisée. En s'intéressant à la réalité historique, économique et humaine de la colonisation, les études féminines ont redressé les distorsions les plus flagrantes et ont montré la relation troublante entre colonisation et rapports de sexe. Elles nous ont aussi démontré que le colonisé était en fait une colonisée et que le colonisateur ne pouvait être, quant à lui, que de sexe masculin. La femme est d'autant plus présente, dès le départ, dans l'imaginaire orientaliste des occidentaux, qu'elle semble lointaine et inaccessible, enfermée par sa famille et par sa communauté, car il est important de la soustraire au regard de l'étranger qui vient de faire une irruption sacrilège dans le pays. Pour le monde musulman, les mœurs, les intentions du colonisateur sont un danger contre le bien fondé de la tradition et des valeurs millénaires. L'une des premières tentatives symboliques pour pénétrer ce monde clos sera le fait du peintre français Eugène Delacroix (1798–1863) qui, quatre ans à peine après la Prise d'Alger, se serait introduit dans un « harem » et en aurait rapporté un tableau (à gauche) dont les implications culturelles résonneront pendant longtemps dans les imaginaires occidentaux et dans les réactions de défense orientales. Quant elle est représentée par le peintre étranger, comme Delacroix, la femme dans son « appartement » est dévoilée et désœuvrée, ce qui contredit fondamentalement les vertus traditionnelles, bafoue les notions de pudeur et de responsabilité que prône sa culture. (9) D'autre part, la femme est d'autant plus vulnérable au processus colonial, qu'elle ressent une agression dont elle est la victime dans sa fonction de rempart ultime contre la conquête et l'occupation par l'étranger. Pourtant, elle aussi est l'un des acteurs nécessaires de la révolte anti-coloniale qui s'annonce. Pour la tradition, la femme musulmane règne sur la sphère privée, alors que l'homme organise la sphère publique. La lutte anti-coloniale à laquelle elle va participer, non pas seulement comme supplétive de l'homme, la mettra de fait au premier plan de la réaction et de la libération. L'engagement contre l'étranger, pourrait aussi précipiter sa libération personnelle. La voilà à nouveau dans la sphère publique. Comme les femmes occidentales qui occupèrent pendant les deux guerres mondiales la place de l'homme en faisant son travail sur le front de tous les jours, elle rentrera difficilement au foyer une fois la paix revenue et l'indépendance acquise. Des portes se seraient-elles ouvertes alors pour autant ? La femme musulmane pourrait-elle désormais occuper des fonctions et des rôles autrefois strictement dévolus à l'homme ? Pourrait-elle jouer un rôle nouveau de conciliatrice entre sphère privée et sphère publique ?

Éloge de la pluralité : Voix de femmes

L'école du colonisateur français a donné une première occasion aux femmes d'échapper à l'illettrisme, bien que les filles des classes sociales élevées en aient surtout bénéficié, accédant même aux études supérieures comme leurs frères. Un demi-siècle après l'indépendance, dans un pays comme l'Algérie, l'analphabétisme touchait encore 40% des femmes, alors qu'il ne concernait que 20% des hommes. La femme est, dans sa propre communauté, sans « voix ». La ségrégation sexuelle d'autrefois se prolonge toujours par une ségrégation sociale. La langue, orale ou écrite, maternelle ou étrangère, joue un rôle particulier dans l'intégration de la femme dans sa communauté familiale ou nationale. La construction de l'identité féminine passe, avec son entourage, par des négociations de type linguistique, tout autant que social, économique ou politique. Au Machrek comme au Maghreb, où la langue dominante est l'arabe, langue du Coran, langue « révélée », qui se divise en arabe littéraire et en variétés locales et sociales d'arabe dialectal, une négociation réussie verra la femme accéder aux différents degrés de ce « lettrisme ». On a souvent reproché à l'arabisation de la période post-coloniale de déboucher sur un monolinguisme qui trahit l'identité profonde et multiple des peuples, les Berbères par exemple, appelés à vivre ensemble dans une même communauté nationale. Quant aux langues étrangères, en général le français, ou parfois l'anglais, héritées de la colonisation, du protectorat ou du mandat, leur accès conféreront à la femme le degré ultime de l'intégration sociale et lui donneront toutes chances de participer à un mouvement vers l'extérieur, immigration comprise. Nulle femme arabe n'a exprimé mieux que l'écrivaine franco-algérienne Assia Djébar les termes de cette équation à multiples inconnues, dans ses romans et nouvelles depuis *Femmes d'Alger dans leur appartement* (1980, en référence au tableau de Delacroix), *L'Amour, la fantasia* (1985), où s'entrelace le récit personnel et le récit historique, jusqu'à *Ces voix qui m'assiègent : en marge de ma francophonie* (1999) pour ne citer que quelques-uns des repères littéraires les plus évocateurs de la quête d'identité féminine dans le monde arabo-musulman, vécus et représentés par une femme. Il est vrai que pour l'artiste, l'écriture, en français pour Djébar, permet de franchir un pas supplémentaire, l'aidant à dépasser les limites et les interdits traditionnels, à faire entendre une polyphonie de voix de femmes de toutes les générations et de toutes les classes sociales, jusque là peu audibles en dehors des frontières d'un « enclos invisible ». À l'Académie française en 2006, son confrère Pierre-Jean Rémy (10) rendait hommage à ce parcours de « passeur » en déclarant notamment dans son discours de réception :

... Au commencement, en vous et en votre œuvre, était la femme. Puis très vite, vinrent les langues, la langue : c'est avec elles que je voudrais terminer. Mais la femme, d'abord : la femme arabe. « Vaste est la prison qui m'écrase », dit la chanson berbère dont les paroles servent de titre au troisième volume de votre Quatuor. *« L'ennemi est à la maison » assure, parlant de son mari dans* Vaste est la prison, *une femme au voile immaculé avant de masquer tout à fait son visage car elle doit rentrer chez elle : voilà le monde que vous peignez... Est-ce dans* La nouba des femmes *que, parlant de l'enfermement des femmes dans les campagnes, vous réinventez cet adjectif terrible : vous parlez de femmes « arables » : « ARABLES ». Arables comme la terre que défonce la charrue, la terre qui produit le blé, les fruits, en silence. Mais le silence qui symbolise cet enfermement, c'est, bien sûr, la langue, les mots, la lecture, l'écriture qui vous en ont fait sortir. L'école de la République, oui. Les premiers livres lus. La langue française. Et j'aborde là ce qui est au cœur même de votre vie. Cette attention à la langue, à toutes vos langues, elle est partout dans votre œuvre, indissolublement liée, pour vous et pour toutes les femmes arables et corvéables à merci pour lesquelles vous écrivez : indissolublement liée, donc, à leur sort à toutes. Vous le dites dans* L'Amour, la fantasia : « Tandis que l'homme continue à avoir droit à quatre épouses légitimes, nous disposons de quatre langues pour expirer notre désir : le français pour l'écriture secrète, l'arabe pour nos soupirs vers Dieu étouffés, le libyco-berbère quand nous imaginons de retrouver les plus anciennes de nos idoles mères. La quatrième langue, pour toutes, jeunes ou vieilles, cloîtrées ou à demi émancipées, celle du corps que le regard des voisins, des cousins, prétend rendre sourd et aveugle... Quatre langues qui sont autant d'ouvertures vers la liberté. »*

À LA RECHERCHE DES IDÉES

1. Pourquoi les femmes du Machrek et du Maghreb ont-elles été particulièrement marquées par la colonisation ?

2. Quel portrait de la femme musulmane dominait dans l'imagination des Occidentaux à l'époque coloniale ?

3. Dans quelle mesure peut-on déjà voir une image stéréotypée de la femme arabe dans le tableau de Delacroix ?

4. Quelle division s'opère suivant la tradition dans le ménage musulman entre la sphère privée et la sphère publique ?

5. En quoi la situation de la femme a-t-elle évolué à l'époque post-coloniale ?

RÉFLEXION

A. Comment les guerres révolutionnaires ont-elles eu sur la femme musulmane un effet semblable à celui des deux guerres mondiales sur la femme occidentale ?

B. Dans quelle mesure peut-on dire que la langue française a ouvert à la femme musulmane une voie vers la liberté ? Quelle tension existe, pour la femme musulmane, entre sa langue « maternelle » et la langue « étrangère » ?

3 *Aspects de la littérature et du cinéma au Machrek et au Maghreb*

La littérature et, d'une certaine manière le cinéma, reflètent la relation à la langue qu'entretient un peuple. Si la première est souvent l'outil des classes éduquées et des élites, le second s'adresse à tous et sert de véhicule aux récits identitaires écrits par la nation post-coloniale. Le français y tient une place variable en fonction des lieux et des gens qui font l'histoire ou qui l'écrivent. Hérité de l'époque coloniale, il est, dans l'expression artistique, tributaire des choix collectifs ou personnels des créateurs qui l'utilisent pour donner une ampleur et une audience aux sujets et thèmes traités que ne leur conférerait pas nécessairement la langue nationale. Quelles que soient les différences de style et de formulation relevées entre littérature et cinéma, entre Machrek et Maghreb comme lieu de production, entre auteurs et auteures comme sensibilités, des tendances et constantes peuvent se lire dans le choix des principaux thèmes traités. Ces derniers sont aussi, très souvent, transversaux ou imbriqués. En effet un roman comme *La nuit sacrée* de Tahar Ben Jelloun ou *La répudiation* de Rachid Boudjédra, auraient pu être l'œuvre d'une femme. Nombre d'artistes sont des « passeurs » entre cultures, époques, genres d'expression artistique. Beaucoup sont le produit d'une bi-culturalité, tels les auteurs d'origine maghrébine en France, Azouz Begag, Mehdi Charef ou Nina Bouraoui. D'autres n'ont cessé de voir le monde de leurs origines orientales avec les mots de la langue française. D'autres enfin, nés français en terre orientale (Albert Camus, Robert Solé), feront surgir leurs racines orientales de leur mémoire ou de l'oubli.

Quelques repères culturels (11)

Histoire collective et individuelle à l'heure de la colonisation et des indépendances :

- Rachid Bouchareb (Maroc), *Indigènes*, long métrage, 2005.
- Driss Chraibi (Maroc), *Le Passé simple,* roman, Paris, Gallimard, 1954.
- Mohammed Lakhdar-Hamina (Algérie), *Chronique des années de braise,* long métrage, 1975.
- Robert Solé (France/Égypte), *Le tarbouche,* roman, Paris, Le Seuil, 1992.
- Kateb Yacine (Algérie), *Nedjma,* roman, Paris, Le Seuil, 1956.
- Albert Camus (France/Algérie), *Chroniques algériennes,* essais, 1939–1958, Paris, Gallimard, 1958.

Les sociétés coloniales et post-coloniales en mouvement. Réalités politiques et humaines :
- André Chédid (Liban), *La maison sans racines,* roman, Paris, Flammarion, 1985.
- Albert Cossery (Égypte), *Mendiants et orgueilleux,* Paris, Juliard, 1955.
- Férid Boughedir (Tunisie), *Alfaouine, l'enfant des terrasses,* long métrage, 1990 ; *Un été à la Goulette,* long métrage, 1995.
- Mouloud Féraoun (Algérie), *Le fils du pauvre,* roman, Paris, Le Seuil, 1950.
- Amin Maalouf (Liban), *Le rocher de Taïnos,* Paris, Grasset, 1993.
- Albert Memmi (Tunisie), *La statue de sel,* roman, Paris, Gallimard, 1953.
- Marie Seurat (Syrie/France), *Les corbeaux d'Alep,* roman, Paris, Gallimard, 1988.

L'exil et la rencontre des cultures :
- Azouz Begag (Algérie/France), *Le gone du Chaaba,* roman, Paris, Le Seuil, 1986.
- Nina Bouraoui, *La voyeuse interdite,* roman, Paris, Gallimard, 1991.
- Mehdi Charef, *Le thé au harem d'Archimède,* roman, Paris, Le Seuil, 1984.
- Naïm Kattan (Irak/Canada), *Adieu Babylone,* roman, Paris, Albin Michel, 1975.
- Leïla Sebbar (France/Algérie), *Shérazade,* roman, Paris, Stock, 1981.

La femme devant l'histoire, la tradition et la modernité :
- Rachid Boudjédra (Algérie), *La répudiation,* Paris, Gallimard, 1969.
- Mohammed Dib (Algérie), *La grande maison,* roman, Paris, Le Seuil, 1952.
- Assia Djébar (Algérie/France), *Vaste est la prison,* roman, Paris, Livre de poche, 1995 ; *La nouba des femmes du Mont Chénoua,* long métrage, 1979.

La transposition du réel et le choix artistique :
- Edmond Jabès (Égypte), *Je bâtis ma demeure,* poèmes, Paris, Gallimard, 1959.
- Tahar Ben Jelloun (Maroc), *La nuit sacrée,* roman, Paris, le Seuil, 1987.
- Georges Schéhadé (Liban), *Les poésies,* Monaco, Le Rocher, 2001.
- Salah Stétié (Liban), *L'être poupée,* poésie, Paris, Gallimard, 1983.

À LA RECHERCHE DES IDÉES

1. À quel public s'adresse le plus souvent la littérature ?

2. En quoi le cinéma se distingue-t-il de la littérature en ce qui concerne son public et son intention ?

RÉFLEXION

Choisissez, pour en discuter en groupes, certaines des œuvres signalées ci-contre et sur lesquelles vous aurez pu faire une recherche détaillée. Chaque groupe sera responsable d'une œuvre et en résumera les idées importantes et les thèmes principaux.

Adieu Babylone, Naïm Kattan

Né en 1928 dans la communauté juive de Bagdad, Naïm Kattan a consacré une œuvre importante à décrire et nous faire comprendre comment s'est créée une littérature de l'exil dans le domaine francophone. De la Mésopotamie à Paris et au Canada, il a su montrer à travers sa propre expérience et ses textes qu'un écrivain peut habiter plusieurs langues et plusieurs cultures sans perdre ses racines et sans renoncer à sa foi humaniste et universelle. On retiendra, entre autres, *Le réel et le théâtral,* essai qui le lança en 1971, *Le repos et l'oubli,* 1987, *L'écrivain migrant,* 2004, *Châteaux en Espagne,* 2006.

Dans l'un de ses premiers romans, *Adieu Babylone* (1975), il évoque les liens que l'enfant juif entretenait avec son pays d'origine qu'il sera obligé de fuir avec sa famille pour échapper aux humiliations et aux persécutions. Pourtant, il écrit dans la préface : « *Adieu Babylone* n'est pas un livre de nostalgie et, encore moins, de ressentiment. Je me répète que les peuples survivent à leurs terres, même quand elles leurs sont hostiles ».

Dans l'extrait suivant, qui se déroule pendant la Seconde Guerre mondiale, la famille qui vient d'échapper aux exactions des Bédouins dans la ville abandonnée à l'anarchie, songe à l'exil :

> *Avec le retour de l'ordre, sortant de leur engourdissement et de leur stupeur, les juifs recommencèrent à faire des projets d'avenir. Partir venait en tête de liste.*
>
> *Tous les matins, des centaines de familles assiégeaient le bureau des passeports. Nous fûmes témoins, les premiers jours, d'un branle-bas dans les coutumes et les habitudes. Nous étions stupéfaits par l'accueil chaleureux que nous réservaient les employés. Qui sait, peut-être la marée de sauvagerie a-t-elle eu des conséquences béné-fiques! Les musulmans auront pris finalement conscience de l'aveuglante corruption qui minait l'administration et qui atteignait tout le monde depuis les plantons jusqu'aux ministres. Les policiers nous saluaient et ne nous tendaient pas la main. Les plantons annonçaient notre présence à leurs maîtres sans attendre de rétribution. Du reste, nos pourboires n'auraient point été généreux. Étions-nous décidés vraiment de partir, ou entendions-nous tout*

simplement signifier aux autorités notre façon de penser ? Si on ne veut plus de nous, nous allons, sur-le-champ, débarrasser les lieux et abandonner les bédouins à leur sort.

À ceux qui étaient vraiment résolus à mettre leur projet à exécution une autre question se posait : partir, mais où ?

L'Allemagne venait de déclarer la guerre à la Russie soviétique. Les armées hitlériennes déferlaient sur toute l'Europe. Nous étions rassurés de savoir que les disciples irakiens du Führer étaient derrière les barreaux, inoffensifs. Les forces nazies n'en conservaient pas moins toute leur puissance militaire, leur haine des juifs demeurant intacte. Dans ces conditions, il eût été aberrant d'aller se jeter dans la gueule du fauve...

L'Amérique ? Impossible. Une fois munis de tous les documents, il fallait attendre des années pour obtenir un visa dont l'usage demeurait hypothétique puisqu'il était peu probable qu'un passager civil puisse trouver place à bord d'un bateau.

Tous les matins, dès l'ouverture, la famille au complet se présentait au bureau des passeports. Nous étions tous là, ma grand-mère, mon oncle célibataire, qui partageaient tous deux notre maison, mes parents, ma sœur et mon frère. Ma mère a vite jugé que sa présence n'était pas indispensable d'autant plus qu'elle ne pouvait négliger plus longtemps sa cuisine et ses travaux ménagers.

En outre, ses questions devenaient précises, pertinentes et embarrassantes. Sur quel havre de salut notre choix était-il tombé ? À son tour, mon père abandonna la promenade quotidienne et, fonctionnaire au bureau des postes, il se dépêcha de se remettre à la tâche. Ma grand-mère et mon oncle ne nous ont accompagnés qu'une fois, nous accordant ainsi une approbation symbolique. Pour mon frère, ma sœur et moi, ce fut une merveilleuse diversion dans ce début des grandes vacances scolaires.

Tous les matins, nous étions là, à l'heure. Nous franchîmes toutes les étapes, les unes à la suite des autres : enquête de la police, témoignage sur l'authenticité de notre naissance irakienne. Pour cela une armée de témoins professionnels nous offraient leurs services. Des hommes d'un âge certain encombraient les rues attenantes au bureau des passeports. Nous marchandions le prix du témoignage et puis nous nous présentions devant le fonctionnaire qui enregistrait, sous serment, l'attestation de ces hommes qui nous voyaient pour la première fois et qui juraient nous avoir vus naître. Les fonctionnaires fermaient soigneusement les yeux sur certaines anomalies. Ainsi l'homme qui a déclaré officiellement avoir assisté à la naissance de mon père était son cadet d'une dizaine années.

Durant les longues heures d'attente, la petite cour bordée d'arbres et de rosiers tenait lieu de café. À l'ombre des orangers, la brise fraîche donnait, dans ces chaudes journées, un accent de vérité à l'accueil inusité des fonctionnaires dont les bureaux entouraient cette cour.

Nous nous retrouvions tous là : voisins, anciens voisins, cousins, camarades d'études, collègues. Avant d'entamer le chapitre de nos projets immédiats ou lointains, nous commencions par le récit de notre aventure personnelle les jours du Farhoud. Dans ce bureau des passeports, nous prenions acte, en la découvrant, de notre appartenance au monde. Nous avions des cousins en Indonésie qui nous réclamaient, des frères à Calcutta qui nous offraient l'hospitalité, des oncles qui avaient fait fortune à Mandalay et qui nous conviaient à partager leur prospérité. Et tels des titres de noblesse, nous déclamions nos perspectives de nouveaux départs et de nouvelles vies. Bien sûr, nous n'étions plus dans l'abandon et la désolation. Mais il existe des cieux plus cléments que d'autres.

Nous ne mettions jamais en doute le sérieux de nos projets et de nos résolutions.

—Et toi, où pars-tu ?

Dans ses multiples variantes, la réponse était toujours la même.

—Je vais rejoindre mon oncle à Shanghai.

—Avec toute la famille ?

—Non. D'abord, j'irai seul afin de préparer le terrain. Mes parents et mes sœurs me suivront. Et toi?

—Moi, dis-je, je vais chez mon oncle à Téhéran. C'est mon frère aîné qui ira d'abord, en éclaireur.

Chacun de nous déclinait le nom d'un parent proche ou éloigné, devenu subitement l'indispensable chaînon le reliant à un monde libre, exempt de la haine et de la persécution...

Nous étions fermes. Nous partirons. Mais d'abord, le passeport.

Adieu, Babylone, Naïm Kattan, Paris, Albin Michel, 1975.

Entretien avec Naïm Kattan

... Quand je suis arrivé à Montréal, après sept ans à Paris, je suis allé vivre au Canada, j'ai envoyé des articles (en arabe, NDLR) à Bagdad, au journal dont j'étais le correspondant.

Quand ces articles me sont revenus publiés, je les ai lus et j'ai pensé que c'était absurde. C'était en 1954. Et le rapport entre Bagdad et Montréal était tellement lointain qu'écrire pour un lecteur arabe de Montréal devenait absurde. Je suis allé à Montréal parce qu'on y parle le français. J'ai choisi l'Amérique qui parle français. Le français était devenu ma langue affective. C'était un choix émotif et affectif, avant d'être un choix fonctionnel. La langue n'était pas un vecteur, ce n'était pas un véhicule pour parler, c'était un véhicule émotif.

Ma grande émotion, c'est encore d'écouter, à la Comédie française, Racine et Molière. Chaque fois que je viens à Paris, je veux redécouvrir cette émotion première, entendre dans sa nudité et dans sa plénitude cette beauté de la langue qui est la musique la plus pure. Et je me sens tellement humble que de pouvoir écrire cette langue est une conquête...

Extrait de « D'où je viens, où je vais, un entretien avec Simone Douek » dans « Naïm Kattan, l'écrivain de passage », Blanc Silex Éditions et HMH, 2002.

Salah Stétié

Essayiste, critique d'art et traducteur, né à Beyrouth en 1929, Salah Stétié est aussi diplomate et poète. Il publie une œuvre importante par son volume et par la relation qu'il entretient avec le monde des arts graphiques. Ses textes, en particulier ses poèmes, entrent en osmose avec les artistes qui les illustrent. On peut retenir quelques-uns des nombreux succès qui jalonnent sa carrière tels que : *Les porteurs de feu*, 1972 ; *Inversion de l'arbre et du silence*, 1980 ; *Éclats, quatorze haïku*, 1992 ; *Le français, l'autre langue*, 2001 ; *Liban*, 2006, hommage à son pays. Son évocation en langue française de la spiritualité islamique reste l'une de ses interventions majeures dans le domaine des lettres.

Le Bleu de la Question
L'homme est fait de la matière de l'arc-en-ciel
Il est couleur
Le jaune le bleu nilotique le noir le rouge d'Amérique
Le blanc, le blanc aussi, est couleur
D'autres couleurs existent que je ne connais pas
Qui sont à l'intérieur dans les cœurs et les âmes
Couleurs qui paraissent qui transparaissent
Dans les beaux yeux des femmes les yeux des hommes
L'iris et le frais cristallin des enfants
Iris bleu iris violet iris marron iris vert
Iris noir, tout ce champ de fleurs naïves
Tourné en grand jardin vers le soleil visible
Transparence de l'air feu de l'orage
Et l'invisible aussi
Que l'homme voit si même il dit ne pas le voir
Cela qui fait de nous l'humanité
Celle qui rêve et qui vit qui crée et souffre
Qui souffre et s'interroge
Et qui est vraie de la vérité des vraies racines
Hommes et femmes ayant rendez-vous de parole
Sous l'arbre des prairies
Leurs passions leurs récits leurs fables leurs poèmes
Conduits comme un troupeau vers la trompe d'Eustache
Mots chanteurs nidifiant
Puis, tout quitté, l'incompréhensible vache
Laboure avec ses cornes le bleu de la Question.

Le bleu de la question, Salah Stétié, Revue Nunc N°15, Éditions de Corlevour (www.corlevour.fr).

À LA RECHERCHE DES IDÉES

1. Pourquoi Salah Stétié, poète libanais, écrit-il en français ?

2. De quelle façon langue et religion sont-elles reliées dans son œuvre ?

RÉFLEXION

En groupes, proposez une interprétation du poème de Salah Stétié. Par exemple, quel est le symbolisme de la couleur et des couleurs ? Dans quel sens l'humanité est-elle « troupeau » ? Est-ce une image positive ou négative ? Quelle est « la Question » ?

Indigènes, Rachid Bouchareb

Né en France, d'origine algérienne, Rachid Bouchareb s'intéresse aux représentations et distorsions qui existent entre les colonisés et la mère patrie. Il a également peint le désarroi des immigrés face à des terres d'accueil qui ne les reconnaissent pas, comme dans *Baton Rouge* (1985) ou *Little Senegal* (2001) qui décrivent l'incompréhension des Africains pour la vie et la culture américaines et la réaction des populations afro-américaines confrontées à leur « racines » vivantes.

Indigènes, un long métrage réalisé en 2005 par Rachid Bouchareb, met en scène le récit des volontaires maghrébins de l'armée française combattant pour la libération d'une « mère patrie » qu'ils ne connaissent pas. Une fois libérée de l'occupant nazi, la France saura-t-elle se montrer reconnaissante du sacrifice de ses « Indigènes » et payer sa dette de sang?

On peut visionner la bande annonce du film sur le site : http://www.indigenes-lefilm.com/film_fr.html

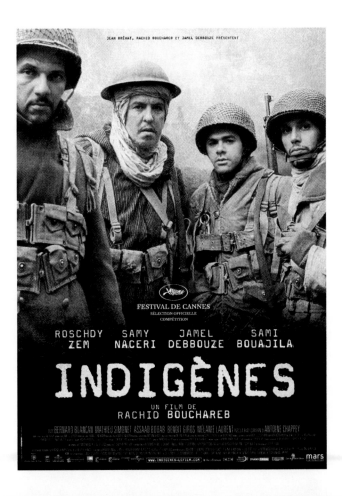

À LA RECHERCHE DES IDÉES

1. Quel est le thème central du film de Rachid Bouchareb ?

2. Que nous apprennent les films *Baton Rouge* et *Little Senegal* sur les relations multiculturelles aux États-Unis ?

3. Dans le film *Indigènes*, qu'advient-il des volontaires ayant combattu pour « la mère patrie » ?

RÉFLEXION

A. Chez Bouchareb, comme chez beaucoup d'auteurs de la région, les gens du Maghreb et du Machrek, où qu'ils soient dans le monde, paraissent prisonniers de deux cultures. Expliquez pourquoi.

B. Faites des recherches supplémentaires portant sur l'histoire traitée par le film *Indigènes*. Pourquoi les Maghrébins se portaient-ils volontaires dans le combat pour la France ?

4 *Les Berbères*

Il est essentiel, quand on traite du Maghreb, de connaître l'existence des Berbères, dont ils constituent le peuple originel. Mais ils en sont également le peuple oublié par l'histoire récente. Leur destin est distinct des populations arabes avec lesquelles ils forment des communautés nationales, comme en Algérie et au Maroc.

L'origine des Berbères (ou *Imazihen* en langue berbère) se perd dans l'antiquité et la pré-antiquité. Ces « hommes libres », comme ils se nomment, sont connus devant l'histoire comme des « barbares » (ceux dont on ne comprend pas la langue, d'où le nom « berbère ») pour les différents occupants de la région au cours des siècles, Romains, Arabes, Turcs, Français. Ils vivent sur un vaste territoire du Maroc à l'Égypte, notamment dans le Haut-Atlas marocain et les montagnes algériennes de Kabylie. L'ethnie saharienne des Touaregs, peuple nomade du centre du Sahara, en fait également partie. L'époque contemporaine a vu ces communautés, que l'on estime à plus de 25 millions de personnes, fournir de nombreux candidats à l'exil vers l'Europe et, dans une certaine mesure, vers l'Amérique du Nord. Leurs cultures et leurs langues, anciennes mais souvent minorées par l'occupant, ont commencé à retrouver droit de cité au tournant du XXIe siècle. Le Maroc et l'Algérie reconnaissent avec moins de difficulté que par le passé la contribution de

Communautés berbères.

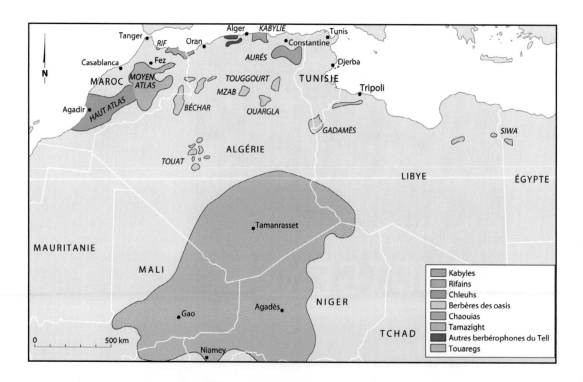

la langue berbère (ou Tamazight) aux plurilinguismes nationaux. De nombreuses personnalités du monde berbère ont œuvré pour la promotion de ses cultures et de ses langues. L'un des plus célèbres « passeurs » restera dans les mémoires Mouloud Mammeri (1917–1989), écrivain, historien et philosophe d'une « amazighité » ou « berbèrité » renaissante, réconciliée avec elle-même et avec les cultures majoritaires qui l'entourent. (12)

Assia Djébar

L'hommage d'Assia Djébar au berbère, sa « langue de souche » :

J'écris en français, langue de l'ancien colonisateur, qui est devenue néanmoins et irréversiblement celle de ma pensée, tandis que je continue à aimer, à souffrir, également à prier (quand parfois je prie) en arabe, ma langue maternelle. Je crois, en outre, que ma langue de souche, celle de tout le Maghreb, je veux dire la langue berbère, celle d'Antinéa, la reine des Touaregs où le matriarcat fut longtemps de règle, celle de Jugurtha qui a porté au plus haut l'esprit de résistance contre l'impérialisme romain, cette langue donc que je ne peux oublier, dont la scansion m'est toujours présente et que pourtant je ne parle pas, est la forme même où, malgré moi et en moi, je dis « non » : comme femme, et surtout, me semble-t-il, dans mon effort durable d'écrivain. Langue, dirais-je, de l'irréductibilité.

Extrait du discours de réception du Prix des Éditeurs et Libraires allemands, Prix de la Paix de l'année 2000.

À LA RECHERCHE DES IDÉES

1. Qui sont les Berbères ? Dans quelles régions du monde vivent-ils ?

2. Quel a été le sort de la langue berbère jusqu'au début du XXIe siècle ?

RÉFLEXION

A. Selon l'extrait cité plus haut, que représente la langue berbère pour Assia Djébar ?

B. Menez vos propres recherches sur la langue berbère. Devrait-elle être enseignée en dehors de sa région d'origine, en particulier aux États-Unis ?

5 *Le cas d'Israël en Francophonie*

Au cœur d'un monde largement arabe, l'État d'Israël présente la particularité souvent ignorée d'être un important foyer de Francophonie. Dans un pays multilingue dont la langue officielle est l'hébreu, des vagues successives d'immigration ont apporté de nombreuses langues maternelles dont le français. Ce dernier est à la fois la langue de nombreux foyers et langue étrangère. Les Francophones d'Israël représentent environ 20% des 8 millions d'habitants du pays. Depuis les années 1990, un mouvement s'est opéré de la France, en particulier, vers Israël. Mais le phénomène francophone israélien a, en grande partie, des origines plus anciennes, indirectement liées à la colonisation française. En effet, les populations juives d'ascendance sépharade (venues d'Espagne à partir de la fin du XVe siècle) qui s'étaient établies dans le Maghreb en milieu arabe et ottoman ont quitté une nouvelle fois leurs communautés d'accueil après que la colonie ou le protectorat français soit devenu indépendant et que l'État d'Israël ait acquis un droit de cité longtemps contesté par ses voisins arabes.

Profitant de la Loi du Retour promulguée par le Premier ministre Ben Gourion (1886–1973), de nombreuses communautés juives jusque-là établies dans tout le monde arabe ont convergé vers l'État hébreu. Trois dates sont à retenir dans la géopolitique de cette région en relation avec les migrations des communautés juives vers Israël : le conflit de Suez entre l'Égypte et la coalition anglo-franco-israélienne en 1956, l'indépendance de l'Algérie en 1962, enfin la Guerre des Six Jours en 1968 à l'issue de laquelle Israël, vainqueur des nations arabes, imposa un nouvel équilibre au Proche-Orient. En dépit de ce cadre, les communautés juives n'ont pas toujours connu les mêmes destins qui les ont menées au départ. La population juive d'origine marocaine, la deuxième du pays après la population venue de Russie, a constitué un flot plutôt régulier et a surtout grossi les rangs des agriculteurs et des artisans. La plus petite population d'origine tunisienne, tournée vers les professions libérales, a trouvé en Europe un foyer d'accueil aussi acceptable que le nouvel État d'Israël. La population juive d'Algérie a été victime du sort que lui a imposé la colonisation française. (13) Devenus citoyens français par le décret Crémieux en 1870, alors que les musulmans ne sont que des « indigènes » sans droits civiques, les juifs d'Algérie sont assimilés par les colonisés aux colons français. Ils subiront le même sort et seront obligés à l'exil après l'indépendance de l'Algérie en 1962. Ils rejoindront les centaines de milliers de « Pieds-Noirs » (tels que se nomment les Français d'Algérie) rapatriés en France. Certains déçus des conditions de leur nouvelle vie prendront une nouvelle fois le chemin de l'exil pour s'établir en Israël. Les Francophones d'Israël, aux origines multiples, ne sont pas organisés en « communautés », mais leur présence se manifeste par des réseaux d'intérêts professionnels et des associations dont le signe de reconnaissance et de ralliement est l'utilisation de la langue française.

À LA RECHERCHE DES IDÉES

1. Combien de Francophones y aurait-il en Israël ?

2. Quel rôle joue le français pour les Francophones d'Israël ?

3. Quelle est l'importance numérique et sociale des juifs d'origine marocaine et tunisienne dans cette population ?

RÉFLEXION

Résumez brièvement l'histoire particulière des juifs d'Algérie. Pourquoi ont-ils choisi d'émigrer en masse après l'indépendance du pays ? Essayez d'expliquer pourquoi ils ont choisi d'aller vers tel ou tel pays et en particulier vers Israël.

Activités d'expansion

A. Repères culturels

Indiquez si chacun des noms ou expressions suivants se rapporte au Maghreb ou au Machrek. Expliquez votre choix.

1. Napoléon III
2. Habib Bourguiba
3. Le Levant
4. L'Émir Abd El-Kader
5. Les coptes
6. Le « Putsch des généraux »
7. L'Empire ottoman
8. Le Front de Libération Nationale
9. Le Maréchal Lyautey
10. Le Couchant
11. Les Berbères
12. La Casbah
13. Atatürk
14. L'accord Picot-Sykes

B. Liens culturels

Sujets de discussion

1. Pourquoi les Francophones sont-ils plus nombreux au Maghreb qu'au Machrek ?

2. Pourquoi la présence de la France en Syrie et au Liban a-t-elle été différente de la présence en Algérie ?

3. Quelle image donne le film *La Bataille d'Alger* de la lutte pour l'indépendance de l'Algérie ?

4. Pourquoi est-il compréhensible qu'à l'époque moderne, l'Algérie s'oppose chez elle à la prédominance de la langue française ? Comment cette attitude envers le français diffère-t-elle de l'attitude envers la langue française au Maroc, par exemple ?

5. Pourquoi est-il moins compréhensible que nombre d'auteurs et de réalisateurs du Maghreb (et du Machrek) écrivent en français ?

6. Que représente la langue française plus particulièrement pour les femmes du Maghreb et du Machrek ?

C. Activités écrites

1. Choisissez l'un des pays du Maghreb ou du Machrek et faites une étude détaillée de la présence du français dans ce pays.

2. Choisissez une œuvre francophone du Maghreb ou du Machrek et analysez ses principaux thèmes. Quelle attitude de l'auteur s'y dessine envers la culture et la langue françaises ?

D. Enquêtes interculturelles

A. Les Francophones aux États-Unis étaient, à leurs origines, des colonisateurs, alors que les Francophones au Maghreb et au Machrek étaient des colonisés. Comparez brièvement l'histoire de ces deux groupes en la rapprochant de leur attitude vis-à-vis de la langue française.

B. Comparez la situation des Arabes-Américains francophones et celle d'autres populations francophones aux États-Unis, par exemple les Haïtiens ou les immigrants venus d'Indochine. Quelles ressemblances ou différences notez-vous ?

C. Menez votre propre recherche auprès d'une communauté arabe-américaine. Ses membres se conforment-ils aux stéréotypes par lesquels les « Arabes » sont parfois décrits aux États-Unis ? Quels sont la part et le rôle du français dans cette communauté ?

Actualité et avenir : Pistes de recherche

1. Associations et regroupements d'intérêts

Problématique : Approfondir la connaissance des associations, regroupements d'intérêts sociaux et économiques, ou des organes de communication qu'ils fédèrent.

Question : Quelle est leur vocation ? Est-ce d'aider à l'intégration et à l'acculturation des nouveaux arrivés dans la culture et la société américaines, mais aussi de rappeler les cultures d'origine aux générations nées sur le sol américain ? Sont-ils également actifs pour développer les échanges entre le pays d'origine et le pays d'adoption sur les plans culturel, artistique et sportif ?

Arrière-plan de la recherche : S'appuyer sur les informations et représentations disséminées par groupes libanais-américains (*Lebanese American Foundation*) et égyptiens-américains (*Egyptian American Community Foundation*), mais aussi marocains-américains, algériens-américains, tunisiens-américains qui sont essentiellement des réseaux d'amitié et de solidarité.

2. L'avenir de la langue française

Problématique : Quel est l'avenir de la langue française dans certains pays du Machrek et du Maghreb ?

Question : Mener l'enquête par des recherches personnelles en ligne, mais aussi en prenant pour point de départ des témoignages tels que celui de Samir Marzouki, universitaire tunisien, directeur de l'Éducation et de la Formation technique et professionnelle, OIF.

Arrière-plan de la recherche : Entretien de S. Marzouki dans *Le français dans le monde*, Janvier–février 2006, N°343 :

Quelle est aujourd'hui la place du français dans les pays francophones du monde arabe ?

Le Maghreb et le Machrek, l'Orient arabe, présentent des situations différentes. À l'intérieur de ces deux espaces, il y a des variantes entre les pays, mais globalement on peut dire qu'au Maghreb, le français est une langue très vivante, pratiquée parallèlement à l'arabe, ce qui n'est pas le cas au Machrek où le français est moins répandu et concurrencé par l'anglais qui a beaucoup progressé ces dernières années. En fait, les enjeux sont différents et l'histoire de la présence du français également. Au Machrek, la Francophonie a toujours été la caractéristique d'une élite et cela reste le cas, mais de manière plus limitée. Le Machrek est plutôt situé dans une zone d'influence de l'anglais. On peut dire que dans un trilinguisme qui s'installe, le Maghreb hiérarchiserait plutôt les langues dans l'ordre arabe-français-anglais et le Machrek dans l'ordre arabe-anglais-français.

3. Orientalisme

Problématique : Comprendre comment « l'orientalisme » s'exprimait aux temps de la colonie.

Question : Décrire et comprendre les motivations de ceux qui en usaient alors en s'appuyant sur le document à droite.

Arrière-plan de la recherche : Se rapporter aux définitions inspirées par l'œuvre d'Edward Saïd comme par exemple :

N° 18. BLIDA — Mauresques prenant le Café

> *... L'Orientalisme est, sans être une idéologie politique, un courant de pensée qui a légitimé d'un point de vue culturel l'impérialisme colonial européen. D'une manière plus générale, il met en exergue que l'Occident s'est construit en définissant, par la négative, ce qu'il n'était pas, projetant sur un Orient fantasmé et exotique sa distinction de l'Autre.*

Source: http://dictionnaire.sensagent.com/orientalisme/fr-fr/

4. La presse francophone

Problématique : Quel est l'état de la presse francophone au Machrek et au Maghreb ?

Question : Juger de sa présence et de son influence. Décrire son rôle en Francophonie.

Arrière-plan de la recherche : On se rapportera volontiers à des organes de presse bien connus comme :

Au Liban, *L'Orient-Le Jour* : http://www.lorientlejour.com/
En Egypte, *Le Progrès Egyptien* : http://www.progres.net.eg/
En Tunisie, *La Presse* : http://www.lapresse.tn/
En Algérie, *El Watan* : http://www.elwatan.com/
Au Maroc, *Le Matin* : http://www.lematin.ma/

Références et repères bibliographiques

(1) Tel que De la Cruz, G. P., et Brittingham, A., *The Arab Population: 2000*, U.S. Census Bureau, 2003.

(2) Tels que l'*Arab American Institute*, ou le *National Council of Arab Americans*, parmi d'autres.

(3) *The Arab Population*, U.S. Census Bureau.

(4) *Muslim Americans: Middleclass and Mostly Mainstream*, Pew Research Center, May 22, 2007.

(5) Sur l'influence coloniale de la France voir par exemple : Claude, L., (dir.), *Dictionnaire de la colonisation française*, Paris, Larousse, 2007.

(6) Sur la guerre d'Algérie consulter notamment : Slama, A-G., *La guerre d'Algérie, histoire d'une déchirure*, Coll. Découverte, Gallimard, Histoire, n°301, Paris, 1996.

(7) De nombreuses études, analyses, des ouvrages, encyclopédies d'origine politique, religieuse, laïque, sociale, économique, culturelle sont consacrées à la situation de la femme musulmane dans la société. On pourra rapprocher les informations et conclusions des observations faites au plan mondial par la Quatrième Conférence Mondiale sur les Femmes organisée à Beijing par l'Organisation des Nations Unies en 1995 (Rapport disponible en français sur le site de l'Organisation).

(8) Notion rendue populaire par l'étude d'Edward Saïd, intitulée *Orientalism*, New York, Vintage books, 1978.

(9) On trouvera en ligne plusieurs descriptions du tableau. L'article trouvé sur www.erudit.org/revue/etudfr/2004/v40/n1/008476ar.html lie également le tableau à l'évocation faite par Assia Djébar dans l'ouvrage du même nom.

(10) Diplomate et écrivain, élu le 16 juin 1988 au fauteuil de Georges Dumézil (40ème fauteuil). www.academie-francaise.fr/Immortels/base/academiciens/fiche.asp?param=677

(11) Établi à partir de bases de données générales, telles que www.tv5.org ou thématiques telles que : www.limag.refer.org/index.htm

(12) A publié en 1952 *La colline oubliée*, point de départ de son parcours. L'université algérienne de Tizi Ouzou porte son nom.

(13) Voir à ce sujet Stora, B., *Les trois exils des juifs d'Algérie*, Paris, Stock, 2006.

ENQUÊTE SIX

LES FRANCOPHONES AFRICAINS :
LA PRÉSENCE NOIRE

Masque Fang, Gabon

6

L'Afrique subsaharienne
UNE FRANCOPHONIE AMÉRICAINE ANONYME

L a Francophonie africaine, vue des États-Unis, comporte plus d'un paradoxe. Le continent d'origine est perçu comme lointain, même si, au-delà des siècles, il est le foyer direct ou indirect d'Africains-Américains, de Caribéens et de Latino-Américains. Après les indépendances successives des colonies anglaises, françaises, espagnoles et portugaises au XXe siècle, de nouvelles populations noires ont rejoint les communautés historiques sur le territoire des États-Unis. Mais elles restent largement anonymes. Parmi elles, les populations des pays de l'Afrique francophone et de l'Océan indien, bien moins nombreuses que les populations de l'Afrique anglophone, semblent encore plus discrètes. On a coutume de dire que la Francophonie africaine représente l'avenir de la Francophonie, en raison de ses potentiels

Soif de lecture dans une école de Mali.

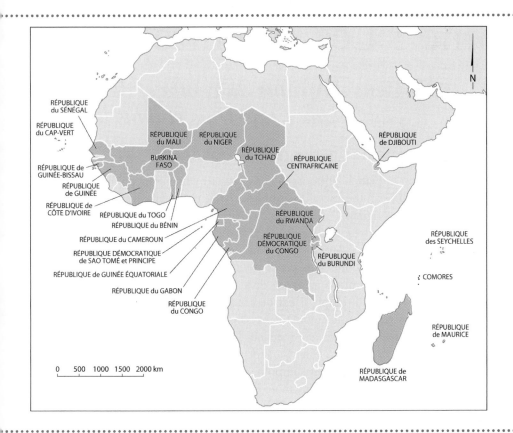

RÉPUBLIQUE
du SÉNÉGAL

RÉPUBLIQUE
du CAP-VERT

RÉPUBLIQUE
du MALI

RÉPUBLIQUE
du NIGER

RÉPUBLIQUE
de DJIBOUTI

BURKINA
FASO

RÉPUBLIQUE
du TCHAD

RÉPUBLIQUE de
GUINÉE-BISSAU

RÉPUBLIQUE
CENTRAFRICAINE

RÉPUBLIQUE
de GUINÉE

RÉPUBLIQUE de
CÔTE D'IVOIRE

RÉPUBLIQUE du TOGO

RÉPUBLIQUE du BÉNIN

RÉPUBLIQUE
du RWANDA

RÉPUBLIQUE du CAMEROUN

RÉPUBLIQUE
DÉMOCRATIQUE
du CONGO

RÉPUBLIQUE
des SEYCHELLES

RÉPUBLIQUE DÉMOCRATIQUE
de SAO TOMÉ et PRINCIPE

RÉPUBLIQUE
du BURUNDI

RÉPUBLIQUE de GUINÉE ÉQUATORIALE

COMORES

RÉPUBLIQUE du GABON

RÉPUBLIQUE
du CONGO

RÉPUBLIQUE
de MAURICE

0   500 1000 1500 2000 km

RÉPUBLIQUE de
MADASGASCAR

humains, linguistiques, culturels. Or, cette observation, encourageante pour les Francophones du monde entier, ne s'applique pas à la Francophonie africaine des États-Unis qui semble très souvent éprouver de la difficulté à se sentir reconnue ou tout simplement connue dans le pays d'accueil. L'Afrique est peut-être déjà trop lointaine pour ces nouveaux arrivants. Ne l'est-elle pas également dans les connaissances et les références des habitants des États-Unis ? Est-ce que cette distance n'expliquerait pas les incompréhensions et les silences que l'on observe dans les relations avec l'Afrique et les Africains, parfois même au sein des communautés noires ?

MISE EN ROUTE

Quelles populations, aujourd'hui américaines, sont d'origine africaine ?

Quels événements ont provoqué l'immigration la plus récente d'Africains vers les États-Unis ?

Quels pays francophones d'Afrique connaissez-vous ? Dans quelles parties de l'Afrique les situez-vous ?

Patrimoine : Les essentiels

1 *Gens d'Afrique du centre et de l'ouest établis aux États-Unis et dans le monde*

La part de l'héritage francophone

Sur le plan historique, la diaspora africaine francophone aux États-Unis est l'héritière des grandes civilisations qui ont fait ce continent. Dès les origines de l'humanité, l'Afrique a toujours révélé au reste du monde des trésors de culture. L'historien de l'Antiquité, Pline l'Ancien aurait même déclaré : « *Ex Africa semper aliquid novi !* » (*D'Afrique, il nous vient toujours quelque chose de nouveau*). Le Centre et l'Ouest peuvent par exemple se prévaloir de leur filiation avec la Vallée du Nil et les plateaux de l'Éthiopie. L'Est descend des grandes cultures du Zimbabwe et s'est retrouvé au contact des civilisations arabo-musulmanes du Nord-Est. La colonisation européenne, la traite des esclaves et le commerce triangulaire ont ensuite transformé en profondeur des régions où la langue du colonisateur s'imposa. Elle y est toujours présente, de l'anglais au portugais, et dans une moindre mesure à l'espagnol. Le français s'y est taillé une place de choix. Dans les régions de son ex-empire, l'Afrique Occidentale Française (AOF), l'Afrique Équatoriale Française (AEF), ou de l'ex-empire belge, autour du bassin du Congo, la langue française est souvent devenue la langue officielle et véhiculaire qui domine les langues nationales et vernaculaires.

Si, par pays francophone, on entend les pays membres de l'OIF, on arrive à quelques conclusions qui éclaireront de façon indirecte la présence des Francophones d'Afrique aux États-Unis et nous permettront de comprendre son origine :

- quatorze d'entre eux se trouvent dans la partie occidentale du continent ;

- sept en Afrique centrale ;

auxquels il faut ajouter :

- quatre pays de l'Océan indien, dont Madagascar, proches de l'Afrique, où le français est bien vivant. Un seul est présent à l'est : Djibouti. La Réunion, département français et Mayotte, communauté territoriale française, sont les seuls de cette zone à ne pas donner d'immigration significative vers les États-Unis.

TÉMOIN

BLAIRE C.

« *Je pense que le français va rester au Burundi.* »

Écoutez l'interview de Blaire sur le site www.yalebooks.com/heritages

Au delà des chiffres bruts, les statistiques officielles montrent que la plupart des pays francophones d'Afrique ont une immigration vers les États-Unis d'une importance relative. Rien de comparable en l'occurrence avec les pays anglophones de l'Ouest comme le groupe de la Gambie, du Liberia, du Ghana et surtout du Nigéria qui fournit à lui seul près de la moitié du million d'Africains récemment immigrés. Combien de Francophones y a-t-il au total ? C'est une question à laquelle il est scientifiquement difficile de répondre. Considérons cependant que sur les 40 millions qui composent la population noire des États-Unis, seul un million est d'extraction africaine récente et que, parmi eux, les ressortissants de pays francophones ne seraient que moins de 200 000. Pourtant, leur présence n'est pas sans traduire une diversité souvent inconnue de la population noire. En effet, au-delà des langues nationales qu'ils véhiculent, le wolof, le peul, le dioula ou le malinké à l'Ouest, le lingala, le songo, le kirundi ou le kinyarwanda au centre, ces individualités ou ces petits groupes ont une maîtrise en général très sûre du français, appuyée sur une éducation dans cette langue. Cette situation et ces profils ne se retrouvent pas seulement aux États-Unis, mais dans d'autres régions du monde où les Francophones africains ont trouvé des terres d'accueil. On pense en particulier au Québec, à la France et à la Belgique. Dans ces trois cas, à l'inverse de la situation qui prévaut aux États-Unis, les immigrés africains francophones ont préféré rejoindre des pays avec des populations largement francophones plutôt que de donner la préférence à un environnement ethnique numériquement plus conséquent, mais peu francophone. On peut comprendre alors que les Francophones africains qui s'établissent en France ne représentent que 2% à 3% de la population nationale, mais qu'ils sont en prise directe avec un environnement francophone, alors que les Francophones africains qui s'établissent aux États-Unis seront éventuellement intégrés à une communauté nationale et à des communautés noires totalement ou partiellement anglophones, hispanophones et lusophones. (1)

L'immigration africaine en Europe a débuté dès l'époque des colonies. La puissance coloniale s'est toujours assurée qu'elle pouvait former dans ses universités et ses grandes écoles les élites africaines de demain. Léopold Sédar Senghor, futur président du Sénégal indépendant, en est un exemple notoire. L'administration française alla même jusqu'à « co-éduquer » les futurs responsables des colonies, européens ou africains, au sein de l'ENFOM (École Nationale de la France d'Outre Mer). L'africanisation des cadres coloniaux s'accéléra au moment où se préparaient les indépendances. C'est aussi l'époque où les meilleurs étudiants africains se virent offrir des bourses d'études et de séjour. Après les indépendances, les conditions d'accueil des immigrés africains changèrent radicalement, d'autant qu'il s'agissait désormais d'une véritable immigration, de nature économique, souhaitée sur son territoire par l'ancien colonisateur, car il y trouvait la main d'œuvre qui lui faisait défaut. Mais l'installation de populations noires d'Afrique au côté d'une classe ouvrière française et de ressortissants français des Antilles ne se fit pas sans mal. La mondialisation a accentué le malaise initial, en poussant vers les rives de l'Europe une immigration d'autant moins souhaitée qu'elle est illégale ou qu'elle ne serait pas « choisie » par le pays d'accueil. Beaucoup ont cru voir dans ces populations pauvres, peu éduquées et culturellement peu préparées à la rencontre avec l'Europe, l'une des causes du mal des « banlieues » et un facteur aggravant dans les violences urbaines. À l'inverse, l'arrivée au Canada des Africains francophones a bénéficié d'un environnement multiculturel qui a favorisé dans l'éducation, les universités ou le système de santé, l'implantation d'élites déçues par l'Europe et ne voulant pas être confondues avec le nombre croissant d'illégaux et de clandestins cherchant à tout prix à faire leur rentrée dans un présumé « Eldorado » européen. En général, ce ne sont pas des « réfugiés » au sens où ont pu l'être d'autres Africains comme les Éthiopiens, Soudanais ou Somaliens, mais des personnes ayant choisi l'exil après des tragédies et des troubles comme on a vu au Rwanda, au Congo ou en Côte d'Ivoire.

*Présence sénégalaise à Harlem,
New York City.*

À la rencontre des communautés noires américaines

Les raisons qui ont poussé l'immigration africaine vers les États-Unis sont quelque peu différentes de celles qui ont motivé des départs pour l'Europe, ou le Canada francophone où il n'existe pas de communautés noires, mais où les chances de « rester francophones » sont plus grandes. En effet, hors d'un environnement majoritairement francophone, la Francophonie des nouveaux venus est peu nombreuse et fragile. Seuls les individus éduqués, généralement recrutées par le système universitaire pour renforcer leurs études africaines, post-coloniales ou françaises et francophones, se retrouvent en mesure de continuer à faire évoluer leur Francophonie et à la porter au plus haut de l'enseignement et de la recherche. Pour les autres individus ou communautés s'installant aux États-Unis, leur Francophonie sera rapidement mise au défi d'une intégration par le travail et la socialisation en milieu anglophone. L'une des langues nationales qu'ils ont importées d'Afrique dans leurs bagages patrimoniaux est la seule à survivre alors que leur français est en train de disparaître. Ce dernier n'avait pleinement son sens qu'au pays, surtout lorsqu'il était la langue véhiculaire de la vie administrative. Le fait que l'essentiel de l'immigration venue d'Afrique soit récente (depuis 1990) la distingue des communautés afro-américaines implantées aux États-Unis depuis l'origine du pays. À quelques exceptions marginales près (en Louisiane par exemple), elle n'a eu aucun lien avec les Francophones. Faute d'arriver à constituer des communautés africaines nationales distinctes, les immigrants francophones d'Afrique rejoignent en général les villes dans lesquelles des communautés noires américaines se sont établies. Il est frappant de voir comment des immigrations les plus récentes, la sénégalaise par exemple, va rejoindre le quartier de Harlem, ou les Ivoiriens et quelques Guinéens, le Chicago South Side. C'est ainsi que les Africains francophones ont, à des degrés divers, trouvé des lieux de résidence liés à l'histoire noire américaine, à New York, Los Angeles, Atlanta, Houston, Dallas, Minneapolis, Chicago, Boston et Philadelphie. Un peu partout on peut voir, suivant le niveau d'études antérieur, les étudiants se transformer en professionnels, des entreprises familiales s'ouvrir, souvent un restaurant ou une boutique de coiffure et de manucure. Les associations de Francophones africains sont plus récentes et souvent moins bien structurées que celles de communautés numériquement plus importantes. Mais ici aussi, les progrès sont souvent rapides et concluants. (2) Des analyses ont été menées sur les implantations et les modes de vie. (3) Des reportages dans la presse quotidienne nous donnent aussi des appréciations épisodiques et fragmentées, ici sur l'obligation pour tel jeune informaticien de vendre des marchandises dans la rue pour lui permettre de financer ses études, là qu'un incendie dans un local habité par une famille élargie a été la cause de nombreuses morts d'enfants à New York. Or, il faudra surtout retenir que malgré des conditions d'intégration difficiles tenant au manque de ressources financières à l'arrivée, des groupes de défense d'intérêt socio-économique et de santé voient souvent le jour dans la plus pure tradition de la solidarité africaine. D'inspiration religieuse ou laïque, ces associations remplissent en général un triple rôle : venir en aide aux nouveaux arrivants et leur assurer un minimum vital pour faciliter l'insertion, engager un dialogue de confiance avec les communautés voisines, aider les familles restées au pays par l'envoi de fonds et de produits. Ces groupements d'intérêt apparaissent de plus en plus fréquemment en ligne. (4) Les ambassades des pays africains aux États-Unis sont une source importante d'information sur leurs ressortissants et sur la part qu'ils jouent dans le renforcement de relations bilatérales. Néanmoins, tous les nouveaux arrivants ne sont pas enregistrés sur les listes consulaires et beaucoup tendent à se fondre rapidement dans le pays d'accueil. Enfin, de très nombreux centres universitaires aux États-Unis proposent des études africaines et des études sur la diaspora africaine. Outre l'approfondissement des connaissances, leur fréquentation peut permettre d'aller à la rencontre des Francophones africains, de leur histoire et de leur actualité.

L'Afrique subsaharienne
Une Francophonie américaine anonyme

1880	1896	1904	1910	1931	1939	1946

1896 : La France annexe Madagascar

1910 : Création de l'Afrique Equatoriale Française

1939 : Apparition du mot « Négritude »

1880 : Début de l'expansion coloniale française et belge en Afrique subsaharienne

1904 : Création de l'Afrique Occidentale Française

1931 : Exposition coloniale (Paris)

1946 : Création de l'Union française

À LA RECHERCHE DES IDÉES

1. À l'époque de la colonisation, quel rôle jouait la langue française en AOF et en AEF ?

2. D'où viennent la plupart des Africains récemment immigrés aux États-Unis ?

3. Dans les colonies francophones d'Afrique, pourquoi le colonisateur a-t-il donné aux élites une éducation en français ? Expliquez ce qu'était l'ENFOM.

4. Quelles difficultés l'immigration des Africains en France a-t-elle posées ? En quoi la situation des immigrants africains au Canada était-elle différente ?

5. De quelle époque date l'immigration africaine vers les États-Unis ? Pourquoi a-t-il été difficile pour la plupart des Francophones africains de conserver l'usage de la langue française ?

6. Dans quelles professions et secteurs de l'emploi trouve-t-on les immigrants francophones africains ?

7. Quel est le rôle des universités américaines dans la préservation des cultures francophones africaines ?

RÉFLEXION

A. Pour quelles raisons de nombreux Africains choisissent-ils de quitter leur pays ? Quels événements sont décrits dans le film *Hôtel Rwanda* ?

B. Décrivez le rôle des associations qui regroupent des Francophones africains.

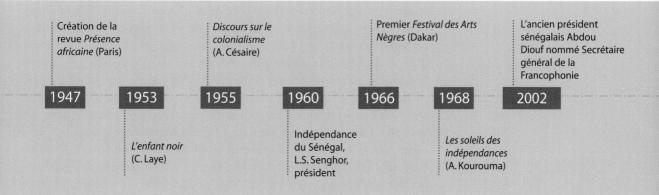

Création de la revue *Présence africaine* (Paris)

Discours sur le colonialisme (A. Césaire)

Premier *Festival des Arts Nègres* (Dakar)

L'ancien président sénégalais Abdou Diouf nommé Secrétaire général de la Francophonie

1947   **1953**   **1955**   **1960**   **1966**   **1968**   **2002**

L'enfant noir (C. Laye)

Indépendance du Sénégal, L.S. Senghor, président

Les soleils des indépendances (A. Kourouma)

2 *Valeurs et tendances importées d'Afrique*

Les Francophones africains qui s'installent aux États-Unis sont venus, à leur façon, et dans des conditions heureusement moins tragiques, renforcer la présence noire qui eut ses origines dans l'esclavage. On sait à quel point, arrivés sur les lieux de leur captivité, les Africains de la traite transatlantique se virent interdire de faire état de leur culture, de parler leur langue et de vivre suivant leurs coutumes. Une nouvelle identité, le mode de vie de la plantation, et une nouvelle langue, celle du maître, le plus souvent l'anglais, leur furent imposées par la force, réduisant à néant leur héritage africain personnel, familial et communautaire. Une culture noire était pourtant née : une culture africaine-américaine qui deviendrait de plus en plus américaine, qui marquerait à son tour le reste du monde par une présence unique et une identité forte, mais qui serait de plus en plus éloignée des racines africaines originelles. Les immigrants africains contemporains, les Francophones parmi eux, ont en quelque sorte importé aux États-Unis une africanité moderne directement liée aux pays dont ils sont issus. Dans ce transfert, l'Afrique de la tradition reste bien vivante, même si les cultures ancestrales ont été profondément affectées par la colonisation, la décolonisation et les incertitudes économiques et politiques d'un monde post-colonial.

La vitalité de l'art

Les immigrants africains contemporains pourront se prévaloir d'avoir « réintroduit » l'Afrique aux États-Unis, en s'appuyant sur des biens ancestraux qui replacent leur continent d'origine, souvent oublié des civilisations contemporaines, au départ de toute aventure humaine. Les cultures, les arts, en définissent le caractère primordial. L'art venu d'Afrique exerce un attrait incontestable sur les sensibilités, en particulier dans le monde américain et européen. Très tôt, on a pu constater que cet art participait plus de l'émotion que de la raison, et que dans un même temps les aspects rituels et religieux que l'on soupçonnait dans les masques, ou dans les sculptures aux formes humaines ou animales, n'étaient que la face cachée d'une utilisation plus pratique et sociale. Ainsi l'art africain, apprécié suivant les normes anthropologiques et ethnographiques occidentales, ouvrait des perspectives où l'esthétique était soulignée et renforcée par le concret et le factuel. À travers le masque ou le couvre-chef, on pouvait en outre observer l'évolution de matériaux ou de textiles, leur production, le rôle fondamental et organisateur qu'ils jouaient dans des cultures et des arts dits « primitifs ». Des musées entiers sont consacrés à l'aventure ethnologique africaine, désormais chargée d'une valeur artistique intrinsèque reconnue. Il peut être intéressant de voir comment ces musées ont suivi l'évolution de l'attrait pour l'Afrique de la période coloniale à la période contemporaine. À Paris, le Musée national des Arts africains et océaniens d'autrefois s'est fondu dans le Musée du Quai Branly. Le Musée royal de l'Afrique centrale de Tervuren en Belgique présente également un bel exemple de cette évolution des perceptions européennes de l'Afrique et de la représentation de ses arts. (5)

L'Europe du XXe siècle a elle-même reconnu la puissance d'une création originelle africaine. Dès les années 1920, les « arts nègres » deviennent référence dans un espace européen qui s'initie en peinture au cubisme et à la géométrie des formes. Braque et Picasso sont, avec quelques autres, les « découvreurs » de l'essentialité et de la vitalité d'un art dont les formes, les couleurs, les sons remontent, commence-t-on à en prendre conscience, aux sources de l'humanité. La mode des arts nègres était à son comble quand une troupe d'artistes américains noirs, avec en vedette Josephine Baker (1906–1975), conquit Paris en 1925 grâce à la Revue Nègre au Théâtre des Champs Élysées. N'échappant pas aux clichés raciaux, la Revue permit néanmoins, à sa façon, de transcender quelques-uns des pièges de la représentation raciste de l'époque, tout en important le *jazz*, trait d'union entre l'Afrique de toujours et la modernité d'une Afrique américanisée qui allait influencer les musiques du monde. Nul autre peut-être mieux qu'André Malraux n'a exprimé en français de façon démonstrative le caractère fondamental des arts africains et leur contribution à la civilisation de l'universel. Ainsi, en 1966, prenant la parole lors du *Festival mondial des arts nègres à Dakar*, il déclarait en substance :

> *Une culture, c'est d'abord l'attitude fondamentale d'un peuple en face de l'univers. Mais ici, aujourd'hui, ce mot a deux significations différentes, et d'ailleurs complémentaires. D'une part, nous parlons du patrimoine artistique de l'Afrique : d'autre part, nous parlons de sa création vivante. Donc, d'une part, nous parlons d'un passé ; d'autre part, d'un avenir. Le patrimoine artistique—je dis bien : artistique—de l'Afrique, ce n'est pas n'importe quels arts ; l'architecture, par exemple : c'est la danse, la musique, la littérature, la sculpture. L'Afrique a changé la danse dans le monde entier. Mais elle a possédé un autre domaine de danse, sa danse séculaire ou sacrée. Elle est en train de mourir, et il appartient aux gouvernants africains*

de la sauver. Mais le second problème n'est pas de même nature que le premier. La danse sacrée est l'une des expressions les plus nobles de l'Afrique, comme de toutes les cultures de haute époque ; le fait qu'il n'existe plus un Américain, un Anglais, un Français qui danse comme sa grand-mère est d'une autre nature. Pour la musique, prenons garde. L'Afrique, Mesdames et Messieurs, a deux musiques : l'une c'est la musique née autrefois du désespoir aux États-Unis ; c'est la grande déploration, l'éternel chant du malheur qui entre avec sa douloureuse originalité dans le domaine des musiques européennes… Et puis, il y a le jazz. Il est spécifique par son rythme ; il est une musique inventée. Il est spécifique aussi par sa matière musicale, que nous pouvons rapprocher de la musique moderne, mais non de la musique classique ou traditionnelle de l'Occident… Cette musique de sensation au paroxysme semble vouloir se détruire elle-même. Et je vous demande de réfléchir à ce qu'est, dans un autre domaine, l'art d'un peintre comme Picasso… C'est à travers sa sculpture que l'Afrique reprend sa place dans l'esprit des hommes. Cette sculpture, ce sont des signes, on l'a beaucoup dit. Ajoutons pourtant : des signes chargés d'émotion, et créateurs d'émotion… C'est là que l'Afrique a trouvé son droit suprême. C'est là que nous devons le reconnaître. Lorsque l'Afrique est chez elle en forme et en esprit, il ne s'agit plus d'un art de plus ou de moins. Ce qu'on appelait jadis naïveté ou primitivisme n'est plus en cause : c'est la nature même de l'art mondial qui est mise en cause par le génie africain. Elle accueille inévitablement le génie africain parmi les siens… L'Égypte, l'Asie ont créé le style par une émotion allusive. Au contraire, l'Afrique, qui a créé le style d'une façon plus arbitraire et peut-être plus puissante qu'aucune autre civilisation, l'a créé à partir de l'émotion. C'est probablement là que figurera son apport décisif au patrimoine humain. (6)

L'esprit évoqué par l'écrivain paraît souffler avec une vigueur et une originalité incomparables dans les œuvres de nombreux Africains de la diaspora. De plus, ces artistes ont su s'adapter à des scènes et des sujets transnationaux, ce qui renforce leur message. On trouvera un bel exemple de cette réussite dans l'œuvre du sculpteur sénégalais Ousmane Sow. (7) Des galeries d'art africain contemporain se sont implantées dans les grandes villes américaines comme New York et Los Angeles, elles y accueillent des créateurs venus pour la plupart de pays anglophones. Les Francophones, si l'on peut faire une distinction non pas fondée sur la langue, mais sur le statut du français dans leur pays d'origine, y ont été également accueillis plus tardivement. Certains, tel Ouattara Watts en s'installant aux États-Unis après un passage en Europe, montrent que l'art contemporain africain peut déjouer les pièges d'une intégration trop rapide et les maux dont souffrent certains de ses semblables pour affronter les marchés internationaux. (8) Il fut pour sa part influencé par la courte carrière du Haïtien-Américain, Jean-Michel Basquiat (1960–1988), référence à une africanité transposée et transcendée dans un contexte américain. Sur le plan transnational encore, l'Afrique de l'ouest, avec le Sénégal à sa tête, continue la mission d'apprendre l'Afrique au monde, mettant en avant son universalité et la volonté de rassembler les éléments créateurs de la diaspora. En 1966, l'organisation du Festival mondial des arts nègres exprime l'importance de cette « renaissance africaine ». (9) L'expression n'est pas innocente. Elle est à la fois chargée du sens historique qui la lie à la *Harlem Renaissance* de Langston Hughes, du sens politique de la *African Renaissance* de l'ancien Président sud-africain Thabo Mbeki et donne des arguments convaincants à ceux qui, depuis un siècle, ne cessent de repenser l'esthétique africaine.

De l'oralité à l'écriture

L'Afrique pré-coloniale, et dans une certaine mesure, post-coloniale, peut se définir par son rapport fondamental à l'expression orale. Les cultures s'expriment dans des langues essentiellement orales, codifiées tardivement. L'oralité traduit la magie du verbe africain. Or, le monde moderne l'a obligé, pour survivre et prendre place au rang des nations, à s'accommoder de l'écrit et de ses modes de diffusion.

Little Big Horn, 1999
Ousmane Sow

À l'origine de la place de l'oral dans les sociétés africaines, est le « griot », le conteur, maître de la parole et du chant. Il fait partie d'une caste. Elle compte des femmes dans ses rangs, ce qui donne une complémentarité des sexes à la transmission de la communication touchant à l'histoire, aux choses de la vie, aux contes. La musique n'est jamais absente d'un univers où l'oralité est accompagnée des sons de la kora ou du balafon. L'importance du griot, source de spiritualité et maître de la parole africaine, a été décrite par l'écrivain malien Amadou Hampâté Bâ (1901–1991) dans *Vie et enseignement de Tierno Bokar : le sage de Bandiagarn.* (10) Aujourd'hui, les enseignements du griot et la maîtrise de son art ont su évoluer avec le temps et les moyens de communication modernes qui imposent une relation à l'image et à l'écrit.

La musique sert également de lien entre l'oral et des moyens d'expression sonores et visuels comme la chanson et le cinéma. Deux chanteurs, parmi bien d'autres, sont représentatifs de la mutation de l'oralité africaine confrontée à la modernité. D'une part Salif Keïta (11) et d'autre part Césaria Evora (12) sont bien connus aux États-Unis. Ils sont parvenus à établir, grâce à leur art, un pont entre leur culture d'origine en Afrique et les communautés africaines de la diaspora. Keïta, le chanteur malien qui est qualifié par son site officiel d'« artisan d'un renouveau des sonorités africains traditionnelles », passé maître dans l'art du « griotisme vocal », n'a pourtant pas hésité à mélanger toutes les influences du monde extérieur, jusqu'à créer une *Africa Pop* qui se laisse volontiers guider par la musique occidentale et ses instruments, tels que la guitare électrique. La chanteuse cap-verdienne Césaria Évora, qui s'exprime, quant à elle, en créole portugais, aura réussi à mettre son pays, la République du Cap-Vert, archipel atlantique situé à quelques encablures du Sénégal, sur la carte du monde. Connue à l'étranger, surtout depuis l'album *Miss Perfumado*, 1999, y compris aux États-Unis où la communauté des Cap-Verdiens de la diaspora est solidement implantée depuis l'arrivée des premiers marins baleiniers du XIXe siècle, elle y promeut une musique fusionnelle et pourtant si locale et africaine. Son site officiel décrit son art comme :

> *les balancements chavirés d'une musique qui a su absorber l'Afrique, le Portugal, l'Angleterre, la salsa, la samba, la quadrille, le lundum et le fado.*

Dans l'album paru en 2006, *Rogamar*, elle interprète avec le Sénégalais Ismail Lô, la chanson évocatrice « *Africa Nossa* » (Notre Afrique) où le continent natal est qualifié de : « *Berço di mundo, continente fecundo* » (berceau du monde, continent fécond).

Le cinéma africain dont la créativité doit beaucoup aux cultures de l'oralité qui lui ont donné naissance, a vu sa notoriété promue par des festivals tant en Afrique où il est près de ses sources, qu'en Europe et en Amérique. À côté des cinémas anglophone et lusophone, le cinéma africain des pays francophones a connu, dès les lendemains des indépendances, un formidable essor de création. Mais c'est avant tout dans les langues nationales qu'il s'exprime, comme on le constate de plus en plus dans les grands rassemblements, comme le Festival panafricain du cinéma de Ouagadougou (FESPACO). Les thèmes privilégiés sont, non seulement les bonheurs et les difficultés du vivre ensemble, la mythologie et les contes, mais encore l'histoire du continent et ses phases de colonisation et décolonisation. Arrivé à ce stade, le cinéma africain de la diaspora ou d'Afrique n'a pas besoin de talents. Il manque, en revanche, de moyens et de possibilités de diffusion, ce qui le rend peu disponible en particulier dans les économies développées. Les communautés immigrées ne peuvent pas avoir suffisamment accès à ces œuvres qui marquent pourtant la modernité du continent et font vivre les traditions par des moyens modernes, ressourçant les identités de l'exil et proposant une fierté nouvelle. Or, la programmation des différents festivals (13) montre bien les difficultés à faire évoluer les talents d'Afrique en dehors de cercles confidentiels dont les communautés de l'exil, à l'exception des intellectuels et les milieux universitaires, sont de fait tenues écartées. Les coproductions (avec les Européens ou les Américains) sont en fin de compte les seules à enregistrer de trop rares succès publics, parmi lesquels on peut citer : *Kirikou et la sorcière,* de Michel Ocelot en 1990, *Bamako* de Abderrahmane Sissako, en 2006, ou *Retour à Gorée* de P.Y. Borgeaud, en 2006, qui grâce à l'idée de Youssou N'dour, ramène le *jazz* aux racines de l'esclavage et du racisme, pour mieux exalter la relation féconde entre l'Afrique et les États-Unis.

Des langues nationales au français africain

Le français, l'anglais ou le portugais sont venus modifier la donne linguistique africaine pré-coloniale, en imposant des langues écrites fortement codifiées. Elles n'ont pas disparu avec les indépendances. Bien au contraire, elles servent très souvent de langue officielle aux pays indépendants. Le cas du français est l'un des plus symptomatiques de l'évolution d'une langue coloniale en Afrique, s'imposant, puis adoptée par les nouvelles nations, mais finalement modifiée et enrichie jusqu'à rehausser de ses nouveautés la langue originelle du colonisateur. Le français en Afrique est riche de ses différences, car il côtoie une multitude de langues. (14) En cela, il représente une exception en Francophonie, car dans la plupart des situations de contact, la langue française ne dialogue qu'avec une langue majeure, voir par exemple l'arabe au Maghreb et au Machrek. Le « déséquilibre » entre le français et une langue maternelle africaine peut être très fort, sans être toutefois incapacitant pour celui qui l'utilise. De plus, une langue maternelle de tradition orale et locale, rendra plus facilement ses armes devant une langue de tradition écrite, dite universelle.

Salif Keïta

Il appartiendra ensuite au « francographe » africain, l'auteur d'une littérature de langue française, de s'approprier la langue dont il ne peut se
passer pour exister, mais qu'il va heureusement nourrir d'apports natifs.
On se souviendra de l'observation simple et juste du Congolais Henri
Lopez lorsqu'il définissait la place de l'écrivain africain dans l'imaginaire
des hommes :

> *J'écris d'abord parce que je suis un Africain, je veux dire un homme
> vieux de plusieurs millions d'années ; un homme de plusieurs
> millions d'années dont la mémoire et l'imaginaire sont entretenus
> par une maigre tradition orale fragile et dont les premières tentatives
> de constitution d'une bibliothèque datent de moins d'un siècle.
> J'écris pour introduire dans l'imaginaire du monde des hommes, des
> femmes, des paysages, des saisons, des couleurs, des odeurs, des
> saveurs et des rythmes qui en sont absents ; pour dire au monde des
> quatre saisons celui des saisons sèches et des pluies ; pour dire au
> ciel de la Grande Ourse celui de la Croix du Sud. (15)*

On se souviendra également des commentaires mi-amusés, mi-provo-
cateurs d'Ahmadou Kourouma, (1927–2003) l'auteur ivoirien, peu
conventionnel, du célèbre *Les soleils des indépendances* (1970), lorsqu'il
évoquait son cheminement d'auteur en langue française, négociant la
légitimité d'une écriture pensée en malinké, sa langue maternelle, et
traduite dans la langue de l'exil en France. Mais il a également montré
que, dans ce cas, l'utilisation de la langue française par le créateur africain
n'induisait pas l'obligation, dans sa conscience d'un « entre-deux »
douloureux qui irrite plus qu'il ne renforce son identité africaine. Le
français africain a étonnamment enrichi la langue-mère venue d'Europe,
dans les esprits et dans les mots. Il donne à la Francophonie l'une de ses
plus grandes victoires : continuer à faire avancer, voire à l'exalter, une
langue qui n'appartient plus seulement à la France. Le rapport entre oral
et écrit, oralité et littérature, a été souvent analysé. (16) Dans presque
tous les cas, il s'agit d'une translation à partir d'un oral propre aux
langues africaines, vers le français, langue écrite. La rencontre entre les
deux modes d'expression s'apparente à un métissage linguistique.
Pourquoi l'écrivain africain en arrive-t-il là ? Question essentielle, posée
à l'identité africaine, car ce n'est pas le passage de l'oral à l'écrit qui peut,
en soi, créer un traumatisme, mais bien le passage d'un univers culturel
mis en forme par des langues nationales, à un univers modelé par la

production écrite dans une langue étrangère. La dépendance linguistique de l'écrivain africain vis-à-vis du français doit alors être dépassée, voire transcendée. En premier lieu, il doit accepter de produire dans cette langue, mais l'obstacle peut être franchi aisément pour des questions d'opportunité : c'est en français que l'on sera publié et que l'on pourra penser atteindre un lectorat international de langue française. Mais, en retour, ce passage à l'international aura pour conséquence de couper l'écrivain d'un lectorat populaire dans son propre pays où la masse ne sait pas lire le français et où seules les élites, qui elles ont été éduquées en français, auront accès à cette œuvre africaine. Adopter le français comme langue d'écriture exige un choix parfois douloureux qui est compensé par la perspective, souvent décrite par les auteurs comme une obligation, de s'approprier le français et d'en faire un instrument de création et de promotion, sans trahir l'identité fondamentale de l'auteur. Il faut alors réinterpréter la langue étrangère jusqu'à la restructurer à l'africaine en introduisant des mots locaux, en lui faisant accepter des variations lexicales qui, à leur tour, pourront être considérées comme des enrichissements du français de France. L'universitaire sénégalais Moussa Daff a montré comment les « enrichissements régionaux » et une « coloration africaine » étaient essentiels au français africain, tout en assurant son accession à la « co-propriété francophone » :

> Dans les particularités du français africain, il faut voir le signe non seulement d'une appropriation du français qui a acquis le statut de langue seconde, mais aussi et surtout l'expression d'une revendication de copropriété, conséquence d'une co-présence du français et des langues de souche sénégalaise sur une bonne partie de l'étendue du territoire national. La Francophonie africaine en général, et la Francophonie sénégalaise en particulier, est une Francophonie ouverte au souffle fécond des langues et cultures africaines. C'est sa particularité qui fait sa richesse. Elle est réfutation du droit d'unicité et revendication linguistique du droit de diversité des langues et des cultures dans le comportement langagier. Les colorations que porte le français en fonction de l'espace d'accueil sont les révélateurs de cette richesse qu'une langue de partage peut et doit accueillir. Le français en Francophonie est une langue qui porte en elle-même les traces de sa biculturalité. (17)

L'Académie française, elle-même souvent taxée, à tort, de rigidité dans la protection de la langue, a fait entrer des mots africains dans son dictionnaire, montrant par là que la formation africaine des mots de la Francophonie était un enrichissement pour la langue commune et une incorporation qui dépasse l'objectif d'un simple emprunt. Ainsi, a-t-elle adopté en 1988 le mot d'origine sénégalaise « essencerie » qui désigne un poste à essence. Bien sûr, on pourra trouver que ce genre d'exemple relève de l'anecdote et que la « Vieille dame du Quai Conti » (18) n'est pas encore tout à fait prête à accepter en nombre des variations lexicales qui, venant le plus souvent de la langue populaire, émaillent les écrits des littérateurs africains d'expression française. Dans *Les mots de la francophonie*, Loïc Depecker a recensé certains de ces mots et expressions qui, passant de l'oral à l'écrit, montrent comment le français africain vit et peut se retrouver légitimé sous la plume de ses « francographes ». Prenons avec lui quelques exemples de verbes ou expressions verbales qui donnent au français standard une coloration nouvelle :

- Par la transformation du substantif en verbe : « frousser » (Congo) pour « avoir peur » ou « avoir la frousse » ; « indexer » (Burkina Faso) pour « montrer du doigt », « montrer de l'index » ; « bisser » (Burkina Faso) pour faire une deuxième fois : « je bisse le journal », « je relis le journal ».

- Par la construction d'expressions verbales qui dénotent circonstances et attitudes de la vie : « gagner son mil » (Togo) pour « gagner son pain » ; « prendre son pied la route » (Bénin) pour « aller à pied », expression que l'on retrouve en plus imagée dans « prendre le train onze » (où l'on voit les deux chiffres 1 et 1 qui s'agitent comme les jambes du marcheur avant de se prononcer « onze »). Enfin la très riche « monter la grandeur à quelqu'un » (Mali), c'est-à-dire « flatter », dont L. Depecker écrit *« on imagine comme élevé par un cric, l'orgueil du flatté montant par degrés jusqu'à la plus parfaite hébétude »*. (19)

À LA RECHERCHE DES IDÉES

1. Comment l'art africain a-t-il influencé les cultures européenne et américaine ?

2. Choisissez l'un des artistes mentionnés et faites un résumé des tendances artistiques qui se dégagent de son œuvre. En quoi illustrent-elles l'art africain ?

3. Quel est le but du Festival mondial des arts nègres ?

4. Expliquez le rôle et l'importance du « griot » dans la tradition orale africaine.

5. Quel est le rapport entre la musique et la culture orale africaine ? Donnez des exemples de chanteurs contemporains qui expriment une forme de modernité africaine dans leurs œuvres.

6. Donnez des exemples de la façon dont les auteurs africains francophones enrichissent la langue française.

7. Pourquoi est-il significatif que l'Académie française ait choisi de faire entrer des mots africains dans son dictionnaire ?

RÉFLEXION

A. Étant donné l'héritage oral et visuel de la culture africaine, pourquoi est-il logique que le cinéma soit un véhicule important de l'africanité contemporaine ?

B. Pourquoi nombre d'auteurs africains choisissent-ils d'écrire en français ? En quoi ce choix est-il nécessaire, mais parfois « douloureux » ?

C. Selon Malraux, la qualité primordiale de l'art africain est l'émotion. Choisissez une œuvre, tableau ou musique, pour en dégager l'élément émotionnel et dire si vous êtes d'accord avec son opinion. En quoi pourrait-on lui reprocher d'être condescendant ?

Liens francophones
Le poids de l'Afrique

L e poids de l'Afrique sur l'imaginaire et les cultures mondiales est immense. La Francophonie africaine est l'une des raisons de son succès international. En s'appuyant sur des liens historiques, intellectuels et philosophiques, des échanges économiques et commerciaux, mais aussi des flux migratoires et de styles de vie, l'Afrique et plus généralement les pays francophones du continent n'ont cessé de jouer un rôle de liaison avec les sociétés occidentales qui les avaient colonisés. Un rassemblement post-colonial centré sur la volonté de partager la langue française a ouvert à partir de l'Afrique la voie de la Francophonie, sachant fort bien se servir des éléments d'un passé colonial pourtant négatif, pour se promouvoir dans l'avenir et entraîner d'autres cultures dans l'aventure francophone. Chaque pays, chaque idée ayant participé à cette naissance mériterait d'être évoqué en propre. Un pays, le Sénégal, une idée, la Négritude, retiendront plus particulièrement notre attention.

Sur le fleuve, à Saint-Louis au Sénégal.

1 *Aux origines : Le Sénégal*

Pour la Francophonie, le Sénégal est une métaphore. Le pays en détient le sens profond et originel, non seulement sur le plan institutionnel, dont le Président Senghor fut l'un des pères fondateurs, avec le Nigérien Hamani Diori et le Tunisien Habib Bourguiba, mais sur le plan de l'imaginaire et de son évolution contemporaine. L'apport sénégalais au monde du français est fondamental. Il dit les origines d'une idée et porte un témoignage détaillé sur les espoirs et les difficultés de populations qui doivent affronter les défis d'un monde globalisé et apparemment sans frontières.

Traces et chaînes

Les côtes du Sénégal deviennent, à partir du XVIIe siècle, un point de contact pour la France en Afrique. Un comptoir est établi à Saint-Louis, sur l'embouchure du fleuve Sénégal, puis l'Ile de Gorée, en baie de Dakar, est reprise aux marchands d'esclaves hollandais. La véritable colonisation commencera lorsque le Chef de Bataillon Louis Faidherbe, repousse les révoltes locales contre l'envahisseur français puis, au milieu du XIXe siècle, installe une administration, crée le port de Dakar et le chemin de fer. Malgré son respect pour les cultures et les langues locales, le Sénégal est rapidement en voie d'assimilation à la France. Ce rapport particulier et dense, souvent forgé dans l'épreuve, durera jusqu'à la période post-coloniale. À l'indépendance en 1960, le pays est l'un des seuls, contrairement à son voisin la Guinée, à vouloir préserver des liens étroits avec la France au sein de l'Union française. Pour les Français, le Sénégal reste à tout jamais le pays de la *téranga* (hospitalité) ; les Sénégalais continuent souvent à rêver de la France comme d'un paradis du développement et de l'accueil dont l'histoire et le sang versé les ont rendus proches. Les deux guerres mondiales ont vu en effet l'arrivée de « tirailleurs sénégalais » (venus du Sénégal et du Mali voisin) se porter au secours de la « mère-patrie » déclarée en danger, sans être plus tard toujours payés de retour en qualité « d'anciens combattants ». D'autres liens, eux aussi très forts, ont été établis avec le reste du monde. Leur origine est à Gorée, l'île qui, placée en 1978 sur la liste du patrimoine mondial de l'UNESCO, peut être considéré comme un lieu de mémoire essentiel pour l'humanité, dans sa réprobation de l'esclavage, crime contre l'humanité. Nul ne peut visiter Gorée et sa Maison des Esclaves (20) sans ressentir profondément l'émotion et le poids d'une tragédie qui lie à tout jamais l'Afrique, l'Europe et l'Amérique. Dans son « appel » pour le sauvetage patrimonial de l'île, en décembre 1980, Amadou Mahtar M'Bow, directeur général sénégalais de l'UNESCO, a situé dans son contexte local, Gorée, « trait d'union symbolique de la désolation » et peut être aujourd'hui, « symbole d'espoir » :

> *Située à moins de quatre kilomètres de Dakar, au centre de la rade que forme la côte sud de la presqu'île du Cap-Vert, l'île de Gorée offre un abri sûr pour le mouillage des navires. De ce fait, elle a été, depuis le XVe siècle, un enjeu entre diverses nations européennes qui l'ont successivement utilisée comme escale ou comme marché d'esclaves. Appelé « Beer » en wolof, elle a été baptisée « Goede Reede » par les Hollandais, pour être connue plus tard sous le nom de Gorée. Elle offrait, surtout à la fin du XVIIIe siècle, le double visage d'un carrefour prospère, où commerçants, soldats et fonctionnaires vivaient dans un décor de rêve, et d'un entrepôt de « bois d'ébène », avec tout son cortège de souffrances et de larmes. Là, au moment d'embarquer, chaque esclave était marqué au fer*

À Gorée, aujourd'hui.

rouge, à l'emblème de son propriétaire. Puis les esclaves étaient entassés dans les cales, où beaucoup d'entre eux devaient périr avant l'arrivée à destination. Mais l'Amérique, dont la colonisation a été à l'origine de cette tragique déportation, allait être également le cadre de grandes luttes libératrices qui, peu à peu, y mettront fin. Préparée par le triomphe de la Révolution haïtienne à Vertières en 1803, et proclamée au Congrès de Vienne en 1815, l'abolition officielle de la traite négrière produisit ses effets sur Gorée. Dès 1822, des institutions éducatives y prennent naissance. Devenue centre administratif et scolaire, l'île abrita notamment l'école normale fédérale de l'Afrique-Occidentale française, connue surtout sous le nom d'École William Ponty, qui forma les cadres africains dont plusieurs devaient, plus tard, contribuer à la décolonisation de l'Afrique subsaharienne… Ainsi, après avoir été, entre l'Afrique et les Amériques noires, le trait d'union symbolique de la désolation, Gorée devient-elle peu à peu un symbole d'espoir, vers où, de plus en plus nombreux, convergent aujourd'hui, en une sorte de pèlerinage, les descendants des déportés de jadis, en quête de leurs racines et tous ceux qui entendent puiser dans son histoire les raisons d'une nouvelle solidarité des peuples. Gorée a gardé, des souffrances et des joies qu'elle a ensemble abritées, comme une faculté de surmonter les épreuves, d'absorber le malheur dans la respiration régulière de l'océan… Gorée offre une heureuse symbiose du passé et du présent, de l'histoire et du quotidien, de l'harmonie des formules visibles et de l'empreinte dramatique du souvenir. C'est pourquoi elle constitue désormais un de ces lieux uniques où peut se retremper la mémoire des jeunes générations d'Afrique et des Amériques, en même temps que se renouvellent les sources de leur inspiration. Un tel endroit, s'il appartient à l'imaginaire vivant de l'Afrique et des Amériques, appartient, dans une égale mesure, à la conscience du monde. Il peut devenir une terre de méditation, un haut lieu de réflexion et de recueillement, où les hommes, plus conscients des tragédies de leur histoire, apprendront mieux le sens de la justice et celui de la fraternité. (21)

Les défis du monde moderne

Les indépendances ont libéré les énergies du continent africain. S'en est suivi un mouvement d'émigration vers les anciennes colonies. Les Sénégalais se sont tournés vers l'Europe et surtout vers la France pour y chercher un développement personnel et les ressources nécessaires au développement des communautés restées au pays. Dans les années 1990, la mondialisation a accentué les départs des élites sénégalaises vers d'autres pays d'accueil dont le Canada et, dans une moindre mesure, vers les États-Unis. La communauté sénégalaise des États-Unis est d'importance toute relative et principalement concentrée à New York. Son profil démographique, économique et social est de ce fait plutôt facile à cerner. (22) Quelques tendances se révèlent à partir des données concernant les 10 500 personnes recensées :

- 20% sont citoyens américains,

- l'essentiel des 80% n'ayant pas accédé à la citoyenneté est arrivé dans la décennie (1990–2000),

- les 2/3 sont de sexe masculin,

- l'âge médian est de 33, 9 ans (majorité des personnes : âgées de 20 à 45 ans),

- le niveau d'éducation atteint par les plus de 25 ans est bon (78,1% avec un diplôme de fin d'études secondaires et 33,1% avec au moins une licence),

- une personne sur deux ne pense pas avoir un bon niveau en anglais.

- le revenu moyen des foyers immigrés ($ 32 547) situe ces personnes dans le bas de la classe moyenne nationale,

- les emplois occupés sont majoritairement dans le secteur des services, du commerce et de la gestion.

On voit, au total, une population au fort potentiel d'intégration, qui possède des capacités propres pour s'installer rapidement dans un environnement américain au développement supérieur à celui du pays d'origine. Une visite au quartier dit « Petit Sénégal », dans Harlem, permet un contact plus impressionniste, mais non moins réaliste, avec les communautés sénégalaises immigrées. Leur nombre, plus de 25 000, soit deux fois les chiffres officiels, explique que cette zone de Manhattan soit un point de rassemblement pour toutes les immigrations de l'Afrique de l'Ouest. Le wolof, langue principale du pays, peut être entendue sur les marchés et dans les magasins qui se spécialisent dans les produits et la presse venus de l'autre côté de l'Atlantique. Senteurs d'épices, perspective de repas de *thiébou djeu* (riz de poissons aux légumes) dans l'un des restaurants de l'endroit, plongent immédiatement le visiteur dans une atmosphère sénégalaise vraie. Malgré ces aspects heureux, les communautés sénégalaises éprouvent des difficultés réelles à s'adapter à leur nouvel environnement où se côtoient, sans se mélanger, populations immigrées et population africaine-américaine. Dans un milieu anglophone, les Sénégalais ont du mal, même en s'adaptant très vite à l'anglais, à rivaliser avec les populations venues de l'Afrique de l'Ouest anglophone. Pourtant, l'arrivée plus discrète de populations éduquées, même en petit nombre (les États-Unis offrent 300 bourses annuelles à des étudiants de l'enseignement supérieur sénégalais), peut rapidement changer cette immigration en « fuite des cerveaux » tant redoutée par le pays d'origine. Dans cette adaptation au monde moderne, vécue à travers sa diaspora par le Sénégal, les associations d'immigrés et d'expatriés (23) ont un rôle important à jouer. Non seulement tentent-elles de rassembler des personnalités différentes et des intérêts divergents, de donner accès aux services sociaux pour les nouveaux arrivants, mais encore, en relation avec les milieux d'affaires et les canaux diplomatiques, œuvrent-elles pour donner de la visibilité au Sénégal et à sa richesse humaine. Elles constituent la liaison qu'espèrent renforcer le pays et ses forces vives pour trouver et légitimer une présence dans le pays d'accueil de la diaspora, tout en attirant les investissements vers l'Afrique.

À LA RECHERCHE DES IDÉES

1. Décrivez les rapports entre le Sénégal et la France dans le passé et à l'époque contemporaine.

2. Qui étaient les « tirailleurs sénégalais » ? Comment ont-ils souvent eu, à la suite des deux guerres mondiales au service de la France un destin analogue à celui des personnages du film *Indigènes* ?

3. Qu'est-ce que l'île de Gorée ? Quel rôle historique a-t-elle joué ?

4. À quelle époque les Sénégalais ont-il commencé à immigrer aux États-Unis ?

5. Dressez un portrait des immigrants sénégalais aux États-Unis.

6. Pour quelles raisons les Sénégalais ont-ils des difficultés d'intégration ?

RÉFLEXION

A. Pourquoi l'île de Gorée est-elle devenue un point central de la traite des esclaves ? Quels changements se sont opérés à Gorée après l'abolition de l'esclavage ? Expliquez pourquoi l'île est devenue symbole d'espoir.

B. Quelle est la fonction des associations d'immigrés sénégalais ?

2 *Négritude et francité*

Parmi les valeurs importées d'Afrique francophone, une s'impose : la Négritude. Bien qu'influencés en Afrique de l'Ouest, par le pan-africanisme, philosophie et mouvement venus essentiellement des anciennes possessions anglaises, les Francophones ont donné naissance à un mouvement et à une philosophie à vocation universaliste qui exaltent les valeurs et les espoirs du peuple noir, et qui, par filiation, sont reconnus comme l'un des fondements de la Francophonie.

De la centralité de la Négritude

La Négritude est d'abord une idée trans-africaine au sens où elle a été théorisée par un Sénégalais, Léopold Sédar Senghor (1996–2001) ; un Martiniquais, Aimé Césaire (1913–2008) ; et un Guyanais, Léon Gontran Damas (1912–1978), au temps des colonies. Elle exprime en français une africanité retrouvée, à la fois pour les Africains et pour les descendants des esclaves africains de l'Amérique francophone. Elle plonge ses racines dans l'influence que des auteurs américains comme W. E. B. Du Bois et Marcus Garvey ont eue sur ces intellectuels français dès les années 1930. La théorie de la Négritude revendique une reconnaissance de « l'ensemble des valeurs de civilisation du monde noir » par les Africains, mais en appelle à l'Europe pour qu'elle cesse de voir l'Afrique avec des critères proprement européens et qu'elle abandonne ses tentatives de « mission civilisatrice » vis-à-vis de ceux qui n'auraient rien créé, rien inventé, rien produit sur le mode de ce qu'on nomme le progrès. Né dans l'esprit de jeunes intellectuels qui collaborent à Paris à la revue *l'Étudiant noir*, le mot apparaît sous la plume d'Aimé Césaire en 1939 dans son *Cahier d'un retour au pays natal*. La révolte qui s'annonce, qui se traduira par une révolution littéraire et donnera un sens politique au combat de ces poètes (et politiques), est d'abord une opposition à la civilisation imposée par le colonisateur :

> *ma négritude n'est pas une pierre, sa surdité ruée contre*
> *la clameur du jour*
>
> *ma négritude n'est pas une taie d'eau morte sur l'œil mort de la terre*
>
> *ma négritude n'est ni une tour ni une cathédrale*
>
> *elle plonge dans la chair rouge du sol*
>
> *elle plonge dans la chair ardente du ciel*
>
> *elle troue l'accablement opaque de sa droite patience. (24)*

Avec Senghor, dès 1947, et avec la création de la revue *Présence africaine*, on verra la Négritude dessiner les contours reconnus d'un foyer spirituel africain, véritable « présence » qui s'inscrit dans la civilisation de l'universel et marque le retour définitif de l'Afrique sur la scène mondiale (25). La décolonisation apporte au mouvement de la Négritude une dimension qu'elle avait eue jusque là par défaut : la critique ouverte du colonialisme qui est ouvertement consacrée par l'ouvrage d'Aimé Césaire *Discours sur le colonialisme* (1955). Dans un même temps, elle continue à rassembler les créateurs africains, les invitant à dépasser le moment, pour se projeter dans un avenir où le message de la Négritude pourra servir pleinement l'Afrique dans son accession à la modernité, au lendemain des indépendances. C'est ainsi que sous l'égide de *Présence africaine* se tiendra en 1956, à la Sorbonne, à Paris, le Congrès des écrivains et artistes noirs. Il revient enfin à Léopold Sédar Senghor d'avoir expliqué comment Négritude et Francophonie étaient liées, contenaient les mêmes valeurs de métissage culturel et prônaient le dialogue des cultures dans une civilisation de l'universel. Dans la conclusion d'un article « Le français, langue vivante » qu'il signe dans le numéro de novembre 1962 de la revue *Esprit* (au moment même où vient de se terminer la guerre d'Algérie), Senghor définit d'un trait la symbiose qui selon lui, et selon l'un de ses mots favoris, naît de la rencontre de deux philosophies, avec les implications culturelles et politiques que l'on peut, dès lors, imaginer pour l'avenir :

L. S. Senghor en 1973.

> *... nous, politiques noirs, nous, écrivains noirs, nous sentons, pour le moins, aussi libres à l'intérieur du français que de nos langues maternelles. Plus libres, en vérité, puisque la liberté se mesure à la puissance de l'outil : à la force de création. Il n'est pas question de renier les langues africaines. Pendant des siècles, peut-être des millénaires, elles seront encore parlées, exprimant les immensités abyssales de la Négritude. Nous continuerons d'y prêcher les images-archétypes : les poissons des grandes profondeurs. Il est question d'exprimer notre authenticité de métis culturels, d'hommes du XXe siècle. Au moment que, par totalisation et socialisation, se construit la Civilisation de l'Universel, il est, d'un mot, question de nous servir de ce merveilleux outil, trouvé dans les décombres du Régime colonial. De cet outil qu'est la langue française. La Francophonie, c'est cet Humanisme intégral, qui se tisse autour de la terre : cette symbiose des « énergies dormantes » de tous les continents, de toutes les races, qui se réveillent à leur*

chaleur complémentaire. « La France, me disait un délégué du FLN, c'est vous, c'est moi : c'est la Culture française. » Renversons la proposition pour être complets : la Négritude, l'Arabisme, c'est aussi vous, Français de l'Hexagone. Nos valeurs font battre, maintenant, les livres que vous lisez, la langue que vous parlez : le français, Soleil qui brille hors de l'Hexagone. (26)

La Négritude et ses critiques

Pour la plupart des critiques du monde francophone l'apport de la Négritude au monde des idées est reconnu comme fondamental d'autant, comme l'écrit l'universitaire Romuald Fonkua, que le poète sénégalais a placé, grâce à elle, l'Afrique à l'origine de « toute création esthétique » :

> *… Au total, les discours de Senghor sur la poésie visent à inscrire la parole poétique nègre dans le concert des paroles poétiques du monde francophone ; à tracer une histoire commune de la poésie entre les poètes français et francophones. Il développe des arguments qui consistent tantôt à ramener tous les discours poétiques à la Négritude, tantôt à rapporter la Négritude à tous les discours poétiques. La Négritude apparaît ainsi comme le fondement de toute poétique. Puisqu'il est admis désormais que l'Afrique est le berceau de toute l'humanité, il est logique d'admettre aussi qu'elle soit le berceau de toute poétique, c'est-à-dire de toute création esthétique. (27)*

Cet enthousiasme qui prévaut dans le monde littéraire est beaucoup plus modéré dans le monde de la politique qui ne reconnaît pas cette vertu « poétique ». Dans les années 1960, au moment des indépendances anglaises et françaises en Afrique, des auteurs comme le Nigérian Wole Soyinka s'en prennent ouvertement à ce qu'ils considèrent comme une trahison de l'idéal pan-africain. Selon lui il est inacceptable que des Africains aient à déployer tous ces efforts pour faire valoir une « africanité » qui, de toutes façons, existerait sans cela. De plus, il associe la Négritude à une « collaboration » avec les anciens colonisateurs, aux relents de néo-colonialisme, propagée servilement par les Africains eux-mêmes. Il a des mots cruels pour la Négritude à laquelle il oppose la « tigritude » : « *un tigre ne proclame pas sa tigritude, il bondit* ». (28) Il se méfiera toute sa vie de la distinction que les Francophones, dont Senghor, ont établi entre une émotion africaine et une raison européenne :

« *L'émotion est nègre, comme la raison est hellène* ». (29) Il craint également que la Négritude ne fasse preuve de trop d'indulgence face aux conséquences du colonialisme, et ne soit trop prompte à pardonner. Il la suspectera d'être en quelque sorte trop bien pensante et peu armée pour les conflits futurs. En ce sens, il fait de la critique de la Négritude une question de générations, position qui le rapproche de celle du Congolais Thicaya U Tam'Si (1931–1988). Bien que se réclamant de cette philosophie, ce dernier pensait que l'idéalisme des « pères fondateurs » serait un frein pour les générations futures et que tout manque de réalisme serait de nature à compromettre les chances du développement africain en période postcoloniale. La Négritude appartient incontestablement à l'héritage africain ; elle lui a donné une raison d'espérer en l'avenir. Dans quelle mesure ses héritiers sauront-ils faire fructifier le legs, sans renoncer à des acquis qui ont donné à l'Afrique sa liberté de pensée, et sans se désengager de sa relation avec le reste du monde ?

À LA RECHERCHE DES IDÉES

1. Quels intellectuels africains ont élaboré le concept de Négritude ?

2. Comment peut-on brièvement décrire le concept de Négritude ?

3. Quels furent les apports des poètes Senghor et Césaire au concept de Négritude ?

4. Dans quel sens les critiques du concept de Négritude voient-ils en lui l'expression d'une sorte de collaboration entre l'africanité moderne et les anciens colonisateurs ?

RÉFLEXION

A. Comment Senghor, dans l'article « Le français, langue vivante » dont vous avez lu l'extrait, explique-t-il que les créateurs africains choisissent de s'exprimer en français ?

B. Les critiques de la Négritude n'acceptent pas l'émotion comme base de la création africaine et la raison comme base de la création européenne. Cette comparaison est-elle justifiée ? Les critiques ont-ils raison de la rejeter ?

Activités d'expansion

A. Repères culturels

Choisissez dans la liste de droite la phrase qui explique chacun des termes de la liste de gauche. Mettez-les en parallèle et ajoutez tous les renseignements supplémentaires qui aident à comprendre votre choix.

1. Joséphine Baker

2. Salif Keïta et Césaria Evora

3. Wole Soyinka et Thicaya U Tam'Si

4. Ahmadou Kourouma et Moussa Daff

5. L'AOF et l'AEF

6. Ousmane Sow et Ouattara Watts

7. Le wolof, le dioula et le songo

8. Le FESPACO

9. l'ENFOM

10. L'île de Gorée

a. langues indigènes africaines

b. artistes africains

c. désignation des anciennes colonies africaines françaises

d. écrivains africains

e. chanteuse américaine des années 1920

f. festival du cinéma africain

g. chanteurs africains

h. site de la Maison des Esclaves

i. critiques de la Négritude

j. école française de formation des cadres africains et malgaches

B. Liens culturels

Sujets de discussion

1. Quel effet le français, imposé comme langue officielle dans les colonies francophones d'Afrique, a-t-il eu sur les langues indigènes ? Dans quel sens le monde moderne a-t-il forcé l'Afrique à passer d'une tradition orale à une culture basée sur l'écrit ?

2. En quoi le « Petit Sénégal » de Harlem ressemble-t-il aux « Petits Canada » de Nouvelle Angleterre ou à la « Petite Haïti » de Miami? Ces quartiers existent-ils pour les mêmes raisons ?

3. Quels éléments de l'art africain servent à justifier l'idée de Malraux que l'émotion est à la base de la création artistique ?

4. Etant donné la tradition créatrice africaine, pourquoi est-il compréhensible que la musique soit parmi les apports les plus importants ?

5. Donnez des thèmes qui caractérisent le cinéma africain. Peut-on y voir l'influence de la tradition du « griot »?

6. Comment des intellectuels africains se sont-ils servis d'un passé colonial pourtant négatif pour donner une place à la culture africaine dans le monde contemporain ?

7. Les intellectuels africains qui critiquent la notion de la Négritude trouvent dans ce concept une sorte de justification d'une culture africaine qui, comme toute autre culture, n'a aucun besoin d'être justifiée. Discutez.

8. Expliquez l'idée de Malraux sur la culture africaine suivant laquelle « … *d'une part, nous parlons d'un passé ; d'autre part, d'un avenir* ».

C. Activités écrites

1. Choisissez l'un des pays francophones africains décrits au début de l'enquête. Sur la base de recherches supplémentaires, décrivez sous forme de synthèse la situation contemporaine de ce pays en matière sociale, linguistique, économique et politique.

2. Choisissez l'un des artistes africains (peintre, sculpteur, chanteur) mentionnés dans le texte et en approfondissant la recherche, décrivez son œuvre, pour dire quel est son apport à la culture africaine contemporaine.

3. Après avoir vu un film africain de votre choix, analysez les éléments qui vous semblent appartenir d'un côté à la culture africaine et ceux que l'on peut considérer comme universels.

D. Enquêtes interculturelles

A. Les Francophones africains arrivant aux États-Unis ont parfois de la difficulté à s'intégrer aux communautés africaines-américaines. Qu'est-ce qui explique ce phénomène ?

B. La « Civilisation de l'Universel » dont parle Senghor existe-t-elle ? Quelles sont les contributions de l'Afrique à une telle civilisation ?

C. Quel est le rapport entre le concept de la Négritude et les idées des intellectuels noirs américains des années 1930, tels que W. E. B. Du Bois et Marcus Garvey ? Pourquoi certains auteurs africains ont-ils rejeté ce concept ? Pourrait-on exprimer la même critique par rapport à une « culture noire » des États-Unis ?

D. Expliquez l'image utilisée par Senghor lorsqu'il parle du français comme le « Soleil qui brille hors de l'Hexagone ». En quoi cette idée résume-t-elle peut-être l'essentiel de ce que représente la « Francophonie » ?

QUELQUES RÉFÉRENCES

Cameroun
Calixte Beyala, *Assèze l'Africaine*, 1994 ; Mongo Beti, *Ville cruelle*, 1954

Congo
Sony Labou-Tansi, *La vie et demie*, 1998 ; Henri Lopes, *Le pleurer-rire*, 1982

Côte d'Ivoire
Amadou Kourouma, *Allah n'est pas obligé*, 2000

Guinée
Camara Laye, *L'enfant noir*, 1954 ; Tierno Monénemko, *Les écailles du ciel*, 1997

Madagascar
Jacques Rabemananjara, *Œuvres complètes, poésie*, 1978 ; Michèle Rakotoson, *Le bain des reliques*, 1988

Mali
Amadou Hampaté Bâ, *L'étrange destin de Wangrin*, 1973

Maurice
Edouard Maunick, *De sable et de cendre*, 1996

Niger
Boubou Hama, *Contes et légendes du Niger*, 1976

Sénégal
Mariama Bâ, *Une si longue lettre*, 1979 ; Fatou Diome, *Le ventre de l'Atlantique*, 2005 ; Birago Diop, *Les contes d'Amadou Koumba*, 1947 ; Aminata Sow Fall, *La grève des Battu*, 1979 et film de Cheikh Oumar Sissoko ; Cheikh Hamidou Kane, *L'aventure ambiguë*, 1961 ; le film d'Ousmane Sembène, *Guelwaar*, 1992 ; Léopold Sédar Senghor, *Œuvre poétique*, 1990

Actualité et avenir : Pistes de recherche

1. La petite bibliothèque africaine francophone

Problématique : Comment aborder les littératures francophones d'Afrique ?

Question : Constituer sa propre bibliothèque virtuelle. Quels titres choisir ? Les quelques références ci-contre peuvent servir de point de départ à la constitution d'une bibliothèque, qui ne demande qu'à s'agrandir. A vous de proposer des modifications, des ajouts à cette première liste. Expliquez brièvement chacun de vos choix.

Arrière-plan de la recherche : Voir les références ci-contre.

2. La femme africaine et les littératures francophones

Problématique : Avec les indépendances, la femme africaine a gagné une présence et une prestance dans la vie et les écrits des auteurs du continent.

Question : Comment la femme africaine est-elle représentée par les littératures africaines ?

Arrière-plan de la recherche : On prendra soin de distinguer la littérature écrite par des femmes de celle écrite par des hommes, ainsi que les œuvres autobiographiques, comme *Femme d'Afrique* (1975) de la Malienne Aoua Keïta (1912–1980), d'évocations poétiques comme celle de L. S. Senghor dans le poème *Femme noire*.

3. Senghor, À New York

Problématique : Publié en 1956 dans *Éthiopiques*, le poème *À New York* de L. S. Senghor décrit la réaction de l'un des chantres de la Négritude face à Manhattan.

Question : Comment peut-on expliquer cette réaction ?

Arrière-plan de la recherche : Le poème. NB : Une notation l'accompagne : « *Pour un orchestre de jazz : solo de trompette* ».

New York ! D'abord j'ai été confondu par ta beauté, ces grandes filles
    d'or aux jambes longues.
Si timide d'abord devant tes yeux de métal bleu, ton sourire de givre
Si timide. Et l'angoisse au fond des rues à gratte-ciel
Levant des yeux de chouette parmi l'éclipse du soleil.
Sulfureuse ta lumière et les fûts livides, dont les têtes foudroient le ciel
Les gratte-ciel qui défient les cyclones sur leurs muscles d'acier et leur
    peau patinée de pierres.
Mais quinze jours sur les trottoirs chauves de Manhattan
— C'est au bout de la troisième semaine que vous saisit la fièvre en un
    bond de jaguar
Quinze jours sans un puits ni pâturage, tous les oiseaux de l'air
Tombant soudain et morts sous les hautes cendres des terrasses.
Pas un rire d'enfant en fleur, sa main dans ma main fraîche
Pas un sein maternel, des jambes de nylon. Des jambes et des seins sans
    sueur ni odeur.
Pas un mot tendre en l'absence de lèvres, rien que des cœurs artificiels
    payés en monnaie forte
Et pas un livre où lire la sagesse. La palette du peintre fleurit des
    cristaux de corail.
Nuits d'insomnie ô nuits de Manhattan ! si agitées de feux follets, tandis
    que les klaxons hurlent des heures vides
Et que les eaux obscures charrient des amours hygiéniques, tels des
    fleuves en crue des cadavres d'enfants. (30)

Références et repères bibliographiques

(1) La loi en France ne permet pas de faire mention à la race dans les recensements, alors que depuis 2000 la race est un paramètre admis dans les recensements américains.

(2) Elles ont souvent leur site tels que : www.saoh.org/ ou www.saom.org/ pour les Sénégalais de Houston ou du Michigan.

(3) Des informations sont disponibles en ligne à partir de portails tels que : http://library.stanford.edu/depts/ssrg/africa/african-dias-pora/african-diaspora-united-states.html Ou encore en anglais l'*Encyclopédie de Chicago* : www.encyclopedia.chicagohistory.org sous des entrées telles que Ivorians, Guineans, Malians, Senegalese.

(4) Voir par exemple www.lecsf.org/, site en français et en anglais de Congo Sans Frontières qui annonce comme philosophie : « Congo Sans Frontières, Inc. (CSF) pro-jette de servir de carrefour pour la circulation des idées et informations destinées aux communautés africaines. Nous Africains, parlons beaucoup de l'Afrique, mais ne faisons presque rien pour les Africains. Notre but est de parler plus des Africains, identifier leurs besoins et y apporter des solutions. Les bonnes paroles sont jolies mais nous préférons des actions concrètes ».

(5) Plus récemment (1986), le Musée Dapper de Paris présente un visage particulièrement riche et novateur de l'art africain, historique et contemporain incluant celui de la diaspora.

(6) Malraux, A., « Discours prononcé à Dakar à la séance d'ouverture du colloque organisé à l'occasion du Festival mondial des arts nègres le 30 mars 1966 ». Source : http://www.assemblee-nationale.fr/histoire/Andre-Malraux/discours_politique_culture/discours_Dakar.asp

(7) Site officiel : www.ousmanesow.com/mac/index.htm

(8) Site officiel : www.ouattarawatts.com/

(9) « Renaissance africaine » est le titre donné au FESMAN III à Dakar en 2009. La première édition est sortie en 1966 à Dakar, la deuxième à Lagos, au Nigéria, en 1977.

(10) Amadou Hampâté Bâ, *Vie et enseignement de Tierno Bokar : le sage de Bandiagara*, Paris, Le Seuil, 2004. Critique, voir : Jouanny, R., *Lectures de l'œuvre d'Hampâté Bâ*, Paris, L'Harmattan, 2000.

(11) Site officiel : salifkeita.artistes.universalmusic.fr

(12) Site officiel : www.cesaria-evora.com/

(13) Parmi lesquels : *The Annual Boston African Film Festival* ; *The Pan African Film and Arts Festival*, Los Angeles ; *The African Film Festival*, New York City; *The Cascade Festival of African Films*, Portland, Oregon ; *The Denver Pan African Film Festival* ; *The San Francisco Black Film Festival*.

(14) Sur le sujet de la langue et des cultures africaines on pourra consulter la série « Francophonie du Sud »

(depuis 2001), dans *Le français dans le monde*, revue éditée par Clé International.

(15) Lopez, H., « Brouillon de notes d'un Bantou prétentieux à des Européens de même langue », *Nouvelle Revue Française*, mars 2000, Paris, Gallimard ; cité par Ali Attar, « Henri Lopez, le combattant d'une Francophonie africaine », *Journal*, Afrik.com. Voir www.afrik.com/article224.html

(16) En particulier, dans une perspective historique : Mouralis, B., « Littératures africaines, Oral, Savoir », *Semen*, 18, « De la culture orale à la production écrite : Littératures africaines », novembre 2004, [En ligne], mis en ligne le 29 avril 2007. URL : http://semen.revues.org/document2221.html

(17) « En co-propriété, le français en Afrique ». Source : www.olf.gouv.qc.ca/ressources/bibliotheque/dossiers_linguis-tiques/francophonie/afrique_daff.html

(18) Métonymie pour désigner l'Académie française et titre d'une histoire de l'institution par le Duc de Castries.

(19) Depecker, L., *Les mots de la francophonie*, Paris, Éditions Belin, 1990, p. 234.

(20) Voir la visite virtuelle qu'offre le site d l'UNESCO : webworld.unesco.org/goree/fr/visit.shtml. Il est à noter que l'île a reçu la visite du Pape Jean-Paul II en 1992 et du Président Clinton en 1998. Voir aussi Camara, A., et de Benist, J.R., *Histoire de Gorée*, Paris, Maisonneuve & Larose, 2003.

(21) UNESCO, Campagne internationale pour la sauvegarde de l'île de Gorée, Gorée en bref : www.dakar.unesco.org/goree_patrimoine/bref/index.html

(22) Source : U.S. Census 2000 ; People Born in Senegal, Tables FBP1/FBP-2 ; www.census.gov/population/cen2000/stp-159/STP-159-senegal.pdf - 2005-06-09

(23) Voir par exemple, l'Association des Sénégalais d'Amérique dont le siège est à New York.

(24) Césaire, A., *Cahier d'un retour au pays natal*, Première édi-tion en 1939, Paris Volonté n°20.

(25) Pour approfondir ce sujet on pourra consulter le CD réalisé par Espace francophone pour l'OIF : « L.S. Senghor. De la Négritude à l'universel ».

(26) Senghor, L. S., « Le français, langue vivante », *Esprit*, Paris, Novembre 1962.

(27) Fonkua, R., « Point de vue : Revisiter Senghor aujourd'hui : Négritude et poétique » dans : *Le Français à l'université*, deuxième trimestre 2008. Il est à noter que le Professeur Fonkua est le directeur de la rédaction de la revue *Présence africaine*.

(28) « A tiger does not shout its tigritude, it acts. »

(29) Senghor, L. S., *Liberté, tome 1. Négritude et humanisme*, Paris, Le Seuil, 1964.

(30) Senghor, L.S., *À New York, Éthiopiques*, Dakar, Fondation Senghor, 1956.

ENQUÊTE SEPT

LES FRANÇAIS : LA PERMANENCE D'UNE PRÉSENCE

Réplique de la statue de la liberté à Paris, 1889
Frédéric-Auguste Bartholdi, sculpteur

Patrimoine : Les essentiels

1 *Les Français aux États-Unis et dans le monde*

L a France prend conscience du Nouveau Monde outre-Atlantique assez tardivement par rapport à ses voisins d'Espagne et du Portugal. Une centaine d'années après eux, en 1523, le roi de France, François Ier, autorise une expédition atlantique vers ce que l'on prenait alors pour l'extrémité orientale de la Chine. Le navigateur Jean de Verrazane, Français et Lyonnais de par sa mère, Florentin de par son père, lève l'ancre à Dieppe, le 17 janvier 1524, et se dirige vers le littoral de l'actuelle Caroline du Sud à la Nouvelle-Écosse. Il n'est issu de ses plusieurs voyages aucune colonisation, car ce navigateur, appuyé par les intérêts commerciaux de puissants financiers, est possédé du désir de percer une route directe vers les richesses de la Chine vantées par le voyageur vénitien Marco Polo. Verrazane devance ainsi Jacques Cartier qui, en 1534, prend possession du Canada au nom de François Ier. La motivation des prochains Français vers l'Amérique sera tout autre. Les Espagnols, Français et Anglais se sont d'abord disputé cette terre pour des raisons politiques, mais dans un contexte où s'introduit, souvent simultanément, un élément confessionnel, soit celui d'évangéliser les autochtones, soit celui d'éviter la persécution chez soi. Entre 1555 et 1568, les départs des Français vers les Amériques sont intimement liés à l'histoire des Protestants de France, que l'on appelle Huguenots après 1552.

Les Huguenots et l'individualisme américain

Ces réformateurs bénéficient d'abord de la tolérance du roi François Ier et de la protection de hauts personnages. Malheureusement pour les Réformés, en 1538, le roi se voit contraint de conclure avec le pape un traité qui marque un tournant décisif dans ses relations avec les Protestants. Ce sera, pour beaucoup d'entre eux, le moment de quitter la France pour Genève où leur chef de file, Jean Calvin, s'était réfugié en 1536. Mais beaucoup d'autres, forts de la justesse de leur cause, continuent de lutter pour établir leur culte en France. Malgré les persécutions qui ne manquent pas de les flétrir sous le règne de Henri II, qui succède à son père en 1547, les Huguenots s'attirent l'aide de certains prêtres et moines apostats, et leur nombre ne cesse de croître.

TÉMOIN

Anne-Marie L.

« *Nous avons essayé d'élever nos enfants en Américains et évidemment, nous étions aussi attachés à notre culture. Et donc on n'était jamais très sûrs de nos décisions.* »

Écoutez l'interview d'Anne-Marie sur le site www.yalebooks.com/heritages

Vers la Floride

Presque tous les Réformés de France se trouvent à l'ère de Henri II dans la mouvance du Calvinisme. Chez l'Amiral Gaspard de Coligny (1519–1572), homme de cour d'une influence exceptionnelle, ils découvrent non seulement l'un de leurs protecteurs les plus dévoués, mais celui qui profite de la faveur royale pour formuler des projets de colonisation outre-Atlantique, efforts auxquels participeront surtout des Huguenots. Ce sont d'abord des incursions vers le Brésil qui se soldent, malheureusement, par un échec à Rio de Janeiro lorsque le commandeur de Villegagnon, un catholique, se retourne contre les protestants qui l'accompagnent et en devient leur persécuteur.

Coligny renouvelle ses tentatives de colonisation en Amérique lorsque, sous le règne de Charles IX (1560–1574), et surtout grâce au consentement tacite de la régente Catherine de Médicis, il choisit un Huguenot, le capitaine Jean Ribaut, pour commander une expédition de colonisation en Floride. En 1562, celui-ci débarque à l'embouchure de la rivière Saint-Jean, non loin de la présente Jacksonville. Il érige, avec ses réfugiés protestants, la première forteresse française, Charlesfort (à quelques kilomètres au nord de la ville actuelle de Savannah), mais en l'absence de Ribaut, qui était immédiatement retourné en France, la petite colonie dépérit. Deux ans plus tard, trois bateaux sous le commandement de René de Goulaine de Laudonnière reviennent sur les traces de Ribaut et construisent le Fort-Caroline. Cependant, la colonie, constituée de gentilshommes et de leurs familles, semble mal adaptée à la culture de la terre et risque de mourir de faim lorsque Jean Ribaut et ses renforts, redéployés par Coligny, viennent à la rescousse en août 1565. Hélas, l'arrivée de la flotte française sera rapidement suivie de celle d'une armada espagnole qui sent le risque que posent ces Français à la souveraineté espagnole et à l'hégémonie du roi Philippe II outre-Atlantique. Le massacre des Français s'ensuit aux mains de plusieurs milliers d'Espagnols qui les pendent comme des Protestants (des Luthériens, dit-on) plutôt que des Français. Goulaine de la Laudonnière, ayant pu échapper au massacre, rentre en France où il publie, en 1586, ses mémoires, *L'histoire notable de la Floride, contenant les trois voyages faits en icelles par des capitaines et pilotes français.* Ainsi se conclut, en échec, l'aventure française en Floride. À l'avenir, les aventuriers Huguenots mettront le cap quelque deux mille kilomètres au nord.

L'Acadie

L'Amiral de Coligny perd la vie, assassiné comme plus de huit mille autres Protestants en France dans les suites du Massacre de la Saint-Barthélémy en août 1572. Ce n'est qu'avec l'accession de Henri IV au trône de France, que les Huguenots retrouveront, petit à petit, leurs forces et pourront se reconstituer politiquement. Le roi, désireux de mettre fin à la guerre civile, signe l'Édit de Nantes en 1598, et les Réformés connaissent, pendant le reste de son règne, une existence relativement paisible et jouissent de la liberté d'exercer leur religion dans les régions où elle se pratiquait déjà. Certains endroits du royaume, où les Huguenots sont particulièrement nombreux, deviennent des bastions du Protestantisme. Les provinces de l'Ouest de la France, en particulier la Saintonge et l'Aunis, hébergent la plus forte concentration de membres de l'Église réformée. La ville portuaire de La Rochelle, dans cette Aquitaine qui avait été si longtemps anglaise et réfractaire au pouvoir royal français, devient encore une fois place forte de résistance, cette fois-ci contre la religion catholique et le monarque. Deux Saintongeais, Pierre du Gua de Monts, protestant accompagné de Samuel de Champlain, lui aussi probablement d'ascendance réformée, sont les premiers explorateurs à tenter de coloniser, à Sainte-Croix puis à Port-Royal, en 1604 et 1605, la région que l'on désignera sous le nom d'Acadie. Mais les temps où les protestants bénéficient de la protection et de l'encouragement d'un roi indulgent tirent à leur fin. En 1610, Henri IV meurt poignardé par un moine fanatique, Ravaillac, et les protestants profitent de la minorité de son fils, Louis XIII, pour se réorganiser politiquement et militairement, surtout dans le Midi. La Nouvelle-France est interdite aux protestants à partir de 1632, car l'absolutisme royal, « *Un Roi, une foi, une loi* », ne tolère aucun dissentiment sur le plan religieux, ni en France métropolitaine, ni dans ses colonies. Les quelque trois cents Réformés qui émigrent au Québec avant 1632 abjurent la religion protestante, soit avant de quitter la France, soit en arrivant en Nouvelle-France, ou transitent rapidement par le Canada pour s'établir dans les colonies américaines. Pourtant, beaucoup de Huguenots continuent à s'exiler outre-Atlantique pour éviter la persécution. Où vont-ils ?

Le littoral atlantique américain

Pour les Huguenots, la mort de Henri IV marque le début d'une longue époque de tourment au cours de laquelle le pouvoir royal, surtout guidé par des ministres puissants comme le cardinal de Richelieu, cherche à éradiquer l'influence politique des protestants en France, soit en les obligeant à se convertir au catholicisme, soit en les suppliant. Lorsque Louis XIV révoque l'Édit de Nantes, en octobre 1685, il est persuadé que l'acte législatif promulgué par Henri IV en 1598 n'a plus aucune raison d'être, puisqu'il n'y a plus de protestants en France. Ce qu'il ne peut savoir c'est que, loin de renoncer à leurs croyances religieuses, plusieurs centaines de milliers de Réformés vont, à la longue, choisir de quitter leur pays pour s'établir ailleurs, surtout dans les États protestants d'Europe : la Suisse, l'Allemagne, l'Angleterre, les Pays-Bas, et jusqu'en Amérique du Nord et en Afrique du Sud. Cette fuite d'une partie importante de la population française fera l'objet d'un remarquable *Mémoire pour le rappel des huguenots,* rédigé en 1689 par le marquis de Vauban, commissaire général des fortifications et serviteur dévoué du Roi-Soleil, pour convaincre (sans succès) le monarque de la futilité de la Révocation. Vauban y dresse une liste de mauvaises conséquences que l'émigration protestante a pu causer à son pays, y compris la désertion des « arts et manufactures » et, par conséquent, « la ruine la plus considérable du commerce ». L'empire colonial anglais en Amérique, par exemple, va pouvoir bénéficier du départ de France d'une population qui, si elle avait pu rester chez elle, aurait certainement rehaussé par sa présence la fortune de son pays natal.

New York et la Nouvelle-Angleterre

Plusieurs vagues successives de réfugiés protestants choisissent le Nouveau Monde comme terre d'élection. Les Huguenots s'évadent de France de manière clandestine et se dirigent d'abord, le plus souvent, vers la Hollande ou l'Angleterre, deux pays qui maintiennent des colonies en Amérique, la Nouvelle-Amsterdam datant de 1610 et la colonie de Plymouth, Massachusetts, de 1620. C'est à partir des ports hollandais et anglais qu'ils lèvent l'ancre pour cette Amérique du Nord que les deux puissances coloniales cherchent à peupler. Pour sa part, la population francophone de la Nouvelle-Amsterdam (région connue aussi, depuis 1615, sous le nom de Nouvelle-Belgique) est composée de Wallons protestants et d'autres colons non-catholiques des régions de l'Est de la France. Ils représentent déjà un cinquième de la population de la colonie et la moitié de la ville de Nieuw Haarlem lorsque, en 1664, l'Angleterre prend possession de la Nouvelle-Amsterdam qui devient New York. (1)

En 1626, le gouverneur de la Nouvelle-Belgique, Pierre Minuit, né à Ohain dans le Brabant, achète aux Amérindiens Manhattes, pour des bijoux de pacotille, toute l'île de Manhattan. Dans la vie civile quotidienne, ce Francophone, comme tous ses compatriotes, doit se servir du bas-allemand (langue ancienne dont dérivent le flamand et le hollandais actuels) qui leur est imposé par les maîtres de la Compagnie des Indes Occidentales. (2) Mais le bilinguisme de ces Huguenots (qui a dû devenir trilinguisme pour certains d'entre eux au moment de la conquête britannique) signale la capacité d'adaptation dont cette communauté fera preuve en Amérique. Pendant le reste du XVIIe siècle, d'autres Huguenots vont se répandre sur le territoire de New York, principalement à Staten Island et dans le village de New Rochelle, dont le nom rappelle leur ville d'origine en France. Ils seront, pour la plupart, cultivateurs et cohabiteront paisiblement avec leurs voisins hollandais puis britanniques. Parmi les familles huguenotes de New York, l'on remarque celle de Pierre Jay dont le petit-fils, John Jay, deviendra le premier président de la Cour suprême des nouveaux États-Unis à la fin du XVIIIe siècle.

La France
Cinq siècles de présence

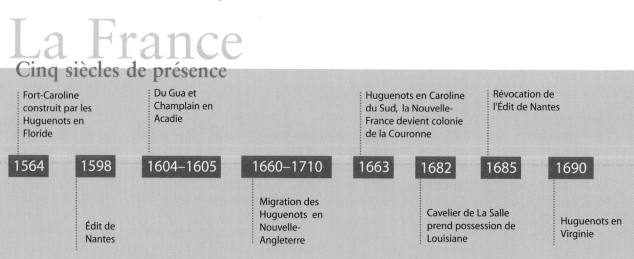

Fort-Caroline construit par les Huguenots en Floride		Du Gua et Champlain en Acadie		Huguenots en Caroline du Sud, la Nouvelle-France devient colonie de la Couronne		Révocation de l'Édit de Nantes	
1564	**1598**	**1604–1605**	**1660–1710**	**1663**	**1682**	**1685**	**1690**
	Édit de Nantes		Migration des Huguenots en Nouvelle-Angleterre		Cavelier de La Salle prend possession de Louisiane		Huguenots en Virginie

Au cours des vingt-cinq ans qui précèdent et suivent la révocation de l'Édit de Nantes, on assiste à une migration de Réformés vers cette Nouvelle Angleterre qui paraît si accueillante aux personnes fuyant leur pays afin d'échapper à la persécution religieuse et politique. C'est à cette même époque que le mot « réfugié » entre dans la langue courante. La ville de Boston, d'abord, autorise une communauté huguenote à s'y établir. Toutes les couches de la société y sont représentées, des plus humbles jusqu'aux émigrés qui avaient pu sauver au moins une partie de leur fortune personnelle. Mais tout propriétaire huguenot sait qu'en quittant la France ses biens immobiliers vont être confisqués par l'État et qu'il coupe les ponts avec sa vie d'avant l'exil. Ailleurs en Nouvelle Angleterre, dans la région de Boston à Salem, et même dans la petite colonie du Rhode Island, la présence huguenote se fait sentir. À Boston, la famille Faneuil, originaire de La Rochelle, lègue à cette ville un de ses bâtiments les plus anciens, connu aujourd'hui sous le nom de *Fanueil Hall,* pour servir de marché public. Le célèbre Paul Revere, dont le nom deviendra légendaire au moment de la lutte pour l'indépendance, était lui-même fils d'un modeste émigré huguenot. En 1698, parmi les fondateurs de la Trinity Church de Newport, Rhode Island, se trouvent certains Huguenots qui œuvrent et prient aux côtés des Anglicans.

Dans toutes ces colonies, les Huguenots manifestent d'abord le désir de maintenir leurs propres traditions religieuses aussi bien que le culte en langue française. Mais, petit à petit, s'étant naturalisés et voulant faire preuve de fidélité au régime britannique qui les a accueillis, les Huguenots abandonnent leur indépendance ecclésiastique et se laissent intégrer dans l'église anglicane. En même temps, beaucoup d'entre eux anglicisent aussi leur nom de famille, tel le citoyen Philip English, de Salem, fils de Jean

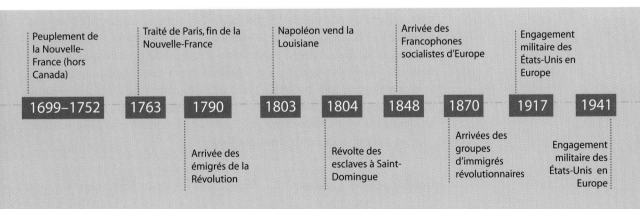

Maison huguenote, New Paltz, New York.

l'Anglois. Arrivant par petits groupes, ils s'assimilent socialement et passent donc désormais inaperçus, ou presque, dans le paysage colonial. Plusieurs de leurs descendants, tels John Jay, Henry Laurens et le célèbre Alexander Hamilton (né aux Antilles d'une mère huguenote), auront une notoriété certaine dans la destinée de la république américaine. Étant passés d'une révolte contre l'Église catholique et une monarchie française prêtes à les effacer de la terre, les Huguenots se reconstituent, dans tous les sens, et deviennent les fidèles sujets d'un régime britannique jusqu'au moment où ils s'armeront, aux côtés de leurs concitoyens américains, pour combattre une nouvelle tyrannie. Collectivement, les Huguenots disparaissent mais, grâce à leur force de caractère, ils exerceront une influence sur le développement de l'Amérique coloniale et révolutionnaire bien au-delà de leur poids démographique.

Les Moyennes Colonies : La Virginie et les deux Carolines

La région qui s'étend du fleuve James, en Virginie, jusqu'à la rivière Saint-Jean, en Floride, a connu une colonisation quelque peu tardive par rapport à celle du littoral plus au nord. Ce vaste territoire, dominé par les colonies de Virginie et de Caroline, accueille des Huguenots surtout après la Révocation de l'Édit de Nantes. En 1690, à l'époque où le Hollandais

Guillaume d'Orange devient Guillaume III d'Angleterre, la filière huguenote anglo-hollandaise forme le noyau d'un groupe qui s'installe en Virginie, dans un village appelé Manakin, à quelques kilomètres de la ville actuelle de Richmond. Plusieurs centaines d'autres familles huguenotes se joindront bientôt à cette population francophone dont un nombre impressionnant de groupes pourront se réclamer généalogiquement. La famille du premier président des États-Unis se trouve parmi ceux-ci. (3) Vers la fin du XVIIe siècle, les nouveaux habitants de la colonie de Virginie sont bien accueillis par les colons britanniques. Les Huguenots, connus pour leur honnêteté, industrie et initiative, ne risquent pas de devenir un fardeau. D'ailleurs, leur statut de réfugiés protestants suscite d'emblée la compassion des Anglais, malgré leur calvinisme qui les distingue des Anglicans. Mais l'Acte de Tolérance de 1689, promulgué dans les colonies aussi bien qu'en Angleterre, avait déjà préparé le terrain pour eux en permettant à plusieurs autres sectes protestantes de coexister avec l'anglicanisme qui reste la religion officielle en Virginie jusqu'à la Révolution. (4) Parmi les Huguenots qui se fixent près de la rivière James se trouve le pasteur expatrié, Claude-Philippe de Richebourg. Longtemps guide spirituel de son groupe de coreligionnaires, il en mène un certain nombre vers la région septentrionale de la Caroline, près de la rivière Trent. Mais toujours à la recherche d'une terre d'asile, le groupe reprend la route vers cette autre partie de la Caroline qui sera bientôt nommée Caroline du Sud. Là, pour eux comme pour bon nombre d'autres, les attend le véritable foyer des immigrés huguenots dans le nouveau monde. Selon l'historien Charles Weiss dans son *Histoire des Réfugiés protestants de France* il y aurait eu près d'un millier de fugitifs huguenots qui se sont embarqués pour la Caroline du Sud dans les seuls ports de Hollande à l'époque de la révocation de l'Édit de Nantes. (5) Le chemin de l'exil que suivent ces Huguenots n'est pourtant pas sans périls, comme l'atteste Weiss qui s'appuie lui-même sur l'historien américain George Bancroft. (6)

À LA RECHERCHE DES IDÉES

1. Les premiers explorateurs français du XVIe siècle, tels que Verrazane et Cartier, étaient partis à la recherche de richesses. En quoi la motivation des Huguenots était-elle différente ?

2. Pourquoi la France a-t-elle dû abandonner l'idée d'établir des colonies en Floride ? Qu'est-ce qui a mis fin à la présence française en Floride ?

3. Qu'est-ce qui explique qu'à la suite de l'assassinat de Henri IV les Huguenots se sont arrêtés d'immigrer en Acadie ?

4. En s'appuyant sur Vauban au sujet des conséquences néfastes de l'émigration protestante, quel portrait socio-économique peut-on dresser des Protestants français de l'époque ?

5. Pourquoi est-ce à la suite de la révocation de l'Édit de Nantes que le terme « réfugié » entre dans la langue courante ? Quels personnages célèbres de l'époque révolutionnaire américaine étaient d'origine française et huguenote ?

RÉFLEXION

A. Quelle tradition religieuse les Huguenots avaient-ils en commun avec les colons britanniques ? Qu'est-ce qui explique qu'on les ait acceptés si facilement dans les colonies anglaises de l'est des États-Unis ?

B. Étant donnée l'histoire des Protestants en France au cours des XVIe et XVIIe siècles, pourquoi est-il compréhensible qu'ils aient pu s'adapter facilement à l'individualisme du nouveau monde ? Dans quel sens les Huguenots avaient-ils avantage à tout laisser derrière eux en quittant la France ?

2 *Personnalités francophones et esprit d'entreprise*

En parallèle avec les immigrations huguenotes dans les colonies anglaises, le règne de Louis XIV fut marqué par l'arrivée d'autres populations d'origine française sur le continent américain et par leur expansion bien au-delà des limites de la Nouvelle-France du Saint-Laurent. Le drapeau français à fleurs de lys est hissé sur les terres qui s'étendent des Appalaches aux contreforts des Rocheuses. Ce territoire, quatre fois supérieur à la superficie de la France elle-même, paraît donc gigantesque par rapport aux colonies britanniques de l'est. Mais sa population au XVIIe siècle est sans commune mesure avec celle des colonies anglaises d'Amérique. En 1700, elle ne comporte qu'environ 16 000 âmes alors que les colonies britanniques totalisent 250 000 habitants.

Les Bons Pères et les « coureurs de bois »

S'étalant principalement sur le demi-siècle entre 1699 et 1752, le peuplement de la Nouvelle-France n'a jamais suscité beaucoup d'intérêt en France. Ce pays, dit de « la Frontière », s'étend des Grands Lacs jusqu'à l'embouchure du fleuve Mississippi, et sa superficie correspond à vingt-et-un États actuels. Le territoire était divisé en deux provinces appelées le pays des Illinois (ou Haute-Louisiane) et la Louisiane (ou Basse-Louisiane, c'est-à-dire à peu près la Louisiane actuelle). Il est arrosé principalement par le fleuve Mississippi et ses affluents. Les tribus indiennes qui l'occupent vont longtemps figurer au centre d'une concurrence entre deux forces, d'une part celle de l'Église catholique, ses missionnaires Jésuites et en moindre nombre leurs rivaux les Pères des Missions étrangères, d'autre part celle du commerce des fourrures et des peaux. Ce dernier est assuré par des entrepreneurs qui emploient des chasseurs qu'on nomme « voyageurs », mais aussi par un autre type d'aventuriers exerçant le même métier, mais souvent dans l'illégalité, les « coureurs de bois ».

L'Amérique se révèle très tôt être le paradis de l'esprit d'entreprise. L'appât du gain dans un territoire immense et si riche en ressources naturelles en fait le berceau d'une future société concurrentielle de libéralisme économique. Pourtant, la monarchie de Louis XIV envisage d'un autre œil sa Nouvelle-France devenue, à la suite de l'Édit du 21 mars 1663, colonie de la Couronne. Pour le Roi-Soleil, les terres américaines doivent contribuer au rayonnement de sa gloire sous un régime dirigiste et interventionniste. Il s'appuie sur Jean-Baptiste Colbert, Contrôleur des Finances puis Secrétaire d'État à la Marine, dont dépend toute expansion coloniale. Colbert introduit dans l'administration publique l'application des théories du mercantilisme, c'est-à-dire de la doctrine qui favorise le profit monétaire de l'État au moyen d'une politique protectionniste. L'attitude de l'Ancien Régime vis-à-vis de son empire d'Amérique a toujours été celle d'un peuplement extrêmement modeste par des ressortissants métropolitains. Le roi et Colbert pratiquent en Amérique une politique de rassemblement et préconisent la création d'établissements peuplés par ceux qui s'y trouvent déjà, par les mariages avec les femmes indiennes puis leur progéniture métisse, ou bien par les indésirables dont la France veut se débarrasser (comme ce sera plus tard le cas des bagnards et des « filles à la cassette »).

Au centre de l'histoire de l'exploration française en Amérique se trouve la population amérindienne. Les premiers contacts avec les Autochtones amérindiens sont assurés, presque simultanément, par les missionnaires jésuites et les explorateurs qu'ils accompagnent. Grâce aux écrits des premiers, nous possédons des observations minutieuses et détaillées du pays des Illinois parmi lesquelles brille *l'Histoire de la Nouvelle-France* du Père Pierre de Charlevoix (1682–1761). (7) Bientôt, des soldats se joindront aux missionnaires et aux chasseurs. Ils assureront la construction de fortifications dans la Vallée du Mississippi. Toutefois, les relations entre Amérindiens et Français ne vont pas toujours sans chocs, comme le montre bien Charlevoix qui, pour rédiger son *Histoire*, s'était appuyé sur des récits antérieurs publiés par les Jésuites dans les soixante-treize volumes des *Relations des Jésuites* (1632–1672). (8) C'est ainsi que Charlevoix a pu aussi prendre connaissance des explorations d'aventuriers tels que le Père jésuite Jacques Marquette (1637–1675) et son compagnon de route, l'explorateur Louis Joliet (1645–1700), héroïsés depuis par le folklore américain et qui, vers 1673, ont fait découvrir à leurs contemporains le bas des Grands Lacs et la Vallée du Mississippi, en particulier dans la région de Saint-Louis. Ces hommes traduisaient la politique royale qui désirait rien de moins que la sédentarisation des Amérindiens et leur transformation de chasseurs en agriculteurs, c'est-à-dire leur francisation. Mais, à la différence de ceux, surtout en France, qui auraient voulu une pacification des Amérindiens imposée par en haut, les missionnaires et, paradoxalement, leurs concurrents les coureurs de bois, choisissent de s'intégrer à cette population. L'un et l'autre de ces deux groupes cherchent à pénétrer le cœur de ces peuplades afin de mieux saisir leurs cultures et, surtout, de communiquer plus efficacement avec eux dans leurs propres langues.

L'application de la volonté royale dans les colonies d'Amérique dépend du représentant de la Couronne qui porte le titre d'Intendant du Canada. Jean Talon (1625–1694) a exercé ces fonctions de 1665 à 1668 puis de 1670 à 1672, c'est-à-dire à l'apogée du colbertisme en France. Ce « Colbert de la Nouvelle-France » permet d'abord l'expansion territoriale et le commerce qui s'ensuit mais, suivant les vœux de la monarchie, il doit bientôt limiter le nombre d'établissements que l'on fonde, par crainte de ne pouvoir les défendre contre les attaques indiennes ou britanniques. C'est ainsi que l'une des tentatives les plus illustres de Jean Talon sera celle des «filles du roi » par laquelle plus de sept cents jeunes filles françaises, souvent de milieu modeste et orphelines d'au moins un parent, seront envoyées au frais de l'État vers la Nouvelle-France où elles épouseront les colons célibataires qui les y attendent. La réussite de cette politique se mesure par le croissement rapide d'une population dite « créole », c'est-à-dire née dans la colonie, plutôt que par l'immigration des familles.

Mais l'ordre de sédentarisation venu d'en haut risque bien de contrarier les efforts de ceux qui comptent exploiter les ressources naturelles en étendant leurs aires de chasse bien au-delà des régions civilisées. En l'absence de l'autorisation requise, appelée « billet de congé », qui leur permettrait de travailler légitimement pour un marchand en rassemblant les Indiens dans des centres de traite ou d'échange des marchandises, ceux-ci vont souvent recourir au métier illégal de coureur de bois pour se livrer au trafic direct avec les Amérindiens. L'ironie du sort veut que l'histoire, au lieu de couvrir d'opprobre ces hors la loi, nous fera connaître beaucoup d'entre eux en tant qu' « explorateurs ». C'est ainsi que nous dénommons toujours, par exemple, Etienne Brûlé, Louis Le Jeune, Jean Nicolet et Louis Joliet qui traversent la région des Grands Lacs, du Michigan et du Wisconsin, ou encore Nicolas Perrot qui découvre les mines de plomb d'Iowa, ou Pierre-Esprit Radisson et Médart des Groseilliers dans le Haut Mississippi et le Minnesota. Tous s'avèrent être des chasseurs intrépides et, du moins dans un premier temps, des hommes motivés par le gain que leur apporte le trafic des pelleteries.

Pour ce qui est de la Vallée du Mississippi, c'est sous l'égide du comte de Frontenac, gouverneur du Canada, que Robert Cavelier de la Salle, après avoir passé plusieurs années d'exploration dans le pays des Illinois à partir de 1678, prend possession, au nom de Louis XIV en 1682, du vaste territoire de plus de deux millions de km² qu'il baptise du nom de Louisiane. Pendant plusieurs années, il poursuit ses expéditions avec son associé Henri de Tonti ainsi que les frères Pierre Le Moyne d'Iberville et Jean-Baptiste Le Moyne de Bienville. L'événement marque une véritable réorientation des intérêts de la France dans ses colonies d'Amérique.

Ayant étendu son empire américain jusqu'au golfe du Mexique et aux Rocheuses et, ce faisant, inquiété ses rivaux britanniques et espagnols, la France devra désormais défendre son territoire sans toutefois en avoir les moyens financiers ni les ressources humaines. Le mythe de l'Eldorado durera encore un siècle à peine avant que Bonaparte ne vende aux États-Unis, au prix dérisoire de 15 millions de dollars, ce dernier vestige de l'empire américain des Français.

Les derniers soupirs d'une colonisation française

Par le traité secret de Fontainebleau en 1762, la France des Bourbon va céder à une Espagne, elle aussi bourbonne, toute la partie occidentale de la Louisiane. L'année suivante, par le traité de Paris, elle abandonnera à la Grande-Bretagne tous ses territoires à l'est du Mississippi (la Louisiane orientale) ainsi que le Canada (sauf les îles de St-Pierre et Miquelon). Au début du XVIIIe siècle, cependant, la France croit toujours à la possibilité de pouvoir garder au moins une colonie française florissante dans la partie méridionale de l'Amérique du Nord. Ayant consolidé administrativement le Pays des Illinois et la Louisiane, elle peut se concentrer sur le peuplement de la Basse-Louisiane. Le Roi-Soleil meurt en 1715 et, sous le gouvernement de la Régence (1715–1723), la France confie à des particuliers la tâche de recruter des colons pour peupler la Louisiane. Deux hommes, le baron Antoine Crozat de la Fauche et, surtout, l'Écossais John Law, vont servir de fer de lance à une campagne de développement de la colonie. C'est principalement ce dernier qui sera responsable d'éveiller l'intérêt du public français et de le convaincre des avantages de s'investir en tant qu'actionnaires dans sa société (1717) qui sera rebaptisée sous le nom de Compagnie des Indes (1719). Essentiellement, le spéculateur écossais obtient de la part de la Régence le monopole commercial de la colonie. En créant le Système de Law, qui préconise d'émettre du papier monnaie afin de payer la dette publique causée par des décennies de guerres sous Louis XIV, une banque privée réussit à prendre le gouvernail du domaine fiscal de la France. Cette « Banque royale », en raison de son alliance entre les secteurs privés et publics, émet des billets garantis par le roi mais destinés à l'enrichissement des particuliers. La Compagnie de Law semble d'abord réussir à merveille et attire bon nombre d'investisseurs qui augmentent spectaculairement le capital de la société tout en encourageant, hélas !, une spéculation qui va bientôt mener à la crise et à sa faillite lorsque, en 1720, les grands actionnaires viennent retirer de l'or au siège de la Banque, rue de Quincampoix à Paris. On ne croyait plus à la propagande faite autour de l'Eldorado louisianais pour promouvoir le Système de Law, et celui-ci fait banqueroute vers la fin de l'année 1720.

Malgré les effets catastrophiques de cet échec sur la confiance du public français vis-à-vis de la monnaie de papier, la Compagnie des Indes a pu réaliser son projet de colonisation de la Louisiane, surtout dans la région de la Nouvelle-Orléans, fondée, en 1718, par Le Moyne de Bienville. En instaurant un système de concessions de terres confiées aux actionnaires qui s'engageaient à les développer, Law avait aussi jeté les fondements d'une future société de plantations. Malheureusement, la nécessité de cultiver les terres en concession se trouve sévèrement gênée par l'absence de main-d'œuvre, car la paysannerie française n'a jamais consenti à suivre le chemin de l'exil vers le Sud de l'Amérique coloniale, et les nombreuses tentatives effectuées par la Compagnie des Indes pour envoyer en Louisiane des jeunes gens et des filles à marier n'ont pas suffi davantage. On envisage alors de déporter en Louisiane des filles condamnées à réclusion criminelle, comme la célèbre Manon Lescaut, héroïne éponyme du roman de l'abbé Prévost (1731) et des opéras de Massenet et de Puccini, que les autorités parisiennes décident d'enfermer « pour le reste de ses jours, ou de l'envoyer en Amérique ». Cette fâcheuse pratique ne durera que deux ans (1719 et 1720). La Compagnie se tournera ensuite vers une solution des plus regrettables, celle de l'importation des esclaves. Bien que l'esclavage n'existe plus en tant que tel en France à cette époque, la Compagnie des Indes obtient le droit de pratiquer la traite et embarque des Africains en Angola, en Guinée et surtout au Sénégal. Les esclaves sont gouvernés dans la colonie par le Code noir de 1685 par lequel Colbert avait défini le statut de l'esclave que l'on considère comme une personne de non-droit et même comme un objet, le Code les déclarant « être meubles », c'est-à-dire des biens que l'on peut déplacer. Il précise, néanmoins, que l'esclave est protégé de l'arbitraire de son maître et de la torture, même si l'interprétation de cette protection est souvent laissée au hasard. (9)

La traite africaine ne cessera qu'en 1808 et aura apporté sa contribution à l'établissement d'un certain paternalisme bien français dans la colonie de Louisiane et à une institution qui attendra par trop longtemps d'être répudiée par la nation américaine. Entre-temps, il s'y développera une vie sociale, économique et politique spécifique à cette colonie francophone sur le territoire nord-américain. À son tour, celle-ci disparaîtra définitivement de la tutelle française en 1803, ayant pourtant légué à la postérité son système de valeurs, ses lois et son caractère propres.

Que reste-t-il de nos jours du passage des aventuriers, des coureurs de bois, de tous ceux qui, partis de la Nouvelle-France ou de France, ont parcouru la Vallée du Mississippi aux XVIIe et XVIIIe siècles ? Des centaines de noms toponymiques à consonance française. Des patronymes aussi, quand on ne les a pas anglicisés, qui s'étalent sur les pages de nos

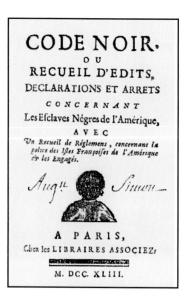

annuaires téléphoniques. Pour la Louisiane, l'on pourrait citer également la présence du code civil, toujours en vigueur, qui provient directement du Code Napoléon et qui représente une anomalie par rapport à la jurisprudence du reste des États-Unis. Par contre, en ce qui concerne les traces linguistiques, à l'exception des régions cadiennes, la parole vernaculaire ne survivra pas à la période coloniale. Ceci est bien l'avis des linguistes, tel Albert Valdman qui constate :

> *De Butte à l'ouest à Terre Haute à l'est, d'Eau Claire au nord à Baton Rouge au sud... les toponymes constituent un témoignage éloquent de la présence de la langue française sur le territoire occupé aujourd'hui par les États-Unis. Mais si les Français ont parcouru tout ce territoire à partir du XVIIe siècle, à part ces toponymes, ils ont laissé peu de traces linguistiques.* (10)

À LA RECHERCHE DES IDÉES

1. La Nouvelle-France historique couvrirait quels États des États-Unis actuels ?

2. Décrivez la vie des « voyageurs » et des « coureurs de bois » en Nouvelle-France. Pourquoi ont-ils souvent refusé de participer au système dirigiste de Colbert ?

3. Pourquoi l'Ancien Régime avait-il peur d'une émigration forte vers le Nouveau Monde ?

4. Pourquoi les missionnaires et les coureurs de bois, ont-ils choisi de s'intégrer à la population indigène ?

5. Quelle était la motivation de Jean Talon, l'Intendant du Canada, en désignant certaines jeunes filles comme « filles du roi » ? Comment certaines tentatives de la Compagnie des Indes se rapprochent-elles de celles de Talon ?

6. Qu'est-ce que le Système de Law ? Pourquoi a-t-il échoué ?

RÉFLEXION

A. Pour quelles raisons la France n'a-t-elle pas soutenu une émigration vers ses territoires d'Amérique ?

B. Quelle a été l'influence de cette politique sur la présence française à long terme aux États-Unis ?

3 *Le XIXe siècle : De la colonisation à une migration idéologique*

Les départs d'immigrants parisiens et de provinciaux français vers les États-Unis s'étalent sur l'ensemble du XIXe siècle. Certains quittent leur terre natale à la suite d'une révolution, d'autres pour des raisons économiques souvent liées à des conditions socio-politiques européennes qui leur étaient devenues insupportables. La jeune république américaine semble leur tendre son accueil, tout comme la statue de la Liberté, par ailleurs, don de la France à cette nation.

Les Idéalistes du XIXe siècle

Vers la fin du XVIIIe siècle, les Francophones sur le territoire des futurs États-Unis sont majoritairement favorables à la cause révolutionnaire des Américains. L'alliance entre la France et les Insurgés au temps de la Guerre d'Indépendance est devenue légendaire, et l'histoire a maintes fois raconté les actions du marquis de La Fayette, du comte de Rochambeau, de l'amiral de Grasse et de beaucoup de soldats moins bien connus dont plus de deux mille sont morts en combattant pour l'indépendance américaine. Parmi les Français partis outre-Atlantique, certains choisissent de rester en Amérique où ils participent pleinement à la vie économique et politique. C'est le cas, par exemple, du bordelais Stéphane Girard, grand commerçant de la marine marchande, qui laisse une empreinte considérable et un legs important à Philadelphie où il meurt en 1831. Pendant une dizaine d'années à la suite de la Révolution française de 1789, le nombre de Français accueillis par la nouvelle République américaine augmente. Comme les Huguenots qui les ont précédés, tous quittent la France clandestinement. Beaucoup se contentent de sauver leur peau et doivent vivre tant bien que mal de moyens de fortune, souvent dans la misère. Le duc de Chartres, Louis-Philippe d'Orléans, futur roi des Français, donne des leçons de français à Boston pendant son exil. À Philadelphie, cependant, ducs, vicomtes, même le fameux Talleyrand, se réfugient dans une ville devenue cosmopolite et vers laquelle affluent des personnalités en rupture de ban. Les Républicains laïques en France ont aussi contribué au départ vers les États-Unis de membres du clergé. Ceux-ci se sont répartis sur un territoire assez vaste, surtout celui de l'ex-Nouvelle-France, et ont assuré la propagation de l'Église catholique dans un pays où elle connaîtra une expansion de plus en plus importante. À Baltimore, l'archevêque

John Carroll accueille ces serviteurs de l'Église dans le premier diocèse catholique du pays. Cet apport au paysage religieux américain aura un effet durable sur le secteur civil en établissant des écoles et des hôpitaux dans les villes grandes et moyennes au moment où le pays s'étend de plus en plus vers l'ouest.

En 1790 de nouveaux mouvements migratoires ont pour cause le climat révolutionnaire qui prévaut aux Antilles. Chassés de France par le coup d'État de Napoléon Bonaparte, royalistes et républicains cherchent asile à Saint-Domingue (Haïti) qui, depuis cent ans, était devenue la plus prospère des colonies. Mais les Français en seront expulsés, en 1804, suite à une révolution qui les mènera d'abord à Cuba puis vers les États-Unis. Bien que les réfugiés se dirigent également vers les villes portuaires de New York, Boston ou Charleston, c'est, bien entendu, la Nouvelle-Orléans francophone qui voit augmenter sensiblement sa population, qui double entre 1805 et 1810. L'adaptation de ces immigrants francophones, habitués à la culture de la canne à sucre et accompagnés d'une multitude de gens de couleur libres et esclaves, se fait sans trop de difficultés. Pour l'instant, et malgré l'infiltration assidue des Yankees dans le territoire, cette infusion de culture francophone est suffisamment importante et puissante pour pouvoir imprégner d'une spécificité bien française la société louisianaise d'avant la Guerre de Sécession.

Les collectivités utopiques

Pendant une centaine d'années à commencer par la fin du XVIIIe siècle, plusieurs groupes de Français envisagent de s'implanter dans une Amérique aux confins et au potentiel presque illimités. Ces tentatives migratoires se sont souvent soldées par un échec, mais constituent néanmoins un témoignage utile à la compréhension des échanges transatlantiques.

Gallipolis dans l'Ohio

Après l'Indépendance, la jeune République américaine s'est trouvée endettée. Pour récompenser les militaires de leurs services, on leur promettait des terres dans les territoires de la Frontière qu'il fallait maintenant peupler. Mais le Gouvernement américain, appauvri par les années de guerre, doit compter sur des financiers et spéculateurs qui puissent racheter la dette, obligeant ensuite le Congrès à la leur rembourser avec intérêts. C'est ainsi que la Compagnie de l'Ohio et la Société de Scioto ont été créées. Cette dernière, surtout, visait la colonisation d'une région située dans le sud-est de l'état actuel de l'Ohio, et ses agents en France comptaient « vendre » des terrains américains à des investisseurs français parmi lesquels plusieurs centaines ont, effectivement, traversé l'Atlantique pour les occuper. En 1790, plus de six cents personnes, y compris des aristocrates et des bourgeois cossus, mais aussi des artisans, commerçants et autres individus aux ressources modestes, débarquent dans plusieurs villes portuaires de la côte est. Malheureusement, ces gens apprennent en arrivant qu'ils ont été victimes d'une énorme escroquerie et à peine la moitié d'entre eux finiront par atteindre leur destination, Gallipolis, où les attend une existence de misère. Le Congrès, en 1795, votera une indemnité à la centaine des survivants gallipolitains, mais toute trace du groupe de Français sera bientôt gommée par l'arrivée des nouveaux *settlers Yankees* qui envahissent l'endroit. Connue sous le nom de « l'Affaire de Scioto », cette histoire jette une lumière comparative plutôt neuve sur un volet du phénomène capitaliste et sur l'ampleur de celui-ci tant en Amérique qu'en France au XVIIIe siècle. (11)

Azilum en Pennsylvanie

Le nom de ce village du nord-est de la Pennsylvanie évoque un lieu de tranquillité et de sauvegarde. C'est ainsi que l'avaient conçu, en 1793, les réfugiés royalistes qui, ayant quitté la France après la décapitation de Louis XVI ou quitté Saint-Domingue à la suite de la révolte des esclaves noirs, s'étaient rassemblés à Philadelphie avant de partir vers l'intérieur du pays où ils allaient fonder leur colonie. Plusieurs personnalités influentes désirant venir en aide à ces Français, y trouvaient également une occasion de tirer profit de la présence des exilés pour pratiquer de la spéculation sur des terrains qui allaient servir à ceux-ci de refuge en Amérique. Beaucoup d'entre eux acceptent de payer à prix d'or leurs actions dans la société créée par les promoteurs. Une cinquantaine de colons partiront ainsi occuper des maisons de bois, confortables mais rustiques, dans cette boucle de la Susquehanna où l'on construit aussi une « Grande Maison » qui, dit-on, servira d'abri sûr à la reine Marie-Antoinette ! À défaut d'une reine, cependant, le village bucolique a dû se contenter de recevoir d'autres visiteurs de marque au cours d'une existence qui sera très éphémère. Des revers de fortune s'y manifestent bientôt, car les financiers de l'entreprise déposent leur bilan. Petit à petit, la plupart des colons, dont certains se trouvent coupés de leurs ressources financières en France par un gouvernement américain devenu hostile à la politique française, quittent ce coin perdu de la Pennsylvanie pour d'autres endroits tels Charleston et la Nouvelle-Orléans. Plusieurs d'entre eux rentrent en France lorsque Napoléon, en 1802, les radie de la liste des proscrits. Cette petite société royaliste n'aura pu tenir bon que pendant dix ans. La tentative d'enrichissement par la spéculation foncière avait échoué, autant pour les promoteurs américains que pour les Français séduits par le mirage d'un Petit Versailles situé sur les bords de la Susquehanna.

Démopolis et *Aigleville* dans l'Alabama, *Champ d'Asile* au Texas

Après sa défaite à Waterloo en 1815, Napoléon Bonaparte n'est plus empereur et n'a plus le droit d'habiter en France. La proscription s'applique à tous ceux qui ont participé au régime impérial ainsi qu'aux Conventionnels des années 1790 qui avaient voté la mort de Louis XVI. Ces « proscrits » mettent souvent le cap sur l'Amérique. Parmi eux figurent d'anciens officiers et soldats de la Grande Armée. Que faut-il faire de tous les exilés bonapartistes, pour la plupart militaires de carrière, qui débarquent le plus souvent à Philadelphie ? Selon l'historien Winston Smith, ayant adressé au Congrès des États-Unis une demande de concession de terres, plusieurs parmi eux obtiennent, grâce à l'intervention du gouverneur de Pennsylvanie et de l'homme d'État Henry Clay, la permission d'acheter quatre cantons, à condition de les exploiter en y cultivant des vignes et des oliviers, deux plantes presque inconnues dans ces terres de l'Est du pays. (12) En juillet 1817, la Société de la Vigne et de l'Olivier, composée d'environ deux cents personnes, s'établit sur les bords de la rivière Tombigbee. Mais, comble du malheur, on apprend après quelques mois que, suite à une erreur d'arpentage, les colons ne tiennent aucun titre de propriété valable sur ces terres et doivent donc déménager de cette « ville du peuple ». En 1818, une partie de ceux-ci suivent le général Lefebvre-Desnouettes vers un nouveau site et fondent Aigleville, nom qui évoque l'enseigne de l'empereur Napoléon ainsi que l'oiseau symbole des États-Unis. À partir de 1820, d'autres colons, venus des Antilles, s'ajoutent à la petite société qui vivote et manque de personnes suffisantes à la tâche agricole. Cette fois-ci, les nouveaux arrivés sont accompagnés d'esclaves qui, dans ce territoire du Sud, constituent la main-d'œuvre sur laquelle repose le système économique. Mais petit à petit, la colonie dépérit et au bout de dix ans perd son caractère d'origine.

L'importance de ces tentatives de colonisation française eut aussi une signification qui dépasse celle de l'exotisme nostalgique du Vieux Sud car, au début XIXe siècle, la région bordée par le Golfe du Mexique est toujours marquée par une instabilité géopolitique, du Texas à la Floride. Les puissances européennes (Grande-Bretagne, Espagne, France) mais aussi les forces américaines convoitent toutes ces terres jusqu'à ce que la Floride et le Texas, devenus des États américains, entrent définitivement dans l'Union en 1845. En 1812, la nouvelle République américaine et la Grande-Bretagne vont jusqu'à se faire la guerre en Louisiane en se disputant les grands ports du golfe, si importants pour le commerce fluvial. Il faudrait aussi souligner la présence, dans les colonies françaises d'Alabama, de la population de réfugiés francophones de Saint-Domingue, reconvertis en agriculteurs. Ayant compris la nécessité de cultiver le coton au lieu de la vigne et l'olivier, ils s'adaptent avec la plus grande facilité aux conditions agraires et simultanément à un style de vie qu'ils partagent avec leurs voisins sudistes, y compris l'esclavage. Lorsque les autres colons francophones quitteront l'Alabama, ceux-ci y resteront et y feront souche.

Charles Lallemand, l'un des généraux les plus dévoués à l'empereur, décide de se mettre à la tête des réfugiés français, italiens, polonais compromis sous l'empire. Il choisit de les installer au Texas, sur la rivière de la Trinité, à 80 kilomètres de l'embouchure, sur un territoire qui, en 1817, est toujours disputé entre l'Espagne et les États-Unis. Aidé financièrement par le corsaire Jean Lafitte, Lallemand rejoint son contingent de réfugiés en mars 1818 et s'établit avec eux sur le terrain qu'il nomme Champ d'Asile. Il y fait construire un fort et organise la colonie avec la discipline militaire qui lui était coutumière. Malheureusement, un contingent de militaires espagnols se dirige vers la colonie pour en chasser ses habitants. Lallemand abandonne ses hommes à leur sort. Peu après, ces derniers quittent cette terre d'asile pour se diriger vers la Louisiane. En Louisiane, devenue solidement bonapartiste, et surtout dans une certaine France nostalgique de l'empire, le mythe du soldat-laboureur va bientôt naître autour des débris de la Grande Armée.

À San Francisco.

D'autres aires d'immigration

En quittant l'Europe, les émigrés français de cette époque ont manifesté le désir de recommencer leur vie ailleurs en faisant valoir un certain esprit d'entreprise en même temps que d'aventure. Compte tenu de l'immensité du pays, mais aussi de la politique américaine de peuplement du territoire, la grande majorité des nouveaux arrivés espérait pratiquer des opérations financières ou commerciales spéculatives dans le monde du capitalisme libéral américain. En dehors de la Louisiane francophone, d'autres régions bénéficièrent aussi d'une immigration modeste de Français dans les premières décennies du XIXe siècle, surtout dans la région de Saint-Louis, ville établie en 1764 par Pierre La Clède sur le grande fleuve du Mississippi. C'est en particulier le cas de la ville de Sainte-Geneviève, dans le territoire du Missouri, où mineurs de plomb et fermiers francophones créent une société aux traditions et de langue françaises qui durera encore des années en tant que pôle d'attraction pour de futurs immigrants, en particulier lorsque les conditions politiques et sociales en Europe les encourageront à partir eux aussi vers le Nouveau Monde. La ville de New York attire un nombre important de Français mais bien moindre par rapport à celui des anglophones, majoritaires, et des germanophones, première minorité linguistique citadine. Dans l'est des États-Unis, parmi les villes à forte densité de population francophone ou francophone d'origine, nous comptons, dans les premières années du XIXe siècle, Philadelphie, Charleston et, bien entendu, la Nouvelle-Orléans. Vers le milieu du siècle, cependant, cette aire d'immigration s'étendra bien au-delà des Appalaches et du Golfe du Mexique pour atteindre la côte pacifique, là où la ruée vers l'or fera passer la population francophone de Californie d'une poignée de gens (vagabonds des mers, cultivateurs de vignes, « voyageurs » et trappeurs canadiens français à la recherche des castors et des loutres) à près de 250 000 hommes et femmes en 1856. Bien peu d'entre eux s'enrichiront en exploitant les filons d'or. Mais, à la suite de la ruée vers l'or, la Californie connaîtra un avenir riche et cosmopolite qui les encouragera à rester afin de chercher fortune dans d'autres domaines. Tout comme les émigrés qui les avaient précédés dans l'est américain, ces nouveaux arrivés sur la côte du Pacifique ont cru au mythe de l'Eldorado.

Les Idéologues

L'année 1848 marque le début des arrivées aux États-Unis de milliers de Francophones, dont la migration sera presque sans arrêt jusqu'au tournant du XXe siècle. En Europe, la Révolution industrielle, ayant donné naissance à la classe ouvrière, se dote d'un certain nombre de défenseurs des travailleurs. Étienne Cabet, bourguignon passionné par la propagande égalitaire et démocratique, connaît la situation en Belgique et à Londres. La jeune République américaine lui paraît un lieu idoine pour l'établissement d'une cité idéale à laquelle Cabet et ses compagnons de route communistes et chrétiens voulaient donner le nom d'Icarie. Les immigrants Icariens occupent, en 1850, les anciennes installations des Mormons, récemment chassés des lieux, à Nauvoo dans l'Illinois. De là, la communauté icarienne poursuit une migration vers l'Iowa. La colonie finit par se scinder en groupuscules qui s'installent d'abord dans un comté du Kansas, puis en Californie, à Cloverdale, au nord de San Francisco. L'idéalisme des Icariens, souvent imbu des doctrines sociales de Charles Fourier et de Saint-Simon, ne l'emportera jamais sur la réalité des conditions matérielles et morales d'un continent nord-américain indifférent à leurs principes élevés. Un sort analogue à celui des Icariens sera réservé à la colonie socialiste de Victor Considérant, disciple de Fourier, qui se dirige lui aussi vers le Texas et fonde, selon le modèle fouriériste, un type de phalanstère qu'il baptise du nom de la Réunion. La collectivité, qui compte quelque cinq cents habitants, se dissoudra suite à des querelles intestines entre les sociétaires français, belges et suisses qui ne s'entendent plus.

Lorsque la Guerre de Sécession éclate, l'inspiration socialiste sombre mais ne meurt pas car, vers 1870, le mouvement républicain internationaliste se répand aux États-Unis dans les villes à forte population ouvrière. De Saint-Louis, d'anciens Icariens, inspirés par un idéal internationaliste, propagent leurs sentiments vers New York, Newark, Boston, la Nouvelle-Orléans ou San Francisco. La guerre de 1870 entre la France et la Prusse et, surtout, l'échec de l'insurrection parisienne de la Commune ont rallié les membres des diverses sections de l'Association Internationale des Travailleurs autour de la défense des principes socialistes. Les groupes révolutionnaires, composés en grande partie d'immigrants de toutes ethnies, se confondent dans une collectivité ouvrière perçue par l'opinion publique comme étant socialiste, bien que, dans la réalité, il s'agisse non seulement de socialistes mais de communistes et d'anarchistes. L'intensité de l'activité syndicale et révolutionnaire se concentre dans les États de New York et du New Jersey, là où arrive la plus grande partie des immigrants de la côte est. Mais le militantisme de l'Internationale ouvrière, fondée à Paris en 1889 par Friedrich Engels, se manifestera de manière particulièrement éclatante dans des régions comme les Appalaches avec leurs vastes dépôts de charbon et d'anthracite. La Pennsylvanie et les régions limitrophes du Tennessee, de l'Ohio, de la Virginie occidentale offrent un exemple achevé des conditions de travail et du mouvement ouvrier qui prédominent dans le prolétariat américain. La presse militante socialiste ou anarchiste-communiste, comme le *Réveil des Mineurs* du rédacteur belge Louis Goaziou, dresse le portrait des luttes sociales qui sévissent dans les milieux ouvriers enclavés par les effets de la crise économique et la répression des patrons d'industrie. (13) Motivés par une nécessité matérielle et par une idéologie révolutionnaire, les populations françaises et belges qui émigrent vers le Nouveau Monde ne sont pas forcément nombreuses, mais elles se font entendre et exercent une influence plus grande que leur nombre ne le laisserait croire.

L'émigration des Français vers les États-Unis pendant cette période d'accroissement phénoménal (de 1870 à l'*Immigration Act* de 1924) se complète par l'arrivée de plusieurs communautés de provinciaux français, les Alsaciens, les Basques, les Bretons et, de manière assez inattendue, les Aveyronnais. La Guerre Franco-allemande de 1870–1871 se solde par une défaite de la France qui perd l'Alsace et la Lorraine. Nombre de résidents de ces provinces prennent le chemin de l'exode. L'Iowa, la région des Montagnes Rocheuses et la Californie bénéficieront de la présence de ces immigrés d'origine française. Ils s'américanisent rapidement, surtout avant la Guerre de 1914–1918, mais maintiennent toutefois leurs coutumes culturelles en se dotant de clubs et d'associations d'entraide. Leur histoire est celle d'une assimilation sociologique à la société américaine qui reflète celle de maintes autres ethnies parmi les immigrés de leur époque. Les Basques quittent l'Europe pour augmenter leurs maigres ressources financières en élevant du bétail à l'étranger. (14) De Californie, où ils sont implantés depuis l'époque de la ruée vers l'or, les bergers basques vont vers les États de l'Ouest : le Colorado, le Nevada, l'Utah, le Montana, le Nouveau-Mexique et le Wyoming. Ils restent surtout entre eux et mènent une vie d'isolement dans une terre souvent hostile. Ils maintiennent aussi des liens de correspondance avec leur pays d'origine. Certains y retourneront ou conserveront le désir de le faire. On estime à environ 60 000 le nombre actuel de personnes d'ascendance basque dans une Amérique où l'élevage du mouton, le métier historique de cette population, ne s'exerce presque plus dans leurs communautés. Longtemps, l'histoire des Basques en Amérique s'est inscrite autour d'une population masculine. Cependant, grâce à des recherches scientifiques récentes, nous apprenons que les femmes basques ont joué un rôle privilégié dans l'histoire de cette migration et de cette culture. (15) C'est à Boise dans l'Idaho que l'on trouve actuellement la plus forte concentration de Basques hors de l'Europe.

À LA RECHERCHE DES IDÉES

1. Quels Français célèbres ont participé à la Révolution américaine ? Pourquoi y a-t-il eu une nouvelle vague d'émigration en provenance de France à la suite de la Révolution française ?

2. En quoi les colonies d'Azilum, de Démopolis et d'Aigleville étaient-elles liées à la politique tumultueuse en France à cette époque ?

3. Quels mouvements de population vers les États-Unis ont pour origine la Révolution industrielle et le développement de la classe ouvrière ?

4. Au contraire des idéologues, pour quelles raisons les Basques, les Bretons et les Aveyronnais sont-ils venus aux États-Unis ? Dans quelles régions se sont-ils principalement établis ?

RÉFLEXION

A. Quelle image des États-Unis et quelles conditions géographiques expliquent pourquoi ce pays a attiré tant de personnes cherchant à y établir des sociétés utopiques? Pour quelles raisons les collectivistes ont-ils choisi de s'installer aux États-Unis ?

B. En groupes, dressez une liste des raisons que les Français se sont données pour émigrer vers les États-Unis. Peut-on en déduire l'image que les Français se faisaient des États-Unis au cours de ces périodes dans l'histoire ?

Enfin, deux groupes de provinciaux français, l'un venu du nord-ouest, l'autre du sud-ouest, les Bretons et les Aveyronnais, se sont installés aux États-Unis entre la fin du XIXᵉ siècle et 1920. Il s'agit, pour reprendre l'expression de l'historien René Rémond, d'une émigration du malheur causée par des difficultés socio-économiques suite au mouvement d'industrialisation ou par des crises ponctuelles comme le phylloxéra qui ravagea les vignes et altéra sérieusement la vie matérielle et morale des viticulteurs. (16) (17) Les Bretons figurent parmi les plus nombreux à quitter leur sol natal pour l'Amérique et ailleurs. Plus de 100 000 d'entre eux ont émigré vers les États-Unis, le Canada ou l'Argentine au cours des années 1880 à 1970. La conjoncture économique (fermeture de manufactures, délocalisation de l'industrie du tissu, disparition de l'artisanat) explique bien des départs à partir de 1880. L'effet de désertion sur certains villages de la région fut si massif (un Breton sur sept partit aux Amériques) que le phénomène des départs a donné lieu à une désignation en France que l'on attribue aux endroits les plus touchés : le Pays des Américains. Fortune faite, certains de ces émigrés sont rentrés au pays pour finir leurs jours dans un confort relatif. Pour la plupart, pourtant, le voyage d'exil est définitif. (18) Quant aux Aveyronnais, gens du Midi dont la vie quotidienne témoigne d'autant de misère que celle de leurs contemporains en Bretagne, beaucoup d'hommes et de femmes répondent aux appels des agents recruteurs qui passent dans leur département afin de susciter de l'intérêt pour l'Eldorado outre-Atlantique. (19) Comme bon nombre de Basques, les Aveyronnais mettent d'abord le cap sur l'Argentine, puis sur la Californie. La migration atteint son point culminant entre 1885 et 1895 lorsque des tranches entières de la population de certains endroits, comme Decazeville et ses environs, partent pour San Francisco. Malheureusement, coutumes et particularités aveyronnaises ne semblent n'avoir laissé que peu de traces dans leur pays d'adoption.

Tous ces anciens provinciaux, qu'ils s'appellent Alsaciens, Lorrains, Basques, Bretons ou Aveyronnais, se disent Américains de souche française lors des recensements officiels. Mais leur destin commun outre-Atlantique ne les a pas unis pour autant. D'autres groupements d'immigrés francophones se sont organisés en Europe hors de France pour ensuite s'installer sur le sol des États-Unis. En 1893, par exemple, une colonie de Vaudois quitte son pays d'origine du Piedmont, situé de part et d'autre de la frontière franco-italienne, pour un autre Piedmont, celui-ci américain. C'est en Caroline du Nord que ces membres de l'Église réformée fondent une colonie d'ouvriers et paysans pauvres mais prêts à faire tout ce qu'il faut en terre étrangère pour mener une vie active et prospère. Dans la lignée de beaucoup d'autres immigrés francophones, ils s'intègreront à la culture ambiante tout en maintenant leur particularité ethnique. (20)

Des liens aériens.

Liens francophones
Échanges

L'arrivée de Francophones, depuis les Huguenots fuyant les persécutions, jusqu'aux exilés, proscrits et expatriés au fil de quatre siècles d'histoire, est une constante dans l'histoire américaine. Par rapport à celle des Anglophones et des Hispanophones, l'immigration francophone est restée numériquement faible. Mais dans ses contributions à la vie de la nation, tant dans le domaine intellectuel et artistique que dans la sphère politique et technologique, son influence dépasse de loin son nombre restreint.

1 *Diplomatie*

Les relations des États-Unis avec la Francophonie passeront d'abord, dans l'histoire diplomatique, par un contact avec la France, avant de s'élargir à la fin du XXe siècle à des échanges avec les autres nations ayant le français en partage. Ces relations bilatérales se présentent comme un chassé-croisé des intérêts américains et français face aux grandes questions stratégiques du moment. Pendant plus d'un siècle, de leur indépendance à la Première Guerre mondiale, les États-Unis prendront peu à peu, sur le continent américain, l'ascendant sur les empires européens. À partir de 1919, jusqu'au XXIe siècle, les diplomaties américaines et françaises devront prendre en compte une situation qui s'est diamétralement inversée : les Européens, détruits par deux guerres mondiales et victimes potentielles de la Guerre froide, tentent de retrouver pour leur continent un statut mondial, paix et prospérité nouvelle tout en s'accommodant de la puissance politique, militaire, financière et morale de l'Amérique. Pour Paris, le succès de la reconstruction nationale et de la décolonisation de son empire, socle de la Francophonie future, passe en grande partie par une entente sans failles avec Washington. De leur côté, les États-Unis s'attendront, de la part des dirigeants français, à des marques de reconnaissance pour les sacrifices humains et matériels qu'ils ont consentis pour assurer leur liberté contre l'oppression et la tyrannie. (21)

Dès leur Déclaration d'Indépendance en 1776, les États-Unis envoient à Versailles des représentants pour négocier argent, armes et soutien diplomatique. Le principal d'entre eux, Benjamin Franklin, premier « diplomate » de l'histoire américaine, arrivera à convaincre ses partenaires royalistes français de signer avec la jeune république un « traité de commerce et d'amitié » en 1783. (22) Son successeur à Paris, le futur président des États-Unis Thomas Jefferson, quittera la France peu de temps après la prise de la Bastille en 1789. Rompue aux négociations et aux alliances, mais aussi aux recherches d'équilibres fragiles et aux contre-alliances, la diplomatie française est un modèle ambigu et souvent peu compréhensible pour les colonies émancipées et des citoyens habitués à la culture et aux pratiques anglaises de l'échange. Entrée dans sa révolution, la France est aux prises avec un désordre social croissant et l'antagonisme de ses voisins européens. Elle ne pourra pas récolter les fruits de sa récente alliance américaine. Les événements sur le continent l'éloignent à regret d'un théâtre d'opération colonial sur lequel elle avait, en quelque sorte, repris pied indirectement en 1783 avec la signature du Traité de Versailles qui parachevait l'indépendance des États-Unis d'Amérique vis-à-vis de la Grande-Bretagne, sa rivale de toujours.

En vendant en 1803 à l'Amérique de Jefferson le territoire de la Louisiane, Napoléon Bonaparte perd une dernière chance de posséder un empire américain mais évite une confrontation armée à laquelle l'Angleterre ne peut échapper en 1812. Pourtant, la France reste également visée par la mise en garde aux puissances européennes que le Président James Monroe leur adresse en 1823 contre toute tentative d'immixtion de l'Europe dans les Amériques. Les jeunes États-Unis qui continuent à s'étendre territorialement à l'ouest du Mississipi aux dépens de territoires mexicains et anciennement espagnols, provoquent en retour des réactions d'opposition de la part des diplomaties anglaises et françaises. L'annexion du Texas, puis de la Californie, feront renaître de vieilles querelles croisées entre américains et européens. La Guerre de Sécession les voit agir en arrière-plan de l'affrontement entre les États du Nord et ceux du Sud, avec un penchant pour les États confédérés. La rivalité avec la France se concrétise par le soutien que le gouvernement américain accordera aux rebelles mexicains qui luttent au sud du Rio Grande contre le régime de Maximilien de Habsbourg imposé par l'empereur Napoléon III. Lorsqu'au début de 1867, les soldats français rembarquent pour l'Europe, abandonnant Maximilien à une chute inévitable, la France met une conclusion à la désastreuse « expédition du Mexique » qui l'éloigne à tout jamais du continent nord-américain. Elle n'y sera plus jamais en contact direct avec les États-Unis et leur diplomatie en Amérique.

À la fin du XIXᵉ siècle et au tout début du XXᵉ, tout entière portée par sa nouvelle expansion coloniale, la France s'écarte des États-Unis sans toutefois perdre un contact diplomatique qui va se révéler utile pour elle et les alliés lors de la « grande Guerre ». La diplomatie française se fait pressante. Le renfort de la jeune puissance américaine devient nécessaire à l'effort de guerre qui s'essouffle. Renonçant à leur neutralité de plus d'un siècle vis-à-vis des conflits extérieurs, les États-Unis du Président Woodrow Wilson, s'engagent militairement en avril 1917. Les hommes commandés par le Général Pershing constituent l'avant-garde d'une nouvelle diplomatie, d'une idéologie de la paix et de la mission des États-Unis dans le monde que le Président américain a formulé en janvier 1918 dans ses « Quatorze Points » pour la paix. Ne participant pas à la Société des Nations qu'ils avaient pourtant poussé à créer, les États-Unis, incapables de garantir la sécurité de la France face au nouveau militarisme allemand, se trouvèrent une fois de plus en retrait par rapport aux affaires

1. La France monarchique a soutenu la Révolution américaine, mais par contre, le nouveau gouvernement des États-Unis a refusé de donner son appui à la Révolution française de 1789. Expliquez.

2. Comment « l'expédition du Mexique » a-t-elle intensifié une rivalité entre les États-Unis et la France ?

3. Pour quelles interventions américaines à l'étranger la France devrait-elle, selon les Américains, rester reconnaissante ?

A. Pourquoi est-il logique que les tentatives de la France pour préserver son empire colonial aient provoqué des tensions entre la France et les États-Unis ?

B. Résumez l'attitude des gouvernements successifs de la France envers la puissance des États-Unis à l'époque qui suit la Deuxième Guerre mondiale.

européennes et aux idéologies montantes du bolchévisme de Lénine, du fascisme de Mussolini et du national-socialisme d'Hitler. En s'engageant dans le deuxième conflit mondial en 1941, après l'attaque de l'aviation japonaise contre la flotte américaine à Pearl Harbor, le Président Franklin Roosevelt trouva en la France un allié vaincu et occupé sur son territoire, mais représenté, en exil et dans ses colonies africaines, par des Forces françaises libres du Général de Gaulle. Tardivement associée à la victoire comme quatrième « grand », la France libérée avec « le concours des armées alliées » et de sa propre Résistance (Forces françaises de l'intérieur), devint membre permanent du Conseil de Sécurité de l'Organisation des Nations-Unies. Ce statut d'exception qui ne correspond plus à la force réelle du pays, permettra néanmoins à sa diplomatie, conduite le plus souvent directement par le Chef de l'État, de s'appliquer à mener vis-à-vis du reste du monde et singulièrement des États-Unis, une politique de collaboration sincère mais sans renoncer à son autonomie. La France se montre reconnaissante envers l'Amérique d'avoir contribué à sa libération et à sa reconstruction, notamment avec le Plan Marshall, mais ne manquera jamais d'exprimer ses craintes envers une « hégémonie » des États-Unis.

Après la défaite de Diên-Biên-Phú en 1954, l'aide américaine lui faisant défaut, Paris est de plus en plus isolé dans ses dernières tentatives impériales. Il est, avec Londres, condamné par le Président Eisenhower (tout autant que par l'URSS) pour avoir tenté de reconquérir le canal de Suez récemment nationalisé par le Président égyptien, le Colonel Nasser. Paris y voit un affront et un soutien indirect aux nationalistes algériens en rébellion contre la colonisation française. Le retour au pouvoir du Général de Gaulle en 1958 annonce des relations diplomatiques avec les États-Unis dont l'essence sera plus ou moins reprise par ses successeurs à la tête de la République française (Georges Pompidou, Valéry Giscard d'Estaing, François Mitterrand, Jacques Chirac, Nicolas Sarkozy). La France se trouve dans le camp de la liberté inspiré et guidé par les États-Unis, mais en aucune circonstance elle ne sacrifiera son indépendance nationale pour suivre aveuglément Washington quelle que soit la forme diplomatique, multilatérale ou unilatérale que revêtira son *leadership*.

2 *Réseaux économiques et technologiques*

L'économie

Des liens économiques ont toujours existé entre le monde francophone et le continent nord-américain. Les premiers pêcheurs bretons à s'aventurer outre-Atlantique vers la future Acadie, les colons Huguenots du XVIe siècle en Floride, les explorateurs qui fonderont la Nouvelle-France et beaucoup de ceux qui les ont suivis, tous ont été motivés par le désir d'exploiter commercialement le Nouveau Monde, soit d'abord à titre individuel, soit plus tard au nom de la gloire du royaume et de son enrichissement. Certes, il s'est mêlé à la catégorie économique d'autres motivations telles que la nécessité d'échapper à certaines situations sociales devenues pernicieuses.

Pour ne citer que quelques exemples de la dimension commerciale de la rencontre des Francophones avec l'Amérique, évoquons d'abord, dès les origines, la Compagnie des Cent-Associés que fonde Richelieu et qui deviendra en 1663 la Compagnie des Indes Occidentales. Elle débute en tant qu'initiative entre la Couronne et les marchands avant d'être prise en main par le Roi-Soleil et son ministre Colbert, sans que sa mission n'en soit modifiée. Sont encouragés le commerce et l'entreprise moyennant la concession, par la Couronne, de terres qu'exploite une seigneurie, à ses risques et périls. Si la rentabilité de l'entreprise est insuffisante on lui en retire l'exploitation. Les pelleteries appartiennent au monde des pionniers et des coureurs de bois qui, souvent sans aucune légitimité, entretiennent un lien commercial très suivi avec les Indiens. Il y a de l'argent à gagner, et tout le monde s'y met, y compris les communautés religieuses qui en profitent lorsqu'elles le peuvent.

Les possibilités commerciales offertes par la Louisiane et par les terres longeant le Golfe du Mexique et le fleuve du Mississippi méridional orientent l'activité à la fin du XVIIe siècle vers de nouveaux espaces à conquérir et à exploiter commercialement. Le développement de la richesse privée des marchands accompagne le désir de l'État de garder la haute main sur les activités les plus lucratives. La transformation politique de l'Amérique à la fin du XVIIIe siècle se double d'une expansion économique qui rythme la vie des nouveaux arrivants. Toutefois, les ressortissants de milieux francophones vont faire évoluer des modèles économiques dont certains sont nouveaux alors que d'autres reposent sur des schémas élaborés d'abord en Europe. Vers la fin du XVIIIe siècle et au début du XIXe, des nouveaux arrivés deviennent actionnaires dans des sociétés qui permettront par la suite d'exploiter la terre et fonder des communautés se suffisant à elles-mêmes. Le gouvernement américain, désireux de peupler son territoire, aide ces initiatives.

Par rapport aux millions d'immigrés qui ont participé aux vagues de départs en provenance d'Europe, les Francophones sont loin de constituer une part significative. Pourtant, vue à vol d'oiseau, cette même population, formée essentiellement de Belges et de provinciaux français, aide à répandre certaines doctrines sociales, élaborées d'abord en Europe, en faisant prévaloir les intérêts des classes ouvrières auxquelles elle se joint dans une Amérique transformée par l'industrialisation.

On y trouve en premier lieu les disciples du théoricien socialiste Charles Fourier qui tentent d'y mettre en œuvre leurs règles d'action. Leur installation en 1870 au Kansas, sous la conduite d'Ernest Valeton de Boissière, aristocrate d'origine bordelaise, nous offre un aperçu des interactions entre la population locale et les membres de cette entreprise coopérative où cohabitaient Américains et Français. La propriété acquise par Valeton s'est rapidement transformée en exploitation agricole afin de subvenir aux besoins de la communauté. Mais elle sera bientôt connue dans la région pour son engagement dans l'activité industrielle et commerciale de la soie. Malgré l'échec relatif de cette entreprise modérément socialiste, dont les traces se limitent aujourd'hui au lieu-dit de Silkville, ancienne ferme de Valeton dans la prairie du Kansas, cet exemple est illustratif d'une trentaine de *phalanstères*, ensembles de vie communautaire créés aux États-Unis au XIXe siècle. Le fouriérisme est une contestation globale de la société qui, bien qu'importée de France, deviendra un phénomène socioéconomique de la culture américaine. (23)

L'une des personnalités les plus célèbres dans la lutte ouvrière de cette époque est un fils d'immigrés français, Eugène Debs, dont les parents avaient quitté l'Alsace pour l'Indiana. Né en 1855 à Terre Haute, il sera élu à la législature de son État natal et deviendra rapidement meneur dans la négociation collective des syndicats avec les compagnies de chemin de fer. Il sera le porte-parole du Parti Socialiste Américain et quatre fois candidat à la présidence des États-Unis. Ce fils de Français est également représentatif d'un fait incontournable : les Francophones européens, surtout suisses, belges et français, forment le groupe révolutionnaire le plus important parmi les immigrés à l'époque où les mouvements socialiste, communistes et anarchistes ont atteint le sommet de leur influence dans la sphère économique des États-Unis.

Il existe, cependant, un autre groupe de Francophones, infiniment plus nombreux que les Européens, mais dont la voix ne se fait guère entendre sur la scène politique de cette période : les Franco-Américains. Ouvriers souvent non-spécialisés, ils n'échappent pas aux injustices subies partout ailleurs par la classe laborieuse mais, de peur d'être renvoyés, n'offrent que rarement une résistance organisée face aux mauvaises conditions de travail qui leur sont imposées. Ils contribuent à la gigantesque croissance économique des États-Unis sans en tirer de véritables profits au-delà de leurs gages. Cette docilité apparente s'explique pourtant chez un peuple accoutumé, jusqu'au moment de leur exode du Canada, à une existence agricole et à une hiérarchie sociétale qui s'accommodait mieux du drapeau fleurdelisé que du tricolore républicain. À la différence de leurs cousins francophones d'Europe, les Canadiens français avaient échappé aux grands mouvements de contestation et aux actions révolutionnaires qui s'étaient succédé depuis 1789. La triste conjoncture économique au Québec avait précipité leur départ vers les États-Unis, alors en pleine effervescence industrielle. Cette population s'intègre plutôt facilement au régime industriel, bien que les premières générations aient montré une certaine résistance à l'assimilation culturelle et politique. Par ailleurs, cette opposition à une américanisation totale va se maintenir indirectement dans le domaine linguistique. Les Canadiens ont exigé comme l'un des termes de l'accord de libre-échange nord-américain (ALENA en français, NAFTA en anglais) l'étiquetage en français et anglais des marchandises. Ainsi, depuis 1994, le fait français, du moins sous sa forme imprimée, pénètre encore tous les milieux du continent, y compris les plus reculés.

La technologie

L'économie américaine repose sur un vaste marché intérieur et international ainsi que sur une suprématie technologique. La recherche et le développement, souvent subventionnés par le gouvernement fédéral ou celui d'un État, en plus d'un réseau d'universités et de laboratoires travaillant de pair avec l'industrie, expliquent l'innovation et les avancées technologiques. Ce sont elles qui attirent chercheurs, ingénieurs et techniciens francophones en particulier vers les technologies de l'information, où ils peuvent mettre en valeur leur créativité. En 2000, on évaluait à entre 7 000 et 10 000 le nombre de cadres informaticiens français travaillant dans la Silicon Valley de Californie où plusieurs centaines d'entreprises françaises avaient été créées. L'expatriation des savants français à destination des États-Unis n'est pourtant pas un phénomène récent. Les techniciens hautement qualifiés d'aujourd'hui ne font que perpétuer une lignée de scientifiques qui remonte à l'époque coloniale.

Lorsque la Nouvelle-France s'étendait sur le tiers du territoire étasunien actuel, les architectes et ingénieurs responsables des fortifications militaires occupaient l'avant-scène. Qui ne connaît pas le nom de Pierre-Charles L'Enfant, créateur du plan de la ville de Washington ? Ce militaire, officier du génie, a participé en tant que volontaire à la Guerre d'Indépendance. Blessé à Savannah et emprisonné à Charleston, il sera choisi par George Washington pour exécuter le projet de la nouvelle capitale fédérale. En Louisiane, Adrien de Pauger, ingénieur-architecte, l'ingénieur Broutin et son successeur Devergès, puis Gilbert Guillemard, futur architecte de la cathédrale Saint-Louis à la Nouvelle-Orléans, ont dû faire preuve d'une certaine créativité sur place plutôt que de se fier à un savoir acquis en Europe. Le modèle des plans du Marquis de Vauban, conçus dans une logique de guerre très différente de celle que menaient les assiégeants indigènes et autres adversaires de l'Amérique septentrionale, ne suffisait plus à leur mission. La nécessité pour les ingénieurs et scientifiques de s'adapter à de nouvelles réalités a aussi donné naissance à un ensemble de découvertes dans des domaines tels que la cartographie, la zoologie, la botanique et les études anthropologiques. (24) D'autres personnages se sont illustrés aux temps où la nouvelle république se réalisait. D'abord, E.I. du Pont de Nemours, élève de Lavoisier à Paris et fondateur du groupe de chimie américain, devint le plus grand producteur de poudre à canon au XIXe siècle. Puis, le gentleman-farmer, Michel-Guillaume Jean de Crèvecœur, né à Caen en 1735, a documenté minutieusement la vie quotidienne à New York et en Pennsylvanie dans ses *Lettres d'un cultivateur américain* de 1782. Grand ami de Benjamin Franklin, il fréquente celui-ci à Philadelphie, ville qui réunit la fine fleur des intellectuels et savants de cette époque. Parmi les Francophones, résidents permanents ou de passage dans cette ville, nous comptons aussi le naturaliste Charles-Alexandre Lesueur, le botaniste Constantin Raffinesque et, plus que tout autre, Jean-Jacques Audubon. Celui-ci, fils naturel d'un capitaine français et de sa maîtresse créole, est né en 1785 dans l'île de Saint-Domingue mais a grandi en France où, encore adolescent, il a étudié le dessin sous la direction du grand peintre David. C'est près de Philadelphie que son père l'envoie se lancer dans le commerce, mais il finira par frayer son chemin en Amérique en tant que dessinateur d'oiseaux. Sa très célèbre collection des *Oiseaux d'Amérique* lui a valu une renommée durable. L'ornithologue créole deviendra l'inspirateur éponyme du groupe de naturalistes de l'Audubon Society dont les adhérents, au cours des années, ne se comptent plus.

Les personnages illustres ici brièvement évoqués ne représentent qu'une infime partie des Francophones qui ont pris part à la recherche et au développement outre-Atlantique. Toutefois, le modèle scientifique français n'a exercé que peu d'influence directe sur l'évolution de l'esprit scientifique dans les universités de ce pays aux XIXe et XXe siècles, celles-ci ayant préféré se calquer sur les systèmes éducatifs anglais et allemands. Il est vrai que, avant cette époque, le pays était manifestement agraire et peu enclin aux lents travaux de l'esprit scientifique. Rares étaient les

Benjamin Franklin et les Thomas Jefferson. Indirectement, soit par l'intermédiaire de professeurs américains avertis, soit par le truchement d'études effectuées sous leur direction par des Américains, à Paris ou ailleurs en France, un Lavoisier en chimie, un Lamarck en biologie ou un Poincaré en mathématiques ont contribué à la formation de générations de scientifiques aux États-Unis. Cette tradition se perpétue au cours du XXe siècle lorsque cinq Prix Nobel en sciences ont été obtenus par des Français résidant dans ce pays : A. Carrel (1912), A.-F. Cournand (1956), H. Bethe (1967), R. Guillemin (1977) et G. Debreu (1983). Est-ce une évidence de ce qu'on a longtemps appelé la « fuite des cerveaux », ou plus exactement la preuve que les États-Unis, en raison de leur souplesse universitaire et professionnelle, offrent à tout scientifique des possibilités de carrière qui ne se trouvent pas toujours ailleurs ?

À LA RECHERCHE DES IDÉES

1. Résumez les différentes tentatives de la part de la France pour prendre part à l'exploitation des ressources naturelles des États-Unis.

2. Quelles sont les idéaux à la base du fouriérisme ? Décrivez la tentative de Ernest Valeton de Boissière pour fonder une communauté de type fouriériste.

3. En quoi Eugène Debs illustre-t-il un militantisme francophone aux États-Unis ?

4. Pour quelle contribution Pierre-Charles l'Enfant est-il connu ?

5. Quels Francophones connaissez-vous qui ont eu une influence importante dans le domaine des sciences et de la technologie aux États-Unis ?

RÉFLEXION

A. En quoi le succès économique des Francophones aux États-Unis s'explique-t-il par une capacité à s'adapter aux conditions locales ?

B. En quoi l'accord de l'ALENA (NAFTA) a-t-il servi à souligner une présence linguistique sur le continent nord-américain ?

C. Parmi celles que vous avez découvertes en lisant cette Enquête, quelles sont les contributions des Français auxquelles vous ne vous attendiez pas ? Expliquez pourquoi.

3 *Empreintes culturelles : Cuisine et cinéma*

Deux manifestations de la francité semblent s'être installées dans la conscience culturelle des Américains au cours du XXe siècle. L'une, la cuisine française, longtemps perçue comme élitiste outre-Atlantique, tend aujourd'hui à se démocratiser. L'autre, le cinéma, toujours apprécié d'un public relativement restreint et composé d'intellectuels, conserve son cachet distinctif tout en s'ouvrant sur une Francophonie plus large. Dans les deux cas, ces domaines de la culture française conservent une spécificité certaine pour le grand public.

La gastronomie

Que veut dire cuisine française pour un Américain ? Comme chacun le sait, il n'existe aucune cuisine qui ne soit d'origine provinciale ou régionale ; donc, l'idée d'une cuisine nationale serait contraire à la vérité. L'on pourrait, par ailleurs, citer l'exemple des cuisines créole ou cajun qui, malgré leurs origines francophones, ne se confondent jamais dans l'esprit des gens avec ce que l'on nomme cuisine française. Pourtant ce label est entré dans l'imaginaire des Américains et dans celui du monde entier. D'abord symbolique d'un certain luxe et d'un art de bien vivre idéalisés, cette cuisine devient l'objet du désir de jouir de la bonne chaire et des vins fins accessibles aux classes aisées, celles que l'on observe dans certains tableaux de la Belle Époque, par exemple. Dans la réalité américaine, cependant, il s'agit soit d'un art culinaire relevant de certains principes élaborés d'abord par des gastronomes français au XIXe siècle, soit de l'image que se font de cette cuisine des restaurateurs français, francophones ou non, ainsi que leurs clients. L'histoire de la cuisine dite française en Amérique reste à faire. Nous pouvons néanmoins en esquisser certaines de ses caractéristiques. En tant qu'art culinaire, il s'agirait surtout d'un choix d'aliments longtemps considérés comme essentiels aux diverses cuisines régionales de France, mets inhabituels sur la plupart des tables américaines. Il s'agirait encore de préparations suivant des recettes et techniques provenant de traditions culinaires bien enracinées dans la culture française. Les pionniers de la cuisine française, des chefs français venus tenter l'aventure, arrivent pendant les années 1920 amenant avec eux des épices, des ingrédients indigènes à la France et leur tour de main gastronomique. Pour une certaine Amérique, la nourriture française devient alors source de divertissement et d'enrichissement culturel.

Lorsque Jacqueline Kennedy devient première dame du pays en 1961, elle invite René Verdon, l'un des chefs français déjà installés à New York, à se charger de la cuisine de la Maison-Blanche et à mettre en vedette devant le pays entier le raffinement culinaire français. La population américaine en devient consciente et participe virtuellement à cette cuisine française haut de gamme, au moyen d'articles de journaux, de photos de magazine et d'images télévisées qui lui sont consacrés. Il s'agit encore d'une cuisine soignée et d'une expérience gastronomique calquée sur des techniques codifiées en France par Auguste Escoffier au XIXe siècle.

La véritable démocratisation et la démystification de cette cuisine suivra, à partir des années 1960. Par la publication, en 1961, de son très célèbre livre de cuisine, *Mastering the Art of French Cooking,* la francophile américaine Julia Child a, plus que quiconque, contribué à répandre la connaissance de la cuisine française dans ce pays. Ses émissions culinaires à la télévision ne feront qu'augmenter la transmission de la passion naissante des Américains pour une cuisine authentiquement française. D'autres chefs, souvent des Français comme Jacques Pépin, la rejoignent sur le plateau où ils font passer le message que ce qui avait été jusque-là considéré comme une activité mystérieuse et difficile, s'avérait praticable et à la portée de tous. Depuis cette époque, émissions télévisées et chaînes câblées se consacrent à la formation du goût du public américain en ce qui concerne les plaisirs de la table à la française. Par la suite, cette éducation s'est traduite par l'introduction dans le vocabulaire anglo-américain d'une explosion de mots français et d'expressions ayant trait aux produits, aux mets et à l'équipement de cuisine. Sans oublier, bien entendu, le vin français dont les variétés de raisins et de cépages aussi bien que les régions viticoles et les techniques de la vinification ont renforcé le lexique de l'Américain moyen.

De leur côté, les professionnels de la cuisine américaine s'efforcent de se former aux éléments de base de la gastronomie française, d'abord en France dans des écoles, par un apprentissage dans de grands restaurants, puis dans les nombreux instituts culinaires établis sur le sol américain où, à côté de la cuisine italienne, la tradition française exerce la plus grande influence. Beaucoup de ces cordons-bleus américains sont en passe de devenir les nouveaux gourous de l'art de la table et de la promotion d'un aspect culturel universellement reconnu des francophiles et du grand public américain. La restauration française aux États-Unis a la réputation

Un café à San Francisco.

d'être bonne mais chère. Dans toute grande ville américaine, les restaurants français, aux brigades de cuisine et de salle souvent composées de personnel français, bénéficient du snobisme d'une clientèle cherchant à perpétuer une certaine idée de la cuisine française d'autrefois. Riche et lourde, celle-ci a cédé le pas à une cuisine nouvelle qui, vers les années 1980, tient compte de l'évolution du goût des Américains pour les produits allégés en matières grasses. La cuisine française s'est adaptée sans difficulté à la nouvelle manière de concevoir la gastronomie car, même en France, les chefs de cuisine remplacent la crème et le beurre par des produits réputés meilleurs pour la santé. Les restaurateurs protègent leur francité tout en adaptant leurs menus aux nouvelles exigences de leurs clients et en insistant sur la qualité et la fraîcheur de leurs produits de base. L'esprit d'aventure des chefs de cuisine, dont de plus en plus arrivent de France, s'accompagne désormais d'un sens pratique qui allie les fondamentaux de la gastronomie française avec les préférences américaines pour une cuisine simple. Les plats classiques y sont toujours présents mais sont désormais interprétés selon les désirs d'un public qui sait ce qu'il veut.

Une autre tradition de la restauration française, celle du bistro et de la brasserie, s'est installée partout aux États-Unis. Avec sa cuisine française typique mais simple, et surtout son prix plus abordable, le bistro du coin entre dans le paysage gastronomique. Il occupe une place disponible sur le marché de la restauration et offre une expérience authentique de la culture française outre-Atlantique. En cela, elle se distingue du phénomène contemporain des franchises de la restauration rapide qui, bien que portant quelquefois un nom à consonance française (Au Bon Pain, Cuisine d'Avion, etc.), ne sont que sandwicheries et croissanteries configurées au dénominateur commun des goûts américains ainsi qu'à un type de nourriture économique et rapide adaptée aux clients pressés des grandes villes ou des aéroports. De la tradition gastronomique sophistiquée des restaurants haut de gamme jusqu'à celle, plus modeste, du petit « restau du coin », la migration culinaire française semble s'être enracinée aux États-Unis grâce au même esprit d'entreprise que celui qui anima de nombreux arrivants. De plus, la cuisine française, dans toutes ses élaborations, ajoute un élément supplémentaire à la quête identitaire des Américains qui en vantent ses attributs en se permettant de répondre au célèbre bon mot du gastronome A. Brillat-Savarin : « *Dis-moi ce que tu manges, je te dirai qui tu es* ».

Le cinéma

Depuis les débuts de la cinématographie, l'industrie du film aux États-Unis et celle de la France se sont concurrencées. Les laboratoires de Thomas Edison et ceux des frères Lumière partagent la scène internationale de l'expérimentation filmique et se trouveront même embrouillés dans une guerre des brevets au cours des années 1890. Chacun de ces cinémas, avec celui des Russes, des Britanniques, des Allemands, des Australiens, cherche à exploiter les possibilités du nouveau media, car l'enjeu commercial de l'entreprise n'échappe à personne. Mais le véritable début du cinéma destiné au grand public ne se fera qu'à l'époque qui précède immédiatement la Première Guerre mondiale. En ce qui concerne les États-Unis, c'est aux frères Pathé, Charles et Émile, et à leur société de production et de distribution de films que l'on doit la présence précoce de la cinématographie française outre-Atlantique. Ayant même dominé le marché américain dans les premières années où le cinéma devenait un art populaire, la société Pathé ainsi que la firme Gaumont, elle aussi productrice de films en France, subiront un ralenti en raison d'un tarissement de capitaux causé par la guerre et perdront des parts du marché américain. Cependant, loin de disparaître du paysage cinématographique, le cinéma français a toujours attiré un certain public américain qui le définira souvent comme ayant des buts plus artistiques que commerciaux. Toutefois, le grand marché américain lui restera toujours difficile à conquérir.

La contribution du cinéma français à la culture populaire en Amérique est réelle. Ses vedettes, surtout, ont exercé une influence hors de proportion avec leur nombre. Des générations de spectateurs ont connu le nom de Claudette Colbert, Maurice Chevalier, Leslie Caron, Charles Boyer, Jean Gabin, Michèle Morgan ou Simone Signoret. À une époque plus récente, l'omniprésent Gérard Depardieu et la sublime Catherine Deneuve n'échappent à aucune filmographie américaine de stars françaises contemporaines. En 2008, l'Oscar de la meilleure actrice a été décerné à Marion Cotillard pour son interprétation d'Édith Piaf, cette autre personnalité connue de la grande majorité des Américains. Le titre originel du film, *La Môme,* a subi une transformation en *La Vie en rose* aux États-Unis et au Canada, en souvenir de la plus célèbre des chansons populaires françaises à jamais avoir réussi sur le marché nord-américain.

Plusieurs cinéastes français ont eux aussi marqué le domaine du cinéma américain. Parmi les plus anciens on trouve René Clair, Jean Renoir et Max Ophuls. Plus récemment, Luc Besson (*Le Cinquième élément,* thriller techno de 1997), Régis Wargnier (*Indochine,* Oscar du meilleur film étranger, 1993) et Agnès Varda, d'abord connue pour ses contributions aux films de la Nouvelle Vague (*Cléo de 5 à 7* en 1961), puis pour ses documentaires (*Les Glaneurs et la glaneuse* en 2000). À l'instar du cinéma français en général, ces réalisateurs sont perçus comme représentants d'un cinéma d'auteur qui les démarque, dans l'imaginaire américain, de ce que produit d'habitude le cinéma américain avec ses films à gros budget. Ce n'est pas dire, cependant, que certaines productions françaises, réputées populaires, n'aient pas réussi sur le grand écran américain. *La Cage aux folles* (1978), véritable succès auprès du grand public, a donné lieu à une suite composée de deux nouveaux films et d'une comédie musicale dans les années 1980, puis à une adaptation américaine du film (*The Birdcage,* 1996). Mais ce sont les remakes de films français par les Américains qui permettent d'introduire subrepticement un fait francophone dans le milieu cinématographique, souvent à l'insu de la plupart des spectateurs. Citons *Trois Hommes et un couffin* (1988), devenu *Three Men and a Baby* et *La Totale,* 1991, devenu *True Lies* en 1994. (25) Les services diplomatiques de la France ayant toujours considéré le cinéma français comme culturellement symbolique, voire instrument de propagande, les agents du gouvernement français à l'étranger y ont longtemps vu un moyen d'exercer un contrôle sur l'image de la France chez les non-Français. En ce qui concerne les États-Unis, l'époque qui entoure la Deuxième Guerre mondiale s'avère riche

en efforts opérés par la diplomatie française pour manier la représentation de tous les sujets touchant la France, tant dans les films français dis-
tribués outre-Atlantique que dans les films tournés par les Américains
eux-mêmes. Dans un précieux article de synthèse, Alain Dubosclard
s'adresse ainsi à la question des relations franco-américaines officielles
par rapport au cinéma de l'entre-deux-guerres mais également à celle de
la présence commerciale de la cinématographie française aux États-Unis
au XXe siècle :

> *Le besoin de films, le déséquilibre manifeste des moyens entre les*
> *deux pays, ne signifient donc pas que la diplomatie française se soit*
> *désintéressée du domaine cinématographique. Bien au contraire, la*
> *diplomatie française a tenté d'agir le plus possible à la source de*
> *production, dans les studios de Hollywood et sur les scénarios, pour*
> *limiter les risques de diffusion d'images qui pouvaient lui être défa-*
> *vorables, aux États-Unis et dans le monde. Son combat ressemblait*
> *cependant à celui du pot de terre contre le pot de fer. À partir de*
> *1940, le contrôle de l'image est délégué à l'Institut fondé, à*
> *Hollywood même, dans sa villa, par l'acteur Charles Boyer, pour*
> *pallier l'incapacité des services officiels à fournir les matériaux*
> *documentaires aux studios de production hollywoodiens. L'Institut*
> *est conçu comme un centre de documentation sur la France contem-*
> *poraine, destiné aux scénaristes et réalisateurs américains qui*
> *souhaitent bâtir tout ou partie de leur scénario dans une ambiance*
> *française. Boyer, venu tourner en Californie pour la première fois en*
> *1930, installé dans l'agglomération de Los Angeles depuis 1936, est*
> *très actif dans le milieu associatif et dans la communauté des acteurs*
> *et réalisateurs étrangers de Hollywood. John R. Taylor remarque*
> *que si, d'une manière générale, les Français de Hollywood (Jean*
> *Gabin, Michèle Morgan, René Clair, Jean Renoir, Max Ophuls…)*
> *ne se sont jamais vraiment fondus dans leur société d'accueil,*
> *Charles Boyer est probablement celui qui sut le mieux s'enraciner*
> *sur la scène et dans le milieu californiens, sans doute parce que sa*
> *venue sur la côte ouest était volontaire. Il n'était pas dans la situa-*
> *tion des réfugiés de 1940–1941. Modeste en elle-même, cette initia-*
> *tive privée (subventionnée à titre d'encouragement par le SOFE)*
> *possède le mérite de rendre un service immédiat et utile qu'aucun*
> *agent officiel n'était capable de rendre avec efficacité. L'expérience*
> *se révèle durable puisque l'Institut restera ouvert pendant trente ans*
> *(1940–1970), avant que son fonds documentaire ne soit offert au*

Theatre Arts Department de l'Université de Californie à Los Angeles (UCLA). Aussi limité qu'ait pu être son influence, il a permis dans les années quarante et cinquante d'éclairer la lanterne de scénaristes prolixes, plus soucieux de plaire que de coller à une réalité qu'ils connaissaient mal. Dans l'un de ses courriers vengeurs à Will Hays, dix ans avant l'ouverture de la Fondation Charles Boyer, Claudel clouait déjà au pilori les auteurs de ces scénarios au « langage vraiment ignoble tel qu'il est parlé dans les milieux d'apaches et de prostituées », s'interrogeant sur la manière dont « les compagnies américaines vont recruter les producteurs et les acteurs qui sont chargés de monter et d'interpréter les pièces soi-disant parisiennes, dont le principal caractère est la navrante sottise et la choquante immoralité. (26)

Curieusement, ce n'est pas une production française mais américaine qui deviendra pour toute l'Amérique le porte-parole de l'histoire de France durant la guerre : le très populaire et immortel *Casablanca* (1942) de Michael Curtiz avec Humphrey Bogart et Ingrid Bergman. Pour le grand public américain, qui a toujours considéré ce film mythique parmi ses préférés, c'est toute l'image de la France aux prises avec l'occupation allemande qui se dégage d'un scénario censé se dérouler dans la ville marocaine sous le régime de Vichy. Quelles que soient les petites fautes d'histoire qui s'y sont glissées (c'est le Général de Gaulle qui aurait signé les lettres de transit du personnage de Laszlo), les mentalités américaines vis-à-vis de l'engagement de leur pays aux côtés de la France occupée ont été fortement conditionnées par ce film. Pour beaucoup d'Américains de cette génération, l'image nostalgique de la France de *Casablanca*, va bientôt se fixer de manière permanente dans leur imaginaire et cessera d'évoluer au rythme de la véritable réalité française. Bien que l'influence du cinéma français ait connu une stabilité relative au cours des cinquante dernières années, rien n'indique que le cinéma francophone soit susceptible, dans un proche avenir, de réaliser de plus grandes parts du marché cinématographique américain. En dépit de certaines percées par le Québécois, Denys Arcand, dont *Les Invasions barbares* (2003) a été récompensé par l'Oscar du meilleur film en langue étrangère, les productions d'autres pays francophones ne dépassent que rarement les publics constitués par les universités américaines ou par les festivals consacrés aux divers cinémas nationaux de langue française. Ces deux milieux institutionnels et privés, dont les publics ne sont souvent qu'un seul, assurent le meilleur accueil à l'action culturelle francophone aux États-Unis. Le message francophone pourrait aussi bénéficier d'une meilleure réception dans les milieux américains en se démocratisant. Sur le plan pratique, cela devrait s'opérer d'abord au moyen du doublage des films en anglais, du moins pour un public élargi, car le spectateur anglophone semble allergique aux films avec sous-titres. Au plan théorique, il s'agirait plutôt d'une amplification de la présence du cinéma de langue française, commercial ou non-commercial, au sein des programmes universitaires visant l'étude de la Francophonie aussi bien que dans les festivals qu'organisent partout les cinéphiles. Au total, le bilan du film de langue française aux États-Unis est plutôt positif et le restera, à condition de s'adapter au cas particulier que constitue une population avide de connaissances interculturelles, mais dont les sensibilités réagissent mal aux modifications de son contexte cinématographique.

À LA RECHERCHE DES IDÉES

1. Quels sont les éléments de la cuisine française qui expliquent sa renommée aux États-Unis ?

2. Qui était René Verdon ?

3. En quoi Julia Child et Jacques Pépin ont-ils contribué à la démystification de la cuisine française chez les Américains ?

4. En quoi les cuisines de bistro et de brasserie ont-elles ajouté à la popularité de la cuisine française aux États-Unis ?

5. Pourquoi certaines franchises de la restauration rapide (Au Bon Pain, Cuisine d'Avion, etc.) se donnent-elles des noms français, bien qu'il s'agisse d'entreprises américaines ?

6. Expliquez la concurrence qui exista, dès l'invention de la cinématographie, entre la France et les États-Unis.

7. Quelle était le rôle de l'institut fondé par l'acteur français Charles Boyer pendant les années 1930 à Hollywood ?

8. Pour quelles raisons le cinéma français aux États-Unis a-t-il un public restreint ?

RÉFLEXION

A. En quoi consistent, brièvement résumées, la réputation et l'image de la cuisine française aux États-Unis ?

B. En quoi la « nouvelle cuisine » est-elle une adaptation de la cuisine française traditionnelle, destinée à mieux répondre aux goûts et aux préoccupations des Américains ?

C. Quel contraste existe-t-il entre les films tournés en France et à Hollywood ?

Activités d'expansion

A. Repères culturels

1. En utilisant les points de repères culturels suivants, résumez l'histoire des Protestants en France et la manière dont elle explique l'émigration des Huguenots vers les États-Unis.

   a. Jean Calvin
   b. le Massacre de la Saint-Barthélémy
   c. l'Édit de Nantes
   d. La Rochelle
   e. l'assassinat de Henri IV

2. Expliquez comment chacun des termes suivants se rapporte aux Français venus aux États-Unis pour des raisons économiques.

   a. les « coureurs de bois »
   b. Colbert
   c. la Compagnie des Indes
   d. le « Système de Law »
   e. le « Code noir »
   f. la Société de Scioto
   g. Stéphane Girard
   h. la ville de Sainte-Geneviève
   i. les bergers basques
   j. les Bretons et les Aveyronnais
   k. les Appalaches et la Californie

3. En utilisant les points de repères suivants, décrivez les groupes de Français venus aux États-Unis pour des raisons idéologiques.

   a. Azilum
   b. la Société de la Vigne et de l'Olivier
   c. Aigleville
   d. le Champ d'asile
   e. Icarie
   f. Victor Considérant

4. En petits groupes, dressez une liste des contributions des Français dans le domaine de la technologie. Expliquez ces contributions.

5. Expliquez l'importance de chaque élément dans les deux catégories
   suivantes :

LA CUISINE	LE CINÉMA
Escoffier	les frères Pathé
René Verdon	Depardieu et Deneuve
Julia Child et Jacques Pépin	Agnès Varda
la cuisine de bistro	Marion Cotillard
la « nouvelle cuisine »	*Casablanca*
	La Cage aux folles
	Trois hommes et un couffin

B. Liens culturels

Sujets de discussion

1. L'on pourrait avancer l'idée que l'arrivée des Huguenots constitue
   l'influence francophone la plus significative et durable aux États-
   Unis. Expliquez.

2. À partir du XVIIᵉ siècle, de nombreux immigrants venus de France se
   sont établis aux États-Unis pour des raisons économiques. Résumez
   les raisons qui ont provoqué ces mouvements vers les États-Unis.

3. Faites le portrait des groupes de Français ayant choisi de se réfugier
   aux États-Unis à la suite de différents bouleversements politiques en
   France.

4. Quels groupes ont considéré les États-Unis comme un endroit où l'on
   pouvait installer des sociétés utopiques ? Expliquez l'attraction
   qu'avaient les États-Unis pour les idéalistes.

5. À la suite de la Révolution industrielle, les États-Unis représentaient
   un lieu d'attraction pour certains Français qui voulaient y expéri-
   menter de nouvelles idéologies telles que le socialisme ou le communisme. Expliquez cette attraction.

6. Les rapports diplomatiques entre les États-Unis et la France ont été
   marqués d'abord par un accord sur des intérêts politiques puis ont
   suscité des tensions. Expliquez.

7. Qu'est-ce qui pourrait expliquer que les Américains sont souvent peu
   conscients des contributions des Français aux domaines de la science
   et de la technologie ?

8. Expliquez le « snobisme » des Américains pour la cuisine française. Quelles démarches a-t-on imaginées afin de « démystifier » et de « démocratiser » cette cuisine traditionnelle ?

9. Pourquoi le cinéma français a-t-il la réputation d'avoir des buts « plus artistiques que commerciaux » ?

10. Pourquoi la France a-t-elle voulu pendant des années exercer un contrôle sur l'image d'elle-même dans les films américains. Quelle image se faisait-on de la France dans les films de Hollywood ? Cette image persiste-t-elle aujourd'hui ?

11. Expliquez en quoi les contributions des Français à divers secteurs d'activité aux États-Unis dépassent en importance le petit nombre d'immigrants venus de France.

C. Activités écrites

1. En vous appuyant sur des recherches personnelles, décrivez plus précisément l'un des groupes de Français ayant immigré aux États-Unis.

2. La technologie n'est pas un domaine qui se présente d'abord à l'esprit des Américains lorsqu'il s'agit d'évoquer la France. À partir de vos recherches, faites l'étude d'une contribution française technologique qui a eu une influence durable aux États-Unis.

3. Choisissez un film français. Dites quels sont, à votre avis, les éléments « typiques » du cinéma français qu'il contient.

D. Enquêtes interculturelles

A. Depuis qu'existent les États-Unis, une certaine image de l'Amérique ne cesse de s'exercer sur l'imaginaire des Français. Quelle image les Américains se font-ils, par contre, de la France ? À votre avis, pourquoi y aurait-il des Américains qui choisissent d'émigrer en France ?

B. La présence aux États-Unis d'immigrants hispaniques est marquée par des questions de langue. Ce n'est pas ou plus le cas en ce qui concerne la présence des Francophones. Expliquez ce qui caractérise la présence francophone aux États-Unis et comment cette présence diffère de celle des Hispaniques.

Actualité et avenir : Pistes de recherche

1. Ces Français qui ont cherché refuge aux États-Unis

Problématique : Tous les Français qui ont séjourné ou séjournent aux États-Unis ne sont pas toujours venus par choix. Ils y ont été souvent forcés par des circonstances particulières et ont été souvent conduits à l'exil.

Question : Comment la Deuxième Guerre mondiale a-t-elle affecté l'installation de Français à l'étranger ?

Arrière-plan de la recherche : Menez l'enquête, soit directement si vous pouvez rencontrer des témoins de cette époque, soit en parcourant la biographie de certains Français qui se trouvèrent dans ce cas, comme par exemple le cinéaste René Clair, l'ethnologue Claude Lévi-Strauss, ou l'écrivain Antoine de Saint-Exupéry.

2. Le restaurant français

Problématique : Qu'est-ce qui se cache (ou non) derrière le nom français d'un restaurant ?

Question : Pourquoi le(s) restaurant(s) que vous allez découvrir portent-ils ce nom français ?

Arrière-plan de la recherche : Identifiez un ou plusieurs restaurants français dans votre ville ou votre région et menez l'enquête en personne, par téléphone ou par courriel, en posant la question : pourquoi le restaurant s'appelle-t-il ainsi ?

3. Comment les Français voient-ils les États-Unis ?

Problématique : Les Français ont eu de tous temps « un imaginaire américain » ? Qu'en est-il aujourd'hui ?

Question : Comment savoir ce que les Français pensent des États-Unis, surtout vus de France ?

Arrière-plan de la recherche : Recherchez en ligne des sites ou des blogs qui posent cette question et en débattent. Une bonne façon d'aborder le problème serait de consulter un livre ou un manuel scolaire portant sur les États-Unis. Quelle représentation font-ils du pays et de ses habitants ?

Références et repères bibliographiques

(1) Baird, C. W., *History of the Huguenot Emigration in America*. New York, Dodd, Mead and Company, 1885, 2 vol., Vol. I, pp. 148–200. Voir version numérisée à : http://www.archive.org/details/historyofhugueno00bair

(2) *Les origines de New York. Légende et réalité.* Article : Pierre Minuit. http://users.skynet.be/newyorkfoundation/FR/les_origines_de_new_york.html#Resume

(3) L'arrière-arrière grand-père de George Washington, Nicolas Martiau, a débarqué à Jamestown en 1620, et Martha Custis, épouse de Washington, était elle-même descendante de Huguenots.

(4) L'histoire de la présence huguenote virginienne peut être consultée sur le site « The Huguenot Society of the Founders of Manakin in the Colony of Virginia » : http://manakin.addr.com/brock1.htm.

(5) Weiss, C., *Histoire des Réfugiés protestants de France,* Tome I, Livre IV, Paris, Charpentier, 1853, p. 381. Voir version numérisée à : http://classiques.uqac.ca/classiques/weiss_charles/histoire_protestants_1/protestants_tome_1.pdf [p. 189]

(6) Weiss, C., *Histoire des Réfugiés protestants de France,* Tome I, Livre IV, Paris, Charpentier, 1853, p. 189.

(7) Charlevoix, P., *L'Histoire de la Nouvelle France*, Paris, chez Pierre-François Giffart, puis chez Nyon fils, 1744.

(8) Charlevoix, P., Tome Premier, Livre IX, pp. 425–426. Pour le texte original, en version numérique, voir : http://gallica.bnf.fr/ark:/12148/bpt6k109494h.

(9) *Trésor de la langue française à Québec,* Les archives du français du Québec, Université de Laval ; « Le Code noir ». Voir http://www.tlfq.ulaval.ca/axl/amsudant/guyanefr1685.htm
Article 42 : Pourront seulement les maîtres, lorsqu'ils croiront que leurs esclaves l'auront mérité les faire enchaîner et les faire battre de verges ou cordes. Leur défendons de leur donner la torture, ni de leur faire aucune mutilation de membres, à peine de confiscation des esclaves et d'être procédé contre les maîtres extraordinairement.
Article 43 : Enjoignons à nos officiers de poursuivre criminellement les maîtres ou les commandeurs qui auront tué un esclave étant sous leur puissance ou sous leur direction et de punir le meurtre selon l'atrocité des circonstances ; et, en cas qu'il y ait lieu à l'absolution, permettons à nos officiers de renvoyer tant les maîtres que les commandeurs absous, sans qu'ils aient besoin d'obtenir de nous Lettres de grâce.
Article 44 : Déclarons les esclaves être meubles et comme tels entrer dans la communauté, n'avoir point de suite par hypothèque, se partager également entre les cohéritiers, sans préciput et droit d'aînesse, n'être sujets au douaire coutumier, au retrait féodal et lignager, aux droits féodaux et seigneuriaux, aux formalités des décrets, ni au retranchement des quatre quints, en cas de disposition à cause de mort et testamentaire.

(10) Valdman, A., « Les français vernaculaire des isolats américains », *Le Français en Amérique du Nord,* Québec, Presse de l'Université Laval, 2005, p. 207.

(11) Voir : Moreau-Zanelli, J., *Gallipolis : Histoire d'un mirage américain au XVIIIe siècle, Paris,* L'Harmattan, 2000.

(12) Smith, W., *Days of Exile: The Story of the Vine and Olive Colony in Alabama,* Tuscaloosa, Alabama, W. B. Drake and Son, 1967, pp 47–53.

(13) Goaziou, L. *Réveil des mineurs.* Voir http://raforum.info/article.php3?id_article=3353

(14) Voir le film de Ben Kahn, *The Last Link,* Artemis Wildlife Foundation, 2005.

(15) Voir Arrizabalaga, Marie-Pierre, « Emigration basque et culture familiale en Amérique du Nord aux XIXᵉ–XXᵉ siècles », *Euskosare*, 9 novembre 2007, à http://www.euskosare.org/komunitateak/ikertzaileak/ehmg_4_mintegia/ponentziak/em igrazioa_cultura/arrizabalaga

(16) Rémond, R., *L'Histoire des États-Unis devant l'opinion française, 1815–1852*, Paris, Armand Colin, 1962, Tome I, p. 31.

(17) FrancoGene, site informatique de généalogie : http://www.francogene.com/rech-am/etatsunis.php
Dans le contexte de l'histoire sociale des États-Unis, les résidents francophones nés à l'étranger ne représentent qu'une minorité parmi les millions d'autres immigrés, même si, en Nouvelle-Angleterre, les Canadiens français et les Acadiens font exception à ce principe. Le tableau suivant, limité aux deux groupes numériquement les plus importants, le montre bien.

Décennie	Français immigrés	Québécois immigrés (estimé)
1871–1880	72 206	120 000
1881–1890	50 464	150 000
1891–1900	30 770	140 000
1901–1910	73 379	100 000
1911–1920	61 897	80 000
1921–1930	49 610	130 000

(18) L'histoire du canton de Gourin, de la commune de Roudouallec et de quelques autres agglomérations d'où sont partis des milliers de Bretons a été étudiée par Grégoire Le Clech, instituteur à Leuhar, dans son article « Les Bretons d'Amérique du Nord, d'Argentine et d'Australie » *Penn-ar-Bred*, (janvier 1954), 1ᵉ année, n° 2.
Pour ne citer qu'un exemple de l'expatriation bretonne, il suffit de suivre l'histoire de Nicolas Le Grand (le Braz, en breton). Père de deux enfants et manquant de travail, il prend connaissance de l'usine de caoutchouc que la compagnie Michelin a rachetée, en 1901, à Milltown dans le New Jersey. Les salaires y sont de cinq à six fois supérieurs à ceux de la France et on est même logés dans des bungalows électrifiés ! Faut-il s'étonner que des partants comme Le Grand aient fait des émules parmi jusqu'à 3000 de leurs concitoyens ?

(19) Pour une histoire de l'ancienne province du Rouergue, qui correspond approxima-tivement à l'Aveyron actuel, lire Béteille, R., *Rouergue. Terre d'exil*, Éditions Hachette, 1978, pp. 143–168.

(20) Vance, C., « Héritage vaudois en Caroline du Nord », *The French Review*, Vol. 80, N° 6, May 2007, pp. 1319–1335.

(21) Sur les relations franco-américaines vues de France, voir par exemple : Allain et ali, *Histoire de la Diplomatie française*, Paris, Perrin 2005.

(22) Stacy Schiff a défini les débuts de la diplomatie américaine face à la France au temps de Benjamin Franklin comme une « grande improvisation ». Voir : *A Great Improvisation, Franklin, France, and the Birth of America*, New York, Holt, 2005.

(23) À consulter : Verlet, B. « Guarneri, Carl : The Utopian Alternative. Fourierism in Nineteenth-Century America » (1990), Ithaca, Cornell University Press, 1990. XIV, 525 pp., Cahiers Charles Fourier, n° 3, disponible en ligne à http://www.charlesfouri-er.fr/article.php3?id_article=58

(24) Pour une synthèse illustrée des apports scientifiques et autres des Français en Louisiane, consulter *La Louisiane française, 1682-1803* à http://www.culture.gouv.fr/culture/celebrations/louisiane/fr/som.html

(25) Pour un répertoire plus complet, voir : http://www.boxofficemojo.com/genres/chart/?id=frenchremake.htm

(26) Dubosclard, A., « Le cinéma, passeur culturel, agent d'influence de la diplomatie française aux États-Unis dans l'entre-deux-guerres », 1989, n° 42, Varia, 2004 : http://1895.revues.org/document279.html.

La promotion et l'avenir de la Francophonie aux États-Unis : L'œuvre des héritiers

Le Château, Middlebury College, bâti en 1925. L'une des plus anciennes maisons françaises aux États-Unis.

Si la Francophonie existe aux États-Unis et que les Francophones jouent un rôle fondateur dans la vie de la communauté nationale, rien n'indique, en revanche, que leur avenir soit assuré. Car rien ne se fera sans qu'ils exercent leur sens des responsabilités et qu'ils expriment clairement la volonté qui les anime vis-à-vis de leur langue commune. Or, ils ont plusieurs moyens à leur disposition. Ils pourront plonger dans leur imaginaire pour y trouver la justification de leur francité. Enfin, ils peuvent d'ores et déjà compter sur les vecteurs et réseaux qui les invitent à aller toujours plus loin dans la promotion de leur œuvre patrimoniale.

1 *Responsabilités*

L'imaginaire francophone des Américains

L'imaginaire est un concept bien français et courant dans le monde francophone. Le *Trésor de la langue française* (dans sa version informatisée) en étudie la définition philosophique et psychanalytique du terme. Il s'agirait, dans l'acception appuyée sur la « théorie de Jean-Paul Sartre », du « domaine de l'imagination posé comme intentionnalité de la conscience ». (1) Cette forme d'imagination, consciente et intentionnelle, paraît être un point de départ utile pour tenter de comprendre ce qui explique le désir de Francophonie chez tout Francophone, sa façon d'appréhender, en l'imaginant, la réalité d'une langue et des cultures qui la nourrissent. L'imaginaire des Francophones, les Francophones américains ne constituant pas une exception, est riche de désirs de langue et de cultures, d'envies de rencontres interculturelles, de messages que le Francophone, ou le futur Francophone, s'adresse à lui-même pour orienter sa quête de francité. Or, l'imaginaire est avant tout fondé sur des faits, présents ou passés, souvent restitués par la mémoire culturelle de toute une communauté. Il donne une vie nouvelle à un héritage culturel ou linguistique. Quel citoyen américain n'a pas dans sa mémoire, ou celle héritée de ses ancêtres, la conscience d'une autre appartenance, proche ou lointaine, qui ne lui fait pas oublier d'autres origines culturelles ? Quelqu'un qui n'a jamais étudié la langue française ou n'a pas encore été en contact avec des Francophones et la culture de leur groupe ou de leur pays, peut aussi très bien nourrir une intention, un souhait francophone qui le conduira peut-être un jour à vouloir apprendre la langue française et à s'immerger dans une culture d'Asie, d'Afrique, d'Europe ou d'Amérique. Son imaginaire pourra alors se structurer en donnant un sens nouveau à sa quête.

Le désir de Francophonie ne naît pas toujours au contact direct d'une réalité, mais il précède son expression et son éducation future. On peut redevenir Francophone comme l'étaient ses grands-parents. On peut revivre sa Francophonie ancestrale par un travail de mémoire au-delà des générations, comme les Acadiens de Nouvelle-Angleterre ou les Cadiens de Louisiane. On peut naître Francophone dans un foyer où le français est la langue maternelle. On peut enfin choisir de devenir Francophone en s'engageant dans une première année de français à l'école, au lycée ou au college. Dans tous les cas, un « imaginaire » précède et encourage cette aventure de vie qui ne doit rien au hasard, mais qui peut fort bien se traduire en style de vie et en richesse : ceux des femmes et des hommes qui ont accès à plusieurs langues et à plusieurs cultures.

L'imaginaire, domaine de l'imagination intentionnelle et consciente, doit beaucoup à l'instinct que le Francophone porte en lui. Ce n'est pas parce qu'il a entendu dire que « le français est une belle langue », expression aussi creuse que vaine, que l'enfant décide de lui-même ou poussé par sa famille de se rendre en classe de français pour y commencer son apprentissage. Il perçoit, certes confusément, que bien des choses l'attirent vers des cultures que l'histoire ou le libre choix de ceux qui écrivent, composent et vivent dans la langue française, vont lui apprendre à apprécier et, peut-être, à aimer. Telle cette jeune élève d'une école secondaire qui, quelques jours seulement après avoir participé à ses premières leçons de français, déclare que pour elle « bibliothèque » est le plus beau mot de la langue française. Pourtant, il y a de fortes chances qu'elle n'ait pas encore appris le mot et qu'elle en ignore le sens. Mais, dans son imaginaire, la signification de ce mot est autre que celle du dictionnaire et déjà bien vivante : elle a instinctivement appris que dans cet assemblage de sons, il y avait une musique qui, sans être harmonie, intriguait sa sensibilité naissante et provoquait son goût encore inconnu de la langue étrangère. En l'entendant énoncer sa vérité dans sa forme la plus sensible et la plus personnelle, comment alors ne pas rapprocher cet exemple de celui proposé par le film classique du cinéma suédois *Adalen 31* ? Le réalisateur Bo Widerberg y dépeint un de ses personnages qui, sans connaître le français, se plaît à répéter inlassablement le nom du peintre Pierre-Auguste Renoir. N'a-t-il pas lui aussi déjà abordé une Francophonie qui ne demanderait qu'à prendre corps ? Tout autant que sous la pulsion de l'instinct, l'imagination travaille sous la montée de sentiments qui le complètent et l'inscrivent dans un système de références et de valeurs nouvelles. C'est grâce à ce recours au sentiment de plénitude culturelle, inhérent à toute entreprise interculturelle que, plus tard, seront évités les pièges qui attendent celui ou celle qui tente un passage culturel en abordant l'étude du français : « Cette langue est moins facile à apprendre que les autres. » « Elle a des aspects sexistes. (Pourquoi le genre féminin est-il un genre « marqué » et donc réduit à sa seule expression ?) » « Il ne sert à rien d'apprendre une langue étrangère parce que la terre entière parle anglais. » « Pourquoi apprendre cette langue en particulier dont on dit qu'elle ne cesse de perdre de l'importance dans le monde et dont la représentativité internationale est des plus contestables ? » « Pourquoi apprendre le français aux États-Unis, alors que l'on n'y croiserait que très peu de Francophones ? » L'imaginaire ne naît pas de l'innocence. Mais, sans cette innocence, l'expérience n'aurait que fort peu de sens.

L'imaginaire ne demande qu'à transcender l'instinct et le sentiment pour se fortifier. Ainsi, l'artistique et l'esthétique sont les premiers éléments d'une éducation du goût qui va introduire le Francophone américain au monde des idées et de leur expression en français. Plus que le « génie de la langue », c'est la totalité des cultures s'exprimant en français qui s'ouvre à lui. Elles auront des contours et des aspects différents suivant la personnalité de celui ou de celle qui les appréhende. Ici, la littérature et le cinéma. Là, la musique ou la cuisine. Dans tous les cas, c'est une rencontre avec d'autres langues en contact avec le français dans une polyphonie culturelle. Par exemple, le français et l'arabe qui s'interpellent au-delà des mots comme dans les romans d'Assia Djébar. Le français et le créole qui dialoguent dans les romans de Raphaël Confiant. Les langues du Mali qui s'imposent en toute fierté dans les rythmes musicaux de Salif Keita et Ramata Diakité, ou la langue vietnamienne dans les films de Tran Anh Hung. L'artistique compte pour beaucoup dans l'éveil du Francophone à des univers nouveaux et des sensibilités diverses. Combien d'étudiants américains ont découvert et aimé la Francophonie en assistant à un festival de cinéma ou à un concert francophones ? Les arts de la scène sont souvent des révélateurs inattendus de cette formation au goût sur fond de Francophonie. Telle cette adolescente qui trouva dans une représentation de *Phèdre* dans sa ville américaine, une voie vers la langue française dont l'esthétique lui parut évocatrice et révélatrice, alors qu'elle ne maniait pas encore très bien le français, voire le français classique de Racine. Que l'on imagine ici que cette entrée en Francophonie fut ni plus ni moins initiatrice que la représentation de *La Tempête* de Shakespeare en anglais dut l'être pour l'auteur martiniquais Aimé Césaire qui, plus tard, écrivit sa pièce en français : *Une Tempête*. Les rapprochements culturels et linguistiques les moins imaginables deviennent alors, à cet égard, plus probables. Est-ce que la ville de la Nouvelle-Orléans, sa cuisine, son Carnaval seraient autant porteurs d'une identité et de saveurs francophones, s'il ne flottait sur la Louisiane d'aujourd'hui un parfum de francité et la présence des Cadiens dans les paroisses du delta et du bassin de l'Atchafalaya, mais que n'expliquent pas une histoire et un style urbain largement hispanisés ?

Fort d'un imaginaire structuré dont l'intentionnalité et la rationalité vêtent sa conscience des attributs de sa francité, le Francophone américain possède de nombreuses clés pour se rapprocher, voire s'identifier à des personnes, des groupes, des communautés francophones. Bien sûr, il peut en rester aux images simples, aux clichés reçus qui demeureront folkloriques et représentatifs d'une culture appauvrie par un regard réducteur, s'ils ne sont pas transcendés par une expérience directe au contact des gens et des faits francophones. Entrer en Francophonie à partir de l'exercice d'un imaginaire enrichi par la réalité, présente tous les avantages de l'échange vrai et d'une référence à des connaissances directement utilisables. L'accession à la Francophonie dans ses acceptions culturelles et linguistiques les plus larges, devient un droit ou un devoir d'inventaire d'un passé qui paraissait révolu. Ces jeunes Québécois, venus de la Beauce, découvrent tout à coup dans le Massachusetts ou le New Hampshire une « parenté », un « cousinage » avec des Franco-Américains de Lowell ou de Manchester que leurs archives familiales ne mentionnaient plus. Le professeur marocain, l'institutrice belge dans les écoles d'immersion des États-Unis, ne sont plus des étrangers venus enseigner une langue étrangère (qui bien souvent n'est pour eux qu'une langue seconde), mais sont des Francophones prêts à aider leurs élèves à accéder à leurs cultures nationales, aux spécificités de leur français et à la richesse des mots et des idées qu'il véhicule au delà des frontières, souvent très loin des États-Unis. Cet étudiant et cette étudiante venus du Sénégal pour apprendre l'anglais dans un lycée américain, ne font-ils pas percevoir à ceux qui les côtoient la véritable richesse humaine d'une Afrique qui ne se résume pas aux besoins immenses d'un développement économique et social, qui ne se résume pas non plus à l'usage d'une langue officielle, langue de l'ancien colonisateur, le français ? Leur façon de voir le monde avec son histoire, son présent et surtout son avenir, ne fait-elle pas apparaître dans les échanges et les conversations en français des valeurs fondamentales communes ? Les diplomates, les négociateurs et les décideurs américains se forment, plus que jamais à la langue française, pour apprendre à exprimer leurs intérêts politiques, économiques, commerciaux en français, car c'est d'abord leur métier, mais surtout la clé de leur succès dans le monde francophone. Ils possèdent le pouvoir d'aller à la rencontre de leurs homologues dont ils partagent la langue et la culture. Les Francophones possèdent une ou plusieurs cultures, une ou plusieurs langues, dont le français. Un Francophone américain, de langue maternelle, seconde ou étrangère, qui aura accompli le parcours qui l'a conduit des origines de son imaginaire aux réalités de son expérience, pourra à son tour se sentir fier d'avoir un accès illimité à un monde de richesses planétaires.

Ma Francophonie

Pourquoi s'intéresser à sa propre Francophonie ? Sans en faire une introspection, ni pousser trop loin cette quête sur les origines d'une rencontre avec le français et la Francophonie, il peut être passionnant et productif de comprendre son propre cheminement vers l'interculturel francophone. Toutes celles et tous ceux qui se sont livrés à cet exercice formateur en se posant la question : « Pourquoi et comment suis-je en relation et en phase avec les Francophones et le monde francophone ? » y ont trouvé matière à information et enrichissement. Pour le professeur de français qui demande à ses élèves de comprendre et de définir les contours de leur nouvelle personnalité francophone, c'est une attitude normale qu'il a lui-même adoptée, dès qu'il a décidé d'en faire son métier et d'exprimer sa vocation à l'enseignement. Pour ses élèves, le défi est à la fois plus intense et plus flou, car ils ne sont pas encore conscients de l'originalité et du bien fondé de leur démarche qui passe d'abord par un apprentissage institutionnel dans la classe de français. Or, le professeur peut vouloir, à ce stade, attirer l'attention de chaque élève sur un cheminement qui aboutira à une découverte : être plus proche de millions de femmes et d'hommes dans le monde, comprendre leur vie et leur culture, en parlant leur langue. L'apprentissage d'une langue prend toute sa valeur lorsque l'apprenant commence à maîtriser les éléments d'une rencontre avec le locuteur de cette langue et qu'il pose les conditions minimales d'un dialogue qui peut commencer. On sait que l'imaginaire entre pour beaucoup, chez un élève, dans le choix d'une langue vivante à l'école. Le rapport originel, imaginé et virtuel, n'est cependant pas suffisant pour expliquer comment le lien à la langue va s'approfondir. Le professeur qui explique la rationalité ou l'irrationalité de telle règle de grammaire ou la formation de tels mots ou expressions, contribue à préciser les conditions dans lesquelles la langue française se comprend, se fait accepter et s'apprécie. Il appartiendra ensuite au professeur de se demander comment mettre sa propre expérience francophone au service de ses étudiants ? Il pourra parler de son expérience francophone. Mais il sera encore plus important de voir avec eux s'ils sont conscients de l'existence d'héritages francophones aux États-Unis. Que savent-ils de ces héritages ? Ont-ils découvert des noms de lieux, des personnes d'origine française et francophone ? Ce sera l'occasion d'aller plus loin, au-delà de cette première entrée en matière francophone, qu'est l'évocation de notre propre Francophonie en discutant des moyens réels ou virtuels qui sont à notre disposition pour accéder pratiquement à la Francophonie et aux Francophones aux États-Unis.

Face à la production orale ou écrite en français, dès les premiers moments de l'apprentissage, chaque Francophone mesure la portée et la valeur de sa progression vers une langue française commune. Se « faire comprendre » est la première des préoccupations du locuteur. Participer en s'intégrant au dialogue francophone, d'autant plus facilement que le caractère normatif, grammatical, phonétique et stylistique de sa propre production s'accélère, est le but ultime de l'échange sans frontières. Lorsqu'on s'interroge sur son propre rapport à la langue française on se rend compte qu'en règle générale, celui-ci se mesure plus en termes culturels qu'en termes linguistiques. Le vivant, dans sa richesse brouillonne est souvent plus fort que l'intellect et le normatif, car le français appris est venu s'ajouter à une expérience de vie antérieure et à une langue maternelle toujours présente et bien vivante. Les écrivains de langue française seconde ou étrangère ont, chacun ou chacune, mis à jour et exprimé la présence de deux langues en eux, dont le rapport explique, souvent de façon douloureuse, le rapport véritable qu'un Francophone entretient avec le français, surtout lorsque celui-ci n'est pas sa langue maternelle. Un des exemples les plus forts que peut observer un Francophone débutant, pour lequel sa langue maternelle n'est pas encore en contact avec le français, est celui offert par l'écrivain algérien Assia Djébar, lorsqu'elle déclarait dans son roman *L'amour, la fantasia* : « *le français m'est langue marâtre* ». (2) Elle expliquait ainsi que son père, instituteur algérien de l'école de la république, lui avait enseigné le français, langue du colonisateur, et le lui avait imposé. Le père peut chercher à imposer à ses enfants sa nouvelle épouse et donc une nouvelle mère. Mais l'arabe, langue maternelle d'Assia Djébar, pouvait-il être totalement supplanté dans son cœur par l'arrivée dans le foyer d'une belle-mère, la langue française ?

Le rapport à une langue étrangère ne fait que précéder la définition et la pratique d'un rapport nouveau avec les autres. Cette observation est valable pour toutes les langues que l'on fait entrer volontairement dans sa culture personnelle, par l'étude et l'échange. En étudiant et en maîtrisant le français, le Francophone américain s'engage dans une voie universelle et égalitaire. Car la pratique d'une langue ne sépare jamais ceux qui la parlent. Bien au contraire, les distances entre eux, que certains Francophones ont cru devoir s'imposer, seront bientôt éliminées par la réalité de l'échange. Il n'est pas rare d'entendre des Francophones américains dont les ancêtres ont fait partie de vagues d'immigration anciennes, déclarer qu'ils ne parlent plus un français suffisamment normatif pour se faire comprendre de Francophones extérieurs à leur communauté. Ils hésitent à montrer qu'ils sont Francophones et jettent sur la qualité supposée de leur français un jugement de valeur négatif. Il leur suffit pourtant de s'engager dans une relation de confiance avec d'autres Francophones pour que ces préventions à l'encontre de leurs propres compétences commencent à s'estomper, avant de disparaître complètement. Il est vrai que la langue française, parce que réputée élitiste et académique depuis sa codification par les grammairiens du XVIIe siècle, peut donner l'impression d'être inaccessible à la masse et réservée à une caste supérieure de « lettrés francophones ». Sans entrer dans un débat qui a agité des générations de Francophones, et qui paraîtra aujourd'hui bien vain, il suffit de remarquer que les Français eux-mêmes ont compris que posséder une langue normative renforcée par l'étude à l'écrit et à l'oral, les rapprochait et leur donnait une chance d'égalité citoyenne. Mais longtemps éduquées dans la croyance d'une fausse universalité de la langue française, celle des cours et des aristocraties d'Europe, les élites françaises ont donné l'impression au reste du monde qu'elles confisquaient à leur profit une langue qui avait été si sévèrement codifiée qu'elle ne pouvait être utilisée que par des initiés. La langue servirait alors des intérêts restreints et ne pourrait se partager. Or, la Francophonie a mis fin à ces interprétations abusives et à ces fausses valeurs. Utiliser le français en Francophonie est un gage d'égalité et la promesse de « retrouvailles ». C'est bien le message véhiculé par le chanteur français Yves Duteil dans sa chanson *La langue de chez nous.* (3)

Vouloir partager une nouvelle langue et appartenir, à travers elle, au vaste monde francophone est le but recherché par tout Francophone. La Francophonie encourage le dialogue des cultures. Le Francophone doit savoir en profiter pour élargir son horizon et entrer en contact avec d'autres Francophones. Chemin faisant, il s'apercevra que s'étant approprié une langue, il est lui aussi entré dans un univers auquel il est fier d'appartenir. Le Francophone américain qui s'interroge sur l'origine et le développement de sa Francophonie, peut aller à la rencontre de toutes celles et tous ceux, citoyens des États-Unis comme lui, qui l'entourent sans que lui-même ait été conscient de leur présence avant d'avoir pris l'initiative d'établir le contact par le truchement d'une langue commune. Non seulement le Francophone peut ainsi faire un pas vers les autres, mais encore se rendra-t-il compte que beaucoup n'attendaient que ce signe pour sortir de leur isolement relatif. Il n'est pas rare de constater aux États-Unis que des Francophones, que l'on dit parfois « invisibles » pour rendre compte de leur attitude d'effacement, profitent d'un contact pour aérer des habitudes restrictives et retrouver leur sentiment d'appartenance à la Francophonie. Trop d'exemples montrent des Francophones encore contraints par des traditions familiales ou communautaires qui avaient conclu que, sans rapport à des formes classiques de la langue française, ils étaient condamnés à se satisfaire de cet étrange repli linguistique. Grâce à la Francophonie, un « héritier francophone » qui serait en danger d'immobilité, guetté par le silence, doit savoir qu'il porte en lui le pouvoir de recouvrer dynamisme et espérance. L'élève américain de français langue étrangère aura à son tour, et souvent plus que tout autre, la bonne surprise de découvrir qu'il peut aider d'autres Francophones à se redécouvrir, à valoriser leur héritage culturel, quel que soit l'état véritable de leur patrimoine linguistique français. Enfin, un immigrant francophone de fraîche date se sentira immédiatement encouragé à utiliser sa langue maternelle ou seconde s'il sait que la personne qui lui parle a étudié le français et qu'elle n'hésite pas à s'en servir pour communiquer. Il la remerciera immédiatement de ce geste en lui disant que son français est excellent. L'interlocuteur surpris pourrait y voir l'expression d'un compliment par trop flatteur. En fait, il comprendra bientôt qu'il s'agit bien d'une marque de reconnaissance et du signal enthousiasmant qui indique qu'ils peuvent se prévaloir d'une appartenance commune.

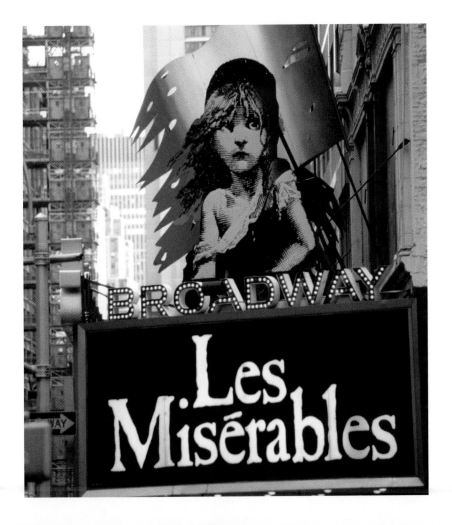

Victor Hugo, de Paris à Broadway.

2 *Réseaux et bilans*

Vecteurs

Le premier des vecteurs intangibles est ce que l'on nomme générale-ment « francophilie », cette affinité presque instinctive ou soigneuse-ment cultivée pour tout ce qui est français. La francophilie existait bien avant la découverte de la Francophonie. On peut être tenté de voir dans cette dernière le prolongement et le développement de la première, un enrichissement qui va bien au-delà d'une simple adhésion à la francité. Dans tous les cas, la Francophonie est presque toujours venue renforcer la francophilie en lui donnant un tour nouveau, en amplifiant l'attrait pour la francité, sans la restreindre à la France et aux Français. Parfois même, aux époques où des vagues de francophobie menaçaient la francité originelle, comme par exemple au moment de l'invasion de l'Irak de Saddam Hussein par une coalition de pays volontaires auxquels la France avait refusé de se joindre, la France a continué à être célébrée. Comme le remarquait Walter Wells :

> *… Les Américains ont une véritable affection et un vrai respect pour la France en tant qu'hyperpuissance culturelle. La meilleure expérience que les Américains ont de la France provient de son statut de summum de la culture et de l'art de vivre—les musées, le style, la beauté et l'élégance de ce merveilleux pays, ses vins fabuleux, sa cuisine hors pair et ses déjeuners qui durent trois heures ! Ou bien simplement le délicieux plaisir de passer une heure à lire le journal, à la terrasse d'un café…* (4)

On peut ainsi suggérer qu'aujourd'hui francophilie et Francophonie sont devenues synonymes aux États-Unis, alors qu'elles ont été très près de subir un sort antagoniste. En effet, certains universitaires ont pu croire, par exemple, que l'avenir des départements d'études françaises, qui avaient existé jusque là et qui avaient fait preuve d'une certaine hégé-monie sur les programmes d'enseignement, était mis en danger par les « études francophones » devenues tout d'un coup trop envahissantes. Il s'agissait d'une fausse querelle, mais d'une vraie opposition entre France et Francophonie, dont la promotion du français aux États-Unis aurait pu être la victime, si cette rivalité factice, contraire à l'esprit francophone, s'était imposée.

La francophilie est un vecteur très puissant de la relation du peuple américain à la France, en particulier et plus largement à la Francophonie, car, au-delà de l'imaginaire qui le pousse vers son objet, le francophile se fonde sur des faits et des idées enracinées dans l'histoire. (5) Ainsi la francophilie est-elle tout à la fois, le miroir des cultures francophones, la reconnaissance du prestige de la langue française et un attrait marqué pour les idées qui les fondent. En d'autres termes, les aléas de la politique ne peuvent pas vraiment mettre à mal la solidité du substrat sur lequel repose la francophilie. Même s'ils sont critiques, ironiques ou amusés, les observateurs universitaires de la francité, comme Laurence Wylie et Stanley Hoffman, ou Theodore Zeldin et Adam Gopnik, ont contribué à la promotion des qualités dont le francophile habille son attirance. L'histoire, en particulier l'histoire des relations diplomatiques entre les États-Unis et la France, pourtant célébrée comme empreinte d'amitié et de respect mutuel, n'est pas toujours d'un grand secours pour le francophile. Il n'y trouve guère la véritable source pérenne de sa francophilie. De plus, il n'est guère secondé par l'américanophile français qui est, soi-disant, toujours prompt à virer à l'anti-américanisme lorsque surgissent les difficultés. En effet, l'attrait croisé des cultures françaises et américaines n'a pas été sans défauts ni sans arrière-pensées. L'historien peut mettre en exergue une concurrence que l'opinion, y compris les intellectuels des deux pays, semble s'être parfois ingénié à attiser, transformant concurrence en rivalité, désir en jalousie et en renvoyant dos-à-dos deux adeptes de « l'exception ». Exception culturelle pour la France, armée de l'universalité de son français qu'elle proclame universel, exception idéologique et politique pour les États-Unis pour lesquels la culture n'est que l'avant-garde d'une armée pacifique exportant la liberté et le droit. On conçoit à quel point francophilie et francophobie aux États-Unis peuvent être vues comme dangereusement proches l'une de l'autre. Seule la Francophonie leur donnait une chance de gommer les tensions.

Francophonie et francophilie sont en général affaire de gens informés, alors que l'on peut imputer la francophobie à une ignorance. Elles ne sont pas l'expression d'élites intellectuelles refermées sur elles-mêmes. Elles sont ouvertes au dialogue des cultures et portées par une langue reconnue, grâce à sa fonction de « passeur » interculturel, comme un vecteur d'universalité, digne d'être apprise, enseignée et diffusée. C'est son vrai prestige, celui qui encourage l'ouverture au monde, sans dédaigner la spécificité de telle communauté culturelle ni les variations du français qu'elle a fait siennes. Il s'agit d'une langue qui n'est pas confisquée par une élite à son seul profit, mais un vecteur d'harmonie linguistique qui n'impose ni l'harmonisation forcée, ni le monolithisme. Le dialogue des cultures en Francophonie facilite l'accès à la norme sans mépriser ni rabaisser les variations. Bien sûr, aux États-Unis comme ailleurs dans le monde, l'attrait pour la Francophonie doit passer souvent par un attrait non exclusif pour la France et sa francité européenne originelle. La culture française et son prestige, relevés par les francophiles, sont autant de ferments qui font lever la Francophonie.

Jusqu'au XXe siècle, le prestige de la culture française et la pratique de la langue des Français étaient une évidence et une réalité pour tout citoyen américain éduqué. Fréquenter la culture française des Classiques aux Modernes, de Racine, Molière à Chateaubriand, Flaubert, Hugo et Baudelaire et tant d'autres gloires, c'était se civiliser grâce aux cultures de l'Europe. Parler le français était affaire de goût et donnait accès à la langue du droit, de la diplomatie et des échanges artistiques. Le rapprochement des intérêts et des alliances, précipité par les deux guerres mondiales, n'a joué qu'un temps en faveur de la francité et de ses admirateurs outre-Atlantique. La francophilie américaine se réfugia alors bien souvent dans une vision passéiste et quelque peu réifiée du désir de France. Après la défaite de leur pays en 1940, les Français ne reviendraient plus tout à fait dans la grâce des Américains qui regrettaient une splendeur passée, faite de tableaux impressionnistes et de scènes parisiennes à la Toulouse-Lautrec qui n'aurait été, pour parodier en partie Baudelaire, que « luxe et volupté ». Le français et la francité des Américains purent néanmoins encore compter sur la poésie, de Jean Cocteau à Jacques Prévert, sur le récit et le roman, de Saint-Exupéry à Albert Camus, sur la philosophie, en particulier à l'époque du mouvement de l'existentialisme. Dans les années 1980, les universités américaines s'emparèrent, pour la porter aux nues, de la « *French Theory* », représentés par les Derrida, Deleuze, Foucault, Serres, alors que les universités françaises leur tournaient largement le dos. (6) Mais désormais la francophilie est également magnifiée par des références aux études postcoloniales et féminines qui, ont le sait, nourrissent également la Francophonie et viennent parachever cette francité récurrente. (7)

Réseaux

D'autres vecteurs de diffusion sont accessibles aux Francophones aux États-Unis. Certes la presse écrite produite localement appartient à un autre âge. Seul, le mensuel *France-Amérique* (8) qui a fusionné en 2007 avec *Le Journal français,* fait mieux que survivre avec « 25 000 exemplaires et 65 000 lecteurs par numéro ». Il est vrai qu'il est surtout centré sur les relations franco-américaines, mais peut servir de plateforme aux Francophones des États-Unis. Grâce à internet, une « *French (et Francophone) Connection* » peut jouer à plein. Tous les journaux, magazines en langue française publiés dans le monde ont une version électronique qui permet aux Francophones, dans un pays largement doté en ressources informatiques par habitant, d'entrer dans un réseau mondial et interactif d'information. Du Canada au Vietnam, de Belgique en Algérie et au Sénégal, l'accès à la presse francophone est désormais illimité à partir du territoire des États-Unis. Il en va de même pour les chaînes de radio et de télévision francophones, dont la liste ne cesse de croître et dont l'accès à partir de son foyer, de sa communauté, est devenu possible par l'électronique. Ces sources sont elles-mêmes venu compléter voire concurrencer le rôle originellement joué par le consortium TV5. Opérateur officiel de la Francophonie, chaîne généraliste francophone créée en 1984, elle est devenue TV5 Monde en 2001. (9) En 2005 elle a reçu la gestion des signaux de TV5 États-Unis initialement conçue comme chaîne par abonnement. Il est à remarquer que TV5 États-Unis a fait le pari de sous-titrer presque toutes ses émissions en anglais, pour tenter de satisfaire le francophile américain dont le français ne serait pas d'un niveau suffisant pour apprécier les programmes en version originale. Le plus grand service rendu à la Francophonie par TV5 Monde et ses différents partenaires aura été de mettre sur pied deux volets concernant l'apprentissage et l'enseignement du français. Étudiants et enseignants du français aux États-Unis peuvent profiter pleinement de ce réseau ouvert. (10)

Il n'existe pas de réseau constitué des ambassades des pays francophones représentés aux États-Unis et agissant de concert car, à part quelques exceptions dont celle de la France, les services officiels des ambassades et des consulats se préoccupent avant tout de coopération bilatérale, ou du sort de leurs ressortissants nationaux, sans toujours se placer sous la bannière fédératrice de la Francophonie. Même les pays dans lequel l'usage du français est officiel, ne font guère état de leur appartenance au groupe mondial francophone. La culture est un élément important des relations bilatérales, mais elle s'efface le plus souvent devant les préoccupations politiques, commerciales, les échanges industriels, les investissements qui s'expriment en anglais. Certains pays ont laissé à des organisations-relais la gestion de leur politique culturelle. Au Québec, l'Université Laval se spécialise dans « la Francophonie nord-américaine ». Mais après soixante-dix ans d'activités le Conseil de la Vie française en Amérique a du cesser d'exister en 2007, faute de ressources publiques. Le réseau des établissements scolaires proposant des programmes d'éducation française, souvent dits « écoles françaises » est particulièrement dense aux États-Unis où il sert les communautés expatriées françaises et francophones ainsi que les enfants de francophiles. Le statut de ces établissements vis-à-vis de la puissance publique française (en convention ou sous homologation de l'Éducation nationale) ou d'associations (la principale étant la Mission Laïque française) ou créées par des entreprises, est varié et mal reflété par leur nom : lycée français, lycée franco-américain, école française, école franco-américaine, école française internationale, école internationale. Il n'en reste pas moins que tous ces établissements assurent une permanence francophone précieuse dans la grande tradition des établissements français de l'étranger qui, on peut fortement le regretter, n'ont pas d'équivalent dans les études supérieures.

L'Alliance française aux États-Unis joue pleinement son rôle de pont entre les cultures, avec le statut spécial qui lui permet d'être française en France mais américaine aux États-Unis. Sa profession de foi sur son site indique :

L'Alliance Française aux États-Unis a pour mission de promouvoir le français et les cultures française et francophones, et d'encourager les échanges culturels, intellectuels et artistiques entre les États-Unis et le monde francophone. Conformément aux statuts de l'Alliance Française de Paris, chaque Alliance est gérée localement en tant qu'organisation indépendante à but non-lucratif, dans un environnement étranger à toute préoccupation politique ou religieuse. (11)

Distincte des services officiels français, l'Alliance française forme un réseau aidé par la Délégation des Alliances françaises qui lui sert de contact avec la Fondation Alliance française, à vocation mondiale. Elle reste un centre de formation en langue française qui vient s'ajouter, grâce à des cours suivis par environ 10 000 étudiants, aux établissements d'enseignement secondaire et supérieur américains. Ces derniers forment la base de la Francophonie institutionnelle américaine.

La présence de départements de français dans les établissements d'enseignement américains est ancienne et date souvent des origines du pays. Leur statut prioritaire parmi les langues étrangères et le nombre de leurs étudiants diminuant vers la fin du XXe siècle, les unités de français sont souvent devenues des programmes d'études françaises et francophones. Des études de premier cycle au doctorat, tous les niveaux de l'enseignement et de la recherche y sont concernés et fonctionnent à plein. Au-delà de l'instruction proprement dite dispensée en cours, on notera que de nombreux campus conservent la présence d'une « maison française », bâtiment et surtout lieu de séjour et d'échanges linguistiques et culturels pour les apprentis Francophones et les Francophones confirmés.

S'y perpétue une solide volonté de « parler français » qui, sans aller jusqu'aux principes de l'immersion totale dans la langue apprise, promeut une langue « vivante ». Les départements qui ne disposent pas d'une

« maison », organisent souvent des « tables » françaises où se prennent en commun des repas pendant lesquels on parle français.

Les professeurs de français sont, après les élèves et les étudiants, les meilleurs appuis de la Francophonie aux États-Unis. Ils font vivre la tradition et sont les garants de son avenir institutionnel. Ils bénéficient d'une excellente formation, ce qui leur a permis, au cours des décennies récentes, de faire face aux aléas d'une profession qui doit sans cesse s'adapter, souvent brutalement, à des circonstances nouvelles et à des politiques linguistiques changeantes : fluctuation des inscriptions, ouvertures ou fermetures de cours, « concurrence » de l'espagnol passé du statut de langue étrangère à celui de langue nationale. Ils sont très souvent organisés autour des « chapitres » de L'AATF (*American Association of Teachers of French*) qui comptent un total de 10 000 adhérents. On ne dira jamais assez combien ce groupement corporatif, s'appuyant sur une tradition déjà ancienne de conseils, et de mise en commun des idées et des ressources, prend sans cesse le tournant d'une modernité bien ancrée dans la réalité. Son bras éditorial, le bi-mensuel *The French Review*, constitue pour la profession un lien pratique et de recherche très utile, qui reflète bien l'évolution de la profession, de ses désirs et de ses perspectives d'avenir. Loin de seulement « défendre » le français en Francophonie, l'AATF et ses membres recherchent les moyens d'une promotion raisonnée et adaptée aux circonstances qui entourent la présence de la langue aux États-Unis et dans le monde. Ils se rangent résolument du côté de l'innovation en proposant des campagnes de promotion telles que « *The French Language Initiative* », en partenariat avec l'Ambassade de France. « Pourquoi apprendre le français ? » est le message destiné aux élèves, étudiants, parents, français et administrateurs qu'elle délivre dans le cadre de sa mission. Les raisons qu'elle propose méritent d'être méditées :

> *Pour pouvoir communiquer avec plus de 200 millions de personnes dans 55 pays à travers les 5 continents.*
> *Pour communiquer sur Internet où le français est la troisième langue la plus utilisée : entrer en contact avec des correspondants, visiter des sites étrangers et trouver des opportunités d'échanges d'étudiants.*
> *Pour apprendre plus facilement d'autres langues romanes comme l'espagnol, l'italien, le portugais et le roumain.*
> *Pour le plaisir d'apprendre plutôt aisément une langue mélodieuse et romantique.*
> *Pour développer votre esprit critique, votre créativité et vos compétences à résoudre des problèmes. La langue française est à l'origine de plus de la moitié du vocabulaire anglais moderne, ce qui permet ainsi d'obtenir de meilleurs résultats aux « standardized tests ».*
> *Pour découvrir les arts, la musique, la mode, la cuisine, l'architecture*

et la littérature.

Pour approfondir votre connaissance d'autres cultures dans des pays francophones comme la France, le Canada, la Belgique, la Suisse, Monaco et beaucoup de pays africains.

Pour poursuivre vos études dans des pays francophones.

Pour promouvoir la diversité linguistique à travers le monde.

Pour être plus compétitifs sur le marché du travail national et interna-tio-nal dans le domaine des affaires, de la médecine, de l'aviation, de la justice, de l'industrie des transports, de la distribution internationale et des produits de luxe.

Pour parler la langue de travail officielle des Nations Unies, de l'OTAN, de l'UNESCO, du Comité Olympique International, de l'Union Européenne, de la Croix Rouge Internationale et de beaucoup d'autres institutions ! (12)

Références et repères bibliographiques

(1) *Le Trésor de la Langue Française informatisé* (dictionnaire/thésaure Internet) se trouve à http://atilf.fr/tlf.htm. On cite J.P. Sartre: « *Nous sommes à même, à présent, de comprendre le sens et la valeur de l'imaginaire. Tout imaginaire paraît « sur fond de monde », mais réciproquement toute appréhension du réel comme monde implique un dépassement caché vers l'imaginaire. Toute conscience imageante maintient le monde comme fond néantisé de l'imaginaire et réciproquement toute conscience du monde appelle et motive une conscience imageante comme saisie du sens particulier de la situation.* Sartre, *Imaginaire*, 1940, p. 238 ».

(2) Djébar, A., *L'amour, la fantasia*, Paris, Lattès, 1985 ; en Livre de Poche, 1995 (n°15127), « Cinquième mouvement. La Tunique de Nessus », p. 298.

(3) Duteil, Y., « La langue de chez nous », Éditions de l'Écritoire, 1985.

(4) Wells, W., et Colombani, J. M., *France-Amérique, Déliaisons dangereuses*, Paris, Jacob-Duvernet, 2004, p. 137.

(5) On pourra entendre à ce sujet les trois volets consacrés aux Francophiles américains, par Axel Maugey en 2008, sur le Canal Académie (« La place du français aux États-Unis », « Les professeurs de français aux États-Unis ») à http://www.canalacademie.com/+-Axel-Maugey-+.html

(6) Suivant François Cusset dans *French Theory*, Paris, La découverte, 2003.

(7) On consultera à cet égard la revue *Contemporary French and Francophone Studies* publiée par Routledge, sous les auspices de l'Université du Connecticut.

(8) Version en ligne : http://www.france-amerique.com/

(9) TV5 Monde fonctionne sous l'égide de La Charte TV5, signée à Bruxelles en 2005.

(10) Voir http://www.tv5.org/TV5Site/enseigner-apprendre-francais/accueil_apprendre.php

(11) http://www.alliance-us.org/

(12) The French Language Initiative, « The World Speaks French », http://www.theworld-speaksfrench.org/pourquoi.html (version française, également disponible en anglais et espagnol)

Index

Credits